漫談世界各宗教

林楚菊的《漫談世界各宗教》

這本中文紙本書乃專門為付費讀者製作。
請尊重作者權益,切勿任意修改、刪節、複製、轉寄或轉售其內容,
以免觸犯著作權法。

《漫談世界各宗教》
作者:林楚菊
(第二版)
Email: lamchorkok@yahoo.com.hk
Blog: http://lamchorkok.blogspot.hk

中文紙本書於 2020 年由電書朝代製作發行,
並由 Ingram Content Group 旗下之 IngramSpark 隨需印刷,推廣銷售。
電書朝代 (eBook Dynasty) 為澳洲 Solid Software Pty Ltd 經營擁有。
Web: http://www.ebookdynasty.net/
Email: contact@ebookdynasty.net

林楚菊的《漫談世界各宗教》

目錄

序言	**7**
第一章　瑣羅亞斯德教	**15**
第二章　基督宗教	**25**
從猶太教開始	25
教義的迷思	31
教會的發展	34
耶穌的本相	40
艾賽尼派	45
《多馬福音》	54
耶穌的隱秘生平	61
耶穌復活後的行蹤	66
誰創立基督宗教	70
《啟示錄》的666密碼	78
第三章　伊斯蘭教	**87**
先知穆罕默德	90
先知封印	103
穆罕默德曾說過	105
穆罕默德與摩西	112
《古蘭經》與《聖經》	114
六大信仰與五功	124
「神」、「人」與「精靈」的觀念	128

伊斯蘭教神秘主義——蘇非之道	138

第四章　佛教　153

佛教的起源	154
佛教的變遷	160
佛教的精髓——苦與空	165
四聖諦與八正道	168
十二因緣說	172
佛陀所說的「空」	174
五蘊說與業報輪迴說	175
三法印——諸行無常、諸法無我、涅槃寂靜	176
佛教與印度教	179
佛教與耆那教	186
佛陀與耶穌	189
吃素與拜佛	196
禪宗六祖《壇經》——六祖革命	204

第五章　印度教　221

印度歷史的起源	222
《吠陀》與《奧義書》	226
多神教、單一神教與交換神教	231
業報、輪迴與解脫	232
種姓制度	235
人生四大目的及四大階段	239
六大哲學宗派	244
數論派	246
勝論派	247

正理派	249
瑜伽派	250
彌曼沙派	252
吠檀多派——印度教正統主流	254
佛教《心經》與商揭羅的六段頌文 (Nirvana Shatkam)	259
——印度教《心經》	
印度教與其他宗教的關係	264
印度近代聖人	266
舍爾地賽爸爸 (Shirdi Sai Baba, ?-1918)	
霎哈嘉瑜伽 (Sahaja Yoga)	270

第六章　中國本土信仰　　277

《易經》所啟示的人生哲理	279
《道德經》所啟示的人生哲學	284
老子——中國最神秘的聖人	286
宇宙的起源與奧秘	287
返本還原	290
無欲、無我、平靜	292
不求外物——向內追求	293
變幻無常的世界	294
謙虛、柔弱為最高美德——得道者的特質	295
《道德經》在不同範疇	298
——穆罕默德與《道德經》的用兵之道	

後記　　303

林楚菊的《漫談世界各宗教》

序言

　　自古以來，宗教信仰與人類的生活離不開關係。幾乎可以說，有文明的地方，必定有宗教信仰。也可以說，不同的文明就有不同的宗教信仰。宗教信仰跟人類文明一樣，隨著時代而不斷變遷，由簡單的自然崇拜，到愈來愈高層次的宗教信念與道德教化，天界的種種彷彿也跟人類社會一樣，不斷進步，神明的道德標準與境界也不斷提高。這從希臘的神話與印度的神話得知，希臘眾神不少有嫉妒和貪婪的缺失；而印度神話中，在《吠陀》（註1）時代（即公元前1500年至1000年），天界最高的神是帝釋天(Indra)，他會說謊和行騙，以下三流手段欺騙惡魔，但他有強大的力量，保護征服印度者雅利安民族免受惡魔的侵害，故此經典終歸把他撥入善類。但到《奧義書》（註2）時代（即公元前1000年至500年），帝釋天再不是天界裡最高的神，梵天(Brahma)、毗濕奴(Vishnu)和希瓦(Shiva)成為天界中最高的三大主神，他們再不會犯上任何道德過錯，慈悲與智慧大大提升。而帝釋天則淪為一個「小小的可憐神」，修行者不用希罕與之同儕。有詩頌：

　　　　「知悉真實自我者，
　　　　不懼死亡之彼岸；
　　　　甚至梵天帝釋天，
　　　　也是小小可憐神。」（註3）

　　從這裡可見，印度文明的不斷精進，人類的意識境界不斷提高，他們眼中的神就更加完美，而且他們也漸漸察覺到代表自然界的眾多神明不應該是互相沒有關連的獨立個體，而是存在著一個名為「梵」

的無窮無盡的力量源泉，他們更傾向從多神崇拜及泛神論的思想，走向一神論的觀點（註 4）。現今世界主流的宗教如基督宗教和伊斯蘭教，都是主張一神論。早期的佛教是無神論，佛祖釋迦牟尼沒有興趣談論神，只關心如何令眾生解除生命的痛苦，佛教後來抄襲婆羅門教（即今日印度教的前身），才變得滿天神佛，這也令佛教失去其獨特之處而在印度本土消亡，或可以說被印度教吸納和轉化。不過，即使滿天神佛的婆羅門教或印度教，其信仰也從泛神論傾向一神論，從《奧義書》時代起，前面所說的三大神明，可以說成獨一真神的三個形態，梵天掌管創造的力量，毗濕奴掌管進化的力量，而希瓦則掌管毀滅的力量。他們是三位一體的神，即宇宙獨一主宰的三種形相，就好像基督宗教所說的聖父、聖子和聖靈，是三位一體的神，而不是三個神一樣。故此，人類意識的不斷進步也使他們相信世界有一個最大或最終極的主宰。

　　一個有宗教信仰的人，要比沒有宗教信仰的人，活得更開心。在每一個人的生命中，有太多無法理解和掌握的事情，以及不可知的事情，宗教信仰能夠填補這個心靈的空間，使人從無所適從的境地中得到慰藉。宗教信仰是人類的終極情感依賴，能滋潤人們的精神。一個人最重要的是他的精神狀態，我們的身體好像不由得自己去選擇，有些人生下來的樣貌和個子都十分出眾，有些人相貌平庸，也有些人比很多人都差。天呀！這個拜父母所賜的身體你不能不接受，即使現代科技可以整形整容，也幫不了太大的忙。人的相貌、身體可以有或多或少的缺憾和不完美，可以說此生無法改變。

　　人的精神狀態有好有壞，有高有低，而透過個人的修養、修行或教化，任何人的精神狀態都可以得到轉化，趨於美善、寧靜、祥和。精神狀態的好壞是我們可以自決的，即使一個身體有缺憾的人，或相貌平庸的人，他內在的涵養和智慧可以完全補救外表的不足。古希臘哲人蘇格拉底（Socrates，西元前 469 年至 399 年）外表不單不是英俊

瀟灑，而且還可以說是有點醜：他那寬闊的臉型、扁而闊的鼻子、厚厚的嘴唇和濃密的鬍子，蘇格拉底的好朋友當面形容他的臉就像「半人半獸的森林之神」。近代德國哲學家畢加樂在所著《人類和面孔》中談到，有個會看相而斷定性格的人，看到蘇格拉底的臉，就說那是一張足具各種惡業的臉。蘇格拉底身旁的一些弟子忍不住哈哈大笑，因為在他們心目中，他的老師是聖哲，怎會具有惡業，那時只有蘇格拉底「默言不語，因為他自己深知他是背負著各種惡業而來此生。」（註5）

　　蘇格拉底沒有比一般人更好的外表，但他的精神狀態及修養卻高出一般的人，到今日還是被人肯定的聖哲，足見人的最核心、最重要的價值在於人的精神，而不是會朽壞的身體。精神狀態是整個人生的動力，行屍走肉的人不能感受到精神上的快慰與安祥，人生的苦痛與無奈只會無日無之，故此人們需要宗教信仰去養活精神與靈魂，透過不同的宗教信仰使人能達到修心養性，或感受到神明的庇佑，或感受到與神同行，或感受到梵我合一，諸如種種以提升個人的精神狀態，達至身心平衡，心靈健康。

　　宗教信仰對人類社會十分重要，但甚少人會用客觀、理性及全面的態度去檢視不同的宗教信仰，當他們接受了某一個教派或信仰，便會全情投入，把一切教義沒有經過深思熟慮而奉為永恆的真理，但其實每個宗教在這個無可完美的世界中都可以說是天堂與地獄的結合，當中有好有壞，同一個宗教可以造就聖賢，也可以造就邪惡。

　　現存世界上最主要的五大宗教包括瑣羅亞斯德教、基督宗教、伊斯蘭教、佛教和印度教，其中以基督宗教、伊斯蘭教和佛教的傳播最廣，全世界凡有宗教信仰的人，大部分都屬於此三大宗教。但基督徒很多時對伊斯蘭教和佛教毫不認識，沒有經過對其他宗教的任何瞭解和比較，他們就可以斷定基督宗教是至高無上，只有他們所相信的教義才是真理，當然伊斯蘭教徒和佛教徒也可能會有相同的態度。很少

人會像19世紀印度孟加拉聖哲羅摩克里須那 (Sri Ramakrishna, 1836-1886) 一樣，不但對各宗教包容和接受，而且親身經驗每個宗教，最後宣示：「我已實踐一切宗教的規定及精神訓練法，包括印度教、伊斯蘭教、基督宗教，我也奉行印度不同宗派的實踐法。……我發現，它們全都指向同一個上帝，儘管修道方法各有不同……水池有許多階梯，印度教徒在某階梯取水置於水罐中，並稱它為 jal，而伊斯蘭教徒在另一階梯取水置於皮製水瓶中而稱它為 pani，而基督徒在另一階梯取水而稱之為 water。我們是否可想像水池中的水不是 jal 而是 pani 或 water？這當然是荒謬無知！唯一的實在只有一個，但卻有不同的名稱，而每個人都在追尋同一個實在，所不同者僅在於環境、氣質及名稱。每個人皆可按照其方法到達那唯一的實在，若他能虔誠及熱烈地祈求以明瞭上帝，則和平將降臨！他一定可明瞭祂！」（註6）

　　聖哲羅摩克里須那沒有對任何宗教作出任何批評，也沒有指出任何宗教的對與錯，他對各宗教所作出的結論值得受人敬佩。筆者同樣對每個宗教心存興趣去認識和瞭解，不過難以一一實踐。我希望在此書中把一些宗教值得談論的地方提出來，當中有天堂，也有地獄。這些宗教包括瑣羅亞斯德教、基督宗教、伊斯蘭教和佛教，而與佛教關係密切的印度教也會作出介紹和評述，因為印度教的哲理及修行方法可說是達到靈性追求的殿堂級境界，其信仰體系可說比其他宗教更加博大精深，人類整體的精神文明可以從印度教的哲理中得到無限啟發。在德國和日本，有大學研究所專門研究印度宗教、哲學與文化，西方數百年前翻譯的印度經典大多是德文翻譯而非英語翻譯，我們可以看到德國社會的進步遠超乎英語世界的社會。

　　而作為中國人，我認為我們也有需要瞭解中國在佛教影響以外出自本土的信仰體系，中國人對宇宙天地、人生變幻的瞭解和信念，值得我們鼓掌和讚嘆。可惜在現代西方文化的巨流下，作為中國人能夠深入瞭解自己本土信仰的精髓者，實在不多。我敢說若我們能深入瞭

林楚菊的《漫談世界各宗教》

解中國的精神修養內涵,作為中國人可以活得十分快樂。故此我也希望能透過此書將中國的宇宙觀和人生觀作出介紹和評述。

若我能在此書中,使讀者願意停下來,看看這些宗教的種種面相,對有關精神的追求與探討不會感到浪費時間,反覺得是人生在世值得認真思考的一個重要課題,那我將會得到無比的快慰!

謹將此書獻給追求真、善、美者,以及我的精神導師───舍爾地賽爸爸 (Shirdi Sai Baba, ?-1918)───是他的言行和教導給予我人生的指導和無盡的靈性啟發。

註釋

註 1：大約西元前 2000 年後，居住在中亞的雅利安人開始大規模進入印度次大陸，他們創造了與土著文明不同的吠陀文明，反映該文明的文獻就是後來成為印度正統宗教經典的《吠陀》。「吠陀」是梵文 Veda 的音譯，意譯為「明」，亦即知識，主要是指宗教、哲學方面的知識。《吠陀》又分為四部，即《梨俱吠陀》(Rg-vedas)、《沙磨吠陀》(Sama-vedas)、《夜柔吠陀》(Yajur-vedas) 和《阿達婆吠陀》(Atharva-vedas)，其中最古老的是《梨俱吠陀》。吠陀教主要是一種自然崇拜的宗教，其崇拜的神大都是周圍世界突出的自然現象的人格化神。

註 2：《奧義書》(Upanisad) 是解釋《吠陀》的著作，也是《吠陀》的組成部分。相傳下來有兩百餘種，但按照印度傳統只有現在的 108 種，其中大部分是晚出的，包括 15、16 世紀的作品。學術界公認為最古的《奧義書》（即與《吠陀》差不多同時代產生）有 13 種。《奧義書》的主要教理是尋求明瞭梵或絕對真理，西方一些學者對於《奧義書》深邃、崇高的思想大為驚嘆。

註 3：見印度宗教改革家商揭羅（Sankara，西元後 788 年至 820 年）著作《示教千則》，此書的中文翻譯出自《印度吠檀多不二論哲學》，孫晶著，東方出版社，2004 年。

註 4：一些學者包括伊斯蘭教學者甚至認為人類最早期的信仰是一神教的信仰，後來才發展成為多神教的信仰，即使在印度最早產生的《吠陀》經典〈梨俱吠陀〉中，天界最有力的神是婆樓那 (Varuna)，他就像基督宗教（包括猶太教）和伊斯蘭教所指的獨一神，主宰萬物及賞善罰惡，集無盡力量與道德美善於一身。一些學者更認為婆樓那就是從閃族民族（即今日的猶太人）輸入者，當然這只是推斷，並沒有任何證據。後來的印度經典中，婆樓那漸漸降格成為水神，並且有不同的稱號。在《奧義書》時代，水神是毗濕奴的一個形相，因為水存在於所有生物之中。

在印度的信仰中，天界的眾神多次重整，帝釋天雖然是天界最有力量的神，但始終未能與道德完美掛鉤，故不能成為獨一的主宰。

註5：見《蘇格拉底也是大禪師》，William Bodri 著，王雷泉主譯，古老文化事業公司，1999年。

註6：見《印度教導論》，摩訶提瓦著，林煌洲譯，東土圖書公司，2002年。Jal、pani 和 water 分別是印地語 (Hindi)、瑪拉地語 (Marathi) 以及英語，同樣指「水」的意思。

林楚菊的《漫談世界各宗教》

林楚菊的《漫談世界各宗教》

第一章　瑣羅亞斯德教

古波斯先知瑣羅亞斯德畫像

　　瑣羅亞斯德教起源於古波斯，今日的伊朗，乃世界五大宗教之一，產生於西元前 10 世紀，奉《阿維斯塔》(Zend Avasta)（註 1）為經典，創始人瑣羅亞斯德 (Zoroaster) 可能誕生在西元前 1000 年以前的中亞某地。在西元 3、4 世紀，瑣羅亞斯德教通過絲綢之路進入中國。在中國稱為祆教、火祆教或拜火教，這是因為瑣羅亞斯德教具有崇拜聖火的教義和儀式，聖火代表光明，代表宇宙至善的本源。

林楚菊的《漫談世界各宗教》

波斯人一度與其他在中亞居住的雅利安民族一樣，崇拜象徵自然力的眾神。據說，瑣羅亞斯德在 30 歲時得到神主阿胡拉·馬茲達 (Ahura Mazda) 的啟示，在古代雅利安多神教基礎上創建了瑣羅亞斯德教。瑣羅亞斯德作為古波斯第一位先知，或宗教改革者，提出善惡二元對立、鬥爭的宇宙觀，指出未有宇宙之初就存在著善與惡兩大本原的對立。善本源是智慧、善良、真誠、純潔、仁慈和創造的體現，是光明和生命的源泉；惡本源則是愚昧、邪惡、虛偽、污穢、暴虐和破壞的代表，是黑暗和死亡的淵藪。瑣羅亞斯德在《阿維斯塔》的〈伽薩〉(Gatha)（註2）第一篇中莊嚴地宣佈：

「思想和言行自古皆有善惡之分，
只因原始之初兩大本原孿生並存，
真誠者求善，從惡乃虛偽之人。
生命寶殿善端起，死亡魔窟惡端立，
來日善者在天國分享阿胡拉的恩澤，
惡者跌落阿赫里曼陰暗的地獄受罪。」（註3）

阿胡拉 (Ahura) 是善端的主宰，名字的意思是「偉大而永恆的智慧天神」；阿赫里曼 (Ahriman) 則是惡端的元兇，名字的意思是「居心險惡者」。在相互對立的善與惡、光明與黑暗兩大本原之間，充滿了各種矛盾和鬥爭。善端的主宰創造的塵世遭到邪惡勢力的嚴重破壞，塵世是神主阿胡拉與惡魔阿赫里曼分別代表善與惡、光明與黑暗兩大勢力進行殊死鬥爭的戰場。兩大勢力相約在塵世決勝負，光明最終會把邪惡驅散，返回原初互不侵犯的狀態。

瑣羅亞斯德可說是人類歷史上第一個賦予宗教以道德的人，以往的宗教以拜祭神靈，討神靈喜悅而令自身獲得力量或種種好處，宗教儀式與道德價值沒有關係。在古代的伊朗，波斯人的正統拜神形式，包括以

動物做祭品,以及向諸多神靈供奉鮮血,瑣羅亞斯德對這些儀式不屑一顧,他教誨波斯人棄惡揚善,為建立善良的世界而作出貢獻,以誓言和感恩祈禱作為獻給阿胡拉‧瑪茲達的祭品。距今 3000 年前,先知瑣羅亞斯德率先提出人類應該遵從的「三善」原則,即「善思」、「善言」和「善行」。這原則包涵了人類思想、言語和行為都要出於善良的本質,這是恆久不變的真理。瑣羅亞斯德教的教義思想,到今日仍然不覺得落後,反而讓人們知道人類在 3000 年前已有如此高度的文明。瑣羅亞斯德教不但提出「三善」原則,而且指出人類生下來便賦予自由去選擇自己的宗教信仰,在聖典《亞斯納》(註 4)中,信眾高唱:

「啊,馬茲達!你在世界之初創造了我們的靈魂,出於本性,恩賜我們以智慧,並將生命置於我們的軀殼。然後,你向我們宣示神啟和善行,讓每個人自由地選擇宗教信仰。」(31:11)

「我以明確的語言重申,我崇拜馬茲達,追隨瑣羅亞斯德,我篤信正教。我推崇善思、善言和善行。」(12:8)

「我篤信正教『馬茲達‧亞斯納』,它主張放下武器,消滅戰爭。瑣羅亞斯德的阿胡拉教是純潔的宗教,在現在和未來的一切宗教中,它是最偉大、最傑出、最美好的宗教。我確信,一切美好的事物皆歸阿胡拉‧馬茲達。」(12:9)

詩歌中述說瑣羅亞斯德教是現在及未來最偉大的宗教,這並不算過分,因為它能完整地解說宇宙創造的本相,對信徒作出人生的指導,使信眾知道人生在世的目的就是要歸於至善的主宰,並且竭盡全力使世界變得美好,讓塵世不再受邪惡力量的侵擾。瑣羅亞斯德教的思想甚至影響了其他宗教,例如在猶太人的宗教中,他們引入了瑣羅亞斯德教正邪大戰的思想,人類的歷史就是天使與魔鬼的殊死戰鬥。在《舊約聖經》以及猶太教其他相關經典中,天使與惡魔經常鬥爭,而由猶太教衍生而

來的基督宗教，在《新約聖經》的《啟示錄》中，末日正是以上帝為首的天使與邪魔撒旦作生死大戰，結果就如瑣羅亞斯德教所指，邪不能勝正，上帝在末日把邪惡力量徹底毀滅。在《啟示錄》中有不少地方與瑣羅亞斯德教相近，例如天上的聖者全身穿著白衣，繫著金腰帶，而瑣羅亞斯德教的信眾全身穿著白衣，代表光明、純潔，所繫的腰帶用 72 根白羊毛線編織而成，代表正義、正道。

在伊斯蘭教信仰中，有關末日審判，受審者進入天堂與地獄的描述也與瑣羅亞斯德教的描述極相似：真主根據天使所記錄的生前功過簿，對每個人逐一審問。受審者將通過一座架在火獄上的細如髮絲、利如刀刃的綏拉特橋，生前信教而且行善者將順利通過並進入天堂，作惡者則墮入火獄。在以下《阿維斯塔》的詩歌中也表現同一思想：

「啊，馬茲達！你將以烈火和熔鐵，
對帶有不同標記的靈魂作出判決──
獎賞正教徒，嚴懲從惡的偽信者。」(51:9)

瑣羅亞斯德教提出救世主降生拯救人類的思想，也與猶太教和基督宗教的思想相近。猶太教自古以來一直期望彌賽亞的降生，在《舊約聖經》中充滿了對彌賽亞降生，重建以色列國的預言，但是猶太教是一個極端我族中心主義的宗教，宗教信仰意義只是自利於以色列民族，沒有絲毫半點普世思想，彷彿上帝的存在與價值只是為了以色列人，即使天國也塑造成專為以色列民族而設立，故此他們不能接受耶穌的降生就是上帝所應許的預言，因為當時代的耶穌明顯具有普世的教導，耶穌所展示的真理放眼於全人類，明顯傷害了猶太教我族利己主義的感情。而基督宗教卻把耶穌奉為拯救世人的救主，基督宗教是猶太教信仰的延續，由猶太人的自我中心主義推展至全人類獲得救贖的目的。而遠在基督宗教還未形成以前，瑣羅亞斯德教已經提出救世主降生拯救世人的教義思

想，他們相信在先知瑣羅亞斯德過世後的第一、第二和第三個千年中，他的後裔將相繼降生，拯救世界脫離阿赫里曼所造成的災難。瑣羅亞斯德教的救世主思想放眼於全世界，而不是只為拯救古波斯的民族英雄，如此思想只有近代全球化的趨勢下，人類才懂得普遍認同。

　　近代一本有關瑣羅亞斯德教的書籍（註5）中，作者或明或暗地指出這三個救世主正代表了佛教的釋迦牟尼、基督宗教的耶穌和伊斯蘭教的穆罕默德，因為他們三人出生的時間都大約相距500年，而有關瑣羅亞斯德的出生年代及對救世主降生的預言在學術界也有500年與1000年的分歧，有些研究認為瑣羅亞斯德在西元前1000年出生，有些研究則認為瑣羅亞斯德在西元前500年出生，對救世主降生的預言同樣有相距500年與1000年的說法，究竟瑣羅亞斯德是真有其人，還是虛構的神話人物，也同樣存在分歧。

　　無論如何，此三個偉大人物被推舉為拯救全人類的救世主並不是完全沒有歷史根據，但我們知道，佛教徒大多只承認佛祖釋迦牟尼是救世主，不會承認耶穌和穆罕默德；基督徒只會承認耶穌，不會承認釋迦牟尼和穆罕默德；伊斯蘭教徒特別推崇穆罕默德，承認耶穌在穆罕默德之下，但不會承認釋迦牟尼，因為他們都不會全面、客觀地審視此三位歷史偉人的相關記載。如果能對自己所屬宗教的歷史偉人有比較深入的認識已經十分難得，最糟糕的是佛教徒對佛陀一無所知，基督徒不認識耶穌，伊斯蘭教徒不認識穆罕默德，他們各自執著於一套僵硬化的教義思想，佛陀、耶穌和穆罕默德只是一個名字，沒有實質內容。

　　最原始時代的瑣羅亞斯德教可算是該教的最完美狀態，但歷史發展下去，宗教的黑暗面就慢慢出現，原本是推崇一神信仰的宗教，慢慢出現了數目愈來愈多的眾神靈。在瑣羅亞斯德教經典《阿維斯塔》中，最原始的詩歌頌讚是信奉至善的主宰和推崇善思、善言和善行的原則，但後期撰寫的詩歌所頌讚的大小神靈數目愈來愈多。宗教儀式和規條也愈來愈離奇古怪兼繁複，尤其是有關潔淨的禁忌，教徒不能沾染污穢的東

西,接觸不潔淨的東西如同犯罪一樣,必須受到法律制裁。例如玷污死物,均屬重罪,必須處死。一般的罪過鞭打三下,且必須連續鞭打5至7年。屍體屬不潔淨,因此與瀕死之人接觸,或專門負責處理屍體的搬運工,都屬於極度不潔,他們需要在一條黃狗或白狗的注視下用水、砂和牛屎等等遍體沐浴,以此滌除心身污穢和驅除惡靈。還有最繁複的潔淨禮,稱為「九夜之濯」,此禮通常在荒僻無人處舉行,或劃一個圓圈,或砌一道圓牆,其內掘九個坑或鋪上石塊。不潔之人在狗的注視下,蹲踞其間,用祭司在溝外以九節竹杖遞給他的牛屎、沙和水,洗淨全身。之後換上乾淨的衣服,繫上腰帶,到一個僻靜的地方,獨居九日九夜,虔誠祈禱。如此種種繁複、苛刻及古怪的儀式,極盡虐待的能事,加上對眾多神靈的崇拜,彷彿把原初最簡單、純潔的信仰原則,以及對至善的主宰忘記得一乾二淨。瑣羅亞斯德教從原初重視真理與道德的信仰,逐漸走向形式主義,也漸漸走上衰亡之路。

　　西元前331年,亞歷山大大帝憑著個人的野心和勇氣,為馬其頓帝國不斷征戰,在短短13年間吞併了西方世界大半領土,摧毀了當時最強盛的波斯帝國,深入人跡罕至的印度半島,長征兩萬里,帝國版圖橫跨歐亞非三洲,被擁為馬其頓之王、希臘王、巴勒斯坦王、埃及王及亞洲王,成為從雅典到印度家喻戶曉的神話英雄。亞歷山大大帝佔領波斯之後,除了摧毀城市,迫害百姓外,還把精美的波斯帝國宮殿夷為平地,對瑣羅亞斯德教大肆摧毀。他摧毀波斯帝國瑣羅亞斯德教寺院,熄滅了許多曾經熊熊燃燒的聖火,甚至把瑣羅亞斯德教的所有文獻全部焚毀。據記載,波斯阿契美尼德王朝時期的《阿維斯塔》分21卷,共815章。這部卷帙繁浩的瑣羅亞斯德教經典,遵照波斯維什塔斯普國王的御旨編定而成,後來用金汁將其抄寫在12000張牛皮革上,一式兩份。其中一份連同雄偉的波斯王宮一起付之一炬,另一份被運回希臘,翻譯成希臘文。亞歷山大大帝被喻為十惡不赦的惡魔,所有瑣羅亞斯德教信徒都痛恨他的行為,痛罵他是「該詛咒的殺麻葛者」(註6),把他視為宗教的

惡魔阿赫里曼。

　　西元前 323 年，年僅 32 歲的亞歷山大病逝，馬其頓世界大帝國的夢想就此結束。衰落的瑣羅亞斯德教也重新開始復甦，《阿維斯塔》在瑣羅亞斯德教祭司們的記憶之下重新撰寫修訂。不過，瑣羅亞斯德教的另一個厄運還在後頭。

　　在地中海和印度洋之間，有一個巨大的半島，即阿拉伯半島。自古以來，半島上居住的遊牧民族，稱為阿拉伯人。阿拉伯人原本是一盤散沙的民族，各部族互相爭鬥劫掠，當時的阿拉伯文學只有戰爭和愛情兩個題材，庸俗不堪。把阿拉伯各部族統一團結起來，奠定了帝國基礎，並把阿拉伯人從戰爭與愛情提升至宗教信仰的追求，徹底扭轉阿拉伯歷史命運的人，正是伊斯蘭教的始創者穆罕默德。穆罕默德生於西元 570 年，他 40 歲時開始斷斷續續地受到真主安拉的呼喚和指引，擁護者愈來愈多。西元 7 世紀初，穆罕默德成功統一各部族，通過戰爭、議和不斷加強勢力，最終在麥加成功建立神權統治。西元 632 年穆罕默德逝世，他預言在他死後 30 年，伊斯蘭教會由暴君統治。穆罕默德的繼承者稱為「哈里發」，意思是「先知的代理人」，哈里發不僅是伊斯蘭教的宗教領袖，也是阿拉伯國家的政治和軍事首腦。第四任正統哈里發在穆罕默德死後 30 年遇刺身亡，四大正統哈里發 (Four rightly guided caliphates) 時期結束，繼之而興起的是大大小小家族掌管的王朝，形成伊斯蘭教帝國的皇權統治。他們打著「聖戰」旗號，開始東征西戰，大肆擴張。

　　統治伊朗高原的薩珊波斯帝國在阿拉伯人的打擊下率先土崩瓦解，波斯王室逃亡海外。本土波斯人無法繼續信奉瑣羅亞斯德教，阿拉伯人想盡辦法使他們改信伊斯蘭教，例如改信伊斯蘭教居民享有稅收優惠，在沉重的賦稅壓力下，使瑣羅亞斯德教信徒放棄固有信仰，改信伊斯蘭教。經過若干世代，原住民已忘記什麼是瑣羅亞斯德教，而原先的瑣羅亞斯德教世界已變成了清一色的伊斯蘭教世界。

　　現今大部分的伊朗人再不認識瑣羅亞斯德教，流傳現今的瑣羅亞斯

德教聖典《阿維斯塔》也只剩下極少部分的斷卷殘篇，現代的伊朗學者讚嘆伊朗的祖先曾有如此高度的宗教文明。據學者統計，全世界的瑣羅亞斯德教徒約有 15 萬人，除了印度和伊朗之外，英國和北美等地也有一些信仰者。他們緊隨時代潮流，通過組織、集會和建立網站繼續承傳千年之久的善惡二元論思想。但這個宗教已不會外傳，而是以家族血統世代相傳的宗教。他們堅守先知瑣羅亞斯德的道德原則，以及以聖火作為崇拜善主的媒介及對象。

在香港，瑣羅亞斯德教徒屬極少數，他們都是從印度來的瑣羅亞斯德教徒。當中很多是富有的商人，且積極貢獻社會，香港一條街道「麼地道」(Mody Road)，就是以已故的瑣羅亞斯德教富商 (Sir Hormusjee Naorojee Mody) 命名，他對香港社會作了極多捐贈，香港大學也有樹立他的銅像。在印度，聖雄甘地曾說：「雖然瑣羅亞斯德教徒數目十分微少，但他們對社會的貢獻卻不能夠忽視。」可見印度的瑣羅亞斯德教徒也是成功的商人，積極貢獻社會，但並不是為了擴張其宗教。瑣羅亞斯德教算是一個末落的宗教，其信仰有很多可貴之處，值得世人認識、學習。

林楚菊的《漫談世界各宗教》

註釋

註1：《阿維斯塔》是伊朗最古老的文獻，成書年代難以斷定，但起碼可上溯至西元前10世紀。流傳至今的《阿維斯塔》並非遠古時期的原作，這部巨著的絕大部分已散佚。

註2：《伽薩》是《阿維斯塔》的最古老組成部分，屬瑣羅亞斯德本人吟唱的詩篇。

註3：見《阿維斯塔——瑣羅亞斯德教聖書》，（伊朗）杜斯特哈赫選編，元文琪譯，北京：商務印書館，2005年，本章有關《阿維斯塔》的引文均出自此書。

註4：《亞斯納》是《阿維斯塔》的最古老組成部分之一，《伽薩》的17章原為《亞斯納》72章的組成部分，吟唱者為瑣羅亞斯德。

註5：見《西域聖火——神秘的古波斯祆教》，滕磊編著，北京：人民美術出版社，2004年。

註6：麻葛是指瑣羅亞斯德教的祭司。

林楚菊的《漫談世界各宗教》

第二章　基督宗教

耶穌畫像

從猶太教開始

　　基督教源於猶太教，猶太教是在西元前 2000 年在西亞地區的遊牧民族希伯來人之中所產生的宗教。中東的幼發拉底河和底格里斯河流域是人類文明的最早發祥地之一，早在西元前 2300 年，美索不達米亞文化就達到相當發達的程度，當時的人信奉薩比教，以日月星辰為崇拜對象，其中太陽是最主要的神明。在《古蘭經》(6:75-79) 中記載，以色列人的

始祖阿伯拉罕，即《古蘭經》所稱呼的「易卜拉欣」，起初也以為太陽就是最偉大的獨一主宰，但他看到太陽也有日落的時候，並不是永遠掛在空中，他知道太陽並不是最偉大的獨一主宰，跟著他猜想月亮才是最偉大的獨一主宰，但他看到月亮也有圓缺的時候，月亮不可能是最偉大獨一的主宰。他感悟到最偉大的主宰應該是創造日月星辰者，而不是日月星辰本身。有一次，亞伯拉罕到神殿用木棒把其內的所有神像全部毀壞，只除了一個最大的神像，然後把這木棒放在那最巨大的神像手中，同族人看到神殿內所有的神像被破壞，便查問是誰幹的事，亞伯拉罕說是那最巨大的神像所幹的事，木棒還在那神像手中，同族人不相信，亞伯拉罕便叫他們問問那神像是否真有其事，同族人覺得他荒唐，神像又怎能作出回應，亞伯拉罕隨即說：「既然那些神像都不能保護自己，甚至不能說出是誰幹的事，你們崇拜這些死物有何用？」（參看《古蘭經》21：51-70）同族人即使知道自己理虧，也不會改變自己的信仰，即使是亞伯拉罕的父親也不例外，後來宇宙獨一的主宰向亞伯拉罕顯現，應許他會成為萬國之父，他的子孫後代會受真主的祝福，亞伯拉罕是真主的好友（《古蘭經》4:125）。

我們可看到亞伯拉罕與同族人的不同，他嘗試思考宇宙的奧秘，對不合理的信仰提出質疑，不會盲目跟隨同時代人的共同想法，這是每個時代每個改革者共有的特質。據傳說，亞伯拉罕曾與同族人發生爭執，他宣稱比太陽更偉大的造物主才值得人們敬拜。為此，他遭到眾人的反對，且被國王監禁，後來國王沒收他的財產，將他放逐哈蘭。

在猶太教和基督宗教的經典《舊約聖經》中，對亞伯拉罕的童年、青少年，甚至成年時期都沒有隻字提及，一開始提及亞伯拉罕就是他的老年期，根據《舊約聖經》的《創世記》12:1-3記載，上主向他顯現前亞伯拉罕原稱亞伯蘭(Abram)，上主指示亞伯蘭：

「耶和華對亞伯蘭說：『你要離開本地、本族、父家，往我所要指

示你的地方去。我必叫你成為大國。我必賜福給你，叫你的名為大，你也要叫別人得福。為你祝福的，我必賜福與他；那咒詛你的，我必咒詛他。地上的萬族都要因你得福。』」

於是亞伯蘭從兩河流域南部的烏爾 (Ur) 經巴比倫 (Babylon)、馬利 (Mari)、哈蘭 (Haran) 遷徙到稱作迦南 (Canaan) 的地方（即現在的巴勒斯坦），幾經輾轉後，定居在別是巴 (Beersheba)。後來亞伯蘭更名為亞伯拉罕 (Abaraham)，亞伯拉罕生子以撒 (Isaac)，以撒生子雅各 (Jacob)，他們就是以色列人的列祖，也是猶太教的最早奠基者。亞伯拉罕以唯一的神 El 為崇拜對象，El 是閃族語中表示最高神的一般性稱呼。El 有不同的稱謂，如 El Shaddai（全能的神）、El Elyon（最高的神）、El Roi（能見之神）、El Bethel（聖所中的神）、El Olam（永恆的神）。而 El Shaddai 是亞伯拉罕家族所使用對上主的稱謂，後世的以色列人就以 El Shaddai 為亞伯拉罕、以撒和雅各三位始祖所信奉的上主。

現今猶太教的信眾十分少，只局限於以色列民族之內，但猶太教信仰對世界的影響卻十分巨大，因為從猶太教信仰發展出今日的基督宗教和伊斯蘭教，此三個宗教都信奉一神，都推崇亞伯拉罕為他們的先知，故此三個宗教又被稱為亞伯拉罕諸教。如果說人類從多神教的信仰發展至一神教的信仰是人類意識的一大躍進，那麼猶太教正標示著這意識的最早躍進。

不過，猶太教並不外傳，從《舊約聖經》和死海古卷有關以色列民族歷史發展的記載中，可看到以色列人對其他民族，甚至整個世界，從來沒有中國人的大同世界、互利互助的觀念。孔子在《論語》中說「四海之內皆兄弟」，對以色列人來說，簡直無法想像。從以色列人始祖的歷史可看到，以撒有兩個兒子以掃和雅各，以掃是長子，雅各是次子，如此一個小家庭都可以起紛爭，雅各及其母親用下三流的手段欺騙年老的以撒，使以撒把雅各誤以為以掃，把長子當受的祝福給了雅各（參看

《創世記》27章）。雅各娶兩妻生有12個兒子，其中最愛兒子約瑟，卻因此而遭到其他眾兒子的嫉妒而把約瑟賣到埃及做奴隸（參看《創世記》37章）。中國儒家思想講究「孝悌」，「孝」是指孝順父母，「悌」是指友愛兄弟姊妹，這本是人之常情，但在以色列人的民族歷史中很難找到，在《舊約聖經》中，以色列民族多是唯利是圖、不擇手段的小人，在家庭內不乏強姦、通姦、亂倫的惡行，常常為了個人利益而你爭我奪，即使對待自己的家人也不留情，對待其他民族更窮凶極惡，他們又怎可能真心愛上帝？上帝者，只是給他們莫大的利益，才會去敬拜。

在以色列人的眼中，上帝是為了他們而存在，天國也是為了他們而建立，故此天國內必須具備代表以色列12個支派的長老，有12個寶座供他們坐，但根據《舊約聖經》任何方面的記載，在這12支派的始祖中，比較出色者只有約瑟一人，因為他曾成為埃及宰相，拯救埃及和以色列民逃過大饑荒的惡運，其餘的始祖及此12支派的後人，行惡居多，最好的只是無德無能，他們竟然猜想在天國內有12個寶座供他們坐上。若以色列民族能夠理智一點，這個民族的信仰就可以躍進，他們應該知道上帝若是宇宙天地獨一的主宰，怎可能單單只祝福、眷顧他們而不眷顧其他民族？以色列民族沒有什麼出色之處，唯一的依靠就是他們的上帝，但以色列民族缺乏道德良知，對內對外亦如是，他們也缺乏管治能力與政治智慧，其分裂與亡國是必然發生的事情，不發生才會是奇蹟。

在《舊約聖經》及死海古卷中，以色列人亡國以後，常常寫下一些哀悼的詩篇，所表達的思想都是懇求上帝寬恕他們的罪過，幫助他們，替他們復仇，消滅所有侵犯以色列的民族，不要讓他們有好日子過。我看到以色列人的信仰十分幼稚，整部《舊約聖經》看不到以色列人有什麼靈性智慧，所謂的《箴言》、《傳道書》已是最有智慧的代表作，但與中國的《易經》、《道德經》和《論語》，古波斯的《阿維斯塔》、印度的《吠陀》、《奧義書》和《博伽梵歌》等等不勝枚舉的傳世經典

相比，簡直就像一個幼稚園生對著一個大學畢業生，還自滿地認為自己就是上帝唯一選擇的一個。他們永遠都是在零和遊戲中自以為是，自吹自擂，上帝怎會如此幼稚地聽他們永不長進的訴求？

以色列人在亡國以後，受到鄰近古波斯信仰的影響，他們期待有一位救主降生拯救他們，但是這位幼稚園生只期望這位救主只是一位民族英雄，單單拯救以色列民族而不是整個世界，而且這個民族英雄要令以色列復國，令以色列再一次強大昌盛。直到今日，以色列人不承認耶穌就是他們所期待的救主，因為耶穌沒有令以色列復國，也沒有令以色列強大昌盛，耶穌並不符合他們這兩個要求。耶穌的說話已清楚表明他所建立的國度是靈性的國度，而不是地上的王國。

筆者曾思考世界上不同地域、種族的文化信仰如此分歧，而且這分歧沒有可能消除，宇宙永恆獨一的主宰如何決定哪些人可歸向祂？哪些人會進入祂的國度？每一個宗教信徒均深信自己所相信的宗教才是唯一正確的宗教，上帝如何面對這些全部自以為是的宗教信眾？我認為上帝和人類最重要的特質就是善良，如果這個上帝擁有全能，卻沒有善良，這個就是魔鬼，上帝既是全能，也同時是至善的本源，只有內心喜愛善良且能付諸實行的人，他們就能夠進入上帝的國度，無論他們所相信的是什麼都不重要。我這種看法往往被偏執某一宗教信仰的人所否定，令我感到奇妙的是當我翻查猶太教的資料時，我竟發現猶太教不外傳的原因，其中的看法與我一致：猶太教並不主張其他民族為了救贖而必然接受他們的宗教信仰和敬拜方式，這世界會因其所行而受審判，而不是因其所信的教條而受審判，所有公義的民族均能分享將來的和平世界。

對猶太教這方面的看法，我絕對同意，但同時我感到驚訝的是，信奉猶太教的以色列民應自知自己並不是公義的民族，假設他們所敬拜的上帝絕對正確，但他們由始至今對促進世界和平、公義和美好沒有作出什麼貢獻，猶太教由始至今都是極端自利的宗教。在《舊約聖經》中，我不想對以色列民的醜行一一列舉，我認為這部《舊約聖經》是兒童不

宜的讀物，因為以色列民和他們所憎恨的周邊民族一樣邪惡，而上帝為何偏偏要鍾愛以色列民？以色列民所作的惡行真的會嚇壞純真的童心。

　　在這裡只提一件我認為最令人痛心疾首的事情，先交代歷史背景，以色列民成功在迦南地建立統一的王國，後來卻一分為二，南方為猶大國，由猶大和便雅憫兩個以色列支派所組成，北方為以色列國，由以色列其餘10個支派所構成。西元前721年，亞述人攻打以色列國，其人民被擄往亞述，後逐漸同化、消失。南方的猶大國於西元前586年被巴比倫人所滅，其民眾被迫流亡巴比倫50年。西元539年，波斯王居魯士(Cyrus)戰敗巴比倫帝國，發佈敕令讓猶太人重返家園，重建耶路撒冷聖殿。在《舊約聖經》的《以斯拉記》中記載耶和華感召波斯王，命令他下召讓猶太人重返故土，重建耶路撒冷聖殿。我們從這裡可知道波斯帝國信奉瑣羅亞斯德教，其所信奉的宇宙至善的主宰與猶太教所信奉的主宰耶和華是同一個神，否則波斯帝國應像亞述、巴比倫，以及後來的希臘和羅馬一樣把猶太人消滅，而不是讓他們重建聖殿，重建家園。當時統領猶太人重建聖殿者是猶太祭司以斯拉，他就是法利賽人的鼻祖。法利賽人就是反對耶穌最不遺餘力的猶太教份子，他們也是現今猶太教的主流份子。此人所做的事情，令我感受到人類最可怕的是打著宗教的旗號而作出不人道的事情，他點算回歸猶太人的家族成員，發現很多猶太人犯了與外邦女子通婚的罪行，他大仁大義地痛哭，要求上帝寬恕猶太人，最後命令猶太人「休這一切的妻，離絕他們所生的」（參看《以斯拉記》10:3），如此不人道的做法，令人妻離子散，製造破碎家庭和種族仇恨，試設想那些被遺棄的外邦女子的苦狀，於心何忍？但這個以斯拉在猶太民族中卻名留青史，真的是可怕，他們沒有可能不知道他們以色列民族所推崇的大衛王，其曾祖母路得是一個外邦女子（參看《路得記》），猶太人極端利己的思想到今日還是變化不大。

　　假若猶太人真的相信自己那部《舊約聖經》，即猶太教稱為《塔納赫》，他們應該相信人類同有一個祖先亞當，全世界的人類本來是同出

一源,猶太人以及其周邊民族都是亞伯拉罕的後裔,或再追上至挪亞的後裔(參看《創世記》5至6章),為何猶太人把自己看得如此優越,視其他民族如草莽,他們都是該死而自己就不該死。我們看看今日以色列與巴勒斯坦的衝突,可看到以色列要復國,戰爭勝利卻得勢不饒人,完全奪取一切利益而不作些微半點的讓步,這樣他們怎可能和殘留的巴勒斯坦人和平共處?現今巴勒斯坦人的生活,據外國雜誌報導,不是像動物,而是像昆蟲,而巴勒斯坦人與以色列人都是信奉同一位神,伊斯蘭教很多主要的教義都與猶太教一致,例如他們都相信有復活日,宇宙獨一的主宰要按每個人的行為審判各人。在宗教上,我幾乎看不出猶太教與伊斯蘭教有什麼衝突,但猶太人那根深柢固的民族自利思想成了他們罪惡的根源,基於民族自利,他們不承認耶穌,而耶穌很可能就是上帝如他們所願差派來的救主,拯救他們的心靈,而不是帶領他們復國。

猶太人到今日都不能善待巴勒斯坦人,不能與伊斯蘭教國家和睦共處,而這些國家及人民按《舊約聖經》記載都和他們有同一個遠祖,他們都是遠親。中東國家要和平共處,在今日人類意識有極大進步的時代裡,完全具有宗教信仰的依據。一直以來,猶太人只看到其他民族的不義,看不見自己民族的不義,猶太人以及猶太教都是停留在民族歷史的起點,沒有進步。

教義的迷思

從猶太教發展出今日的基督宗教,這個宗教包括了羅馬天主教、東正教和基督新教。基督宗教成為全世界的一大宗教,西方諸國都信奉基督宗教。在歷史上隨著西方國力的強大,在帝國主義及殖民地擴張的勢力下,基督宗教已傳遍至世界每一個角落,由最強大的美國到最貧困落後不堪的地方,都有基督宗教的蹤跡。據粗略估計,現今全球共有21至26億人口信奉基督宗教,這包括羅馬天主教、基督新教和東正教,佔世

界總人口達 30% 至 37%。而在有信仰的世界總人口中，基督教徒佔 40.21%，絕對可以稱得上是全球信仰人數最多的宗教，與伊斯蘭教和佛教並稱為世界三大宗教。

從歷史的發展，基督宗教沿自猶太教，基督宗教發源於西元 1 世紀巴勒斯坦耶路撒冷地區的猶太人社會。按道理，基督宗教的始創者是耶穌，他自稱是神的兒子，是世界的光，大約 30 歲時在巴勒斯坦地區宣講福音。所謂的福音，不是今日基督宗教那套僵硬化的教義，而是靈性智慧，開導人的心靈，追求上帝的國度，而不是人類的國度，追求內在心靈的富足，而不是物質世界的富足。耶穌不但具有當時代人們難以達到的靈性水平，而且更有超乎常人的神力，他行了眾多神蹟奇事，以超能力醫治民眾，驅趕附在人體之內的邪魔，並且廣納信眾，跟隨他的人愈來愈多。與此同時，仇視耶穌的人也愈來愈忍受不了，他們都是當時的猶太教權威，他們最後設法把耶穌處決，說服羅馬官員把耶穌釘死在十字架上，耶穌的罪狀就是：「猶太人的君王」。當時羅馬長官彼拉多就是把這罪狀掛在耶穌所釘在的十字架上，真是諷刺。耶穌並不是一個政治人物，他由此至終只談論靈性，而不是政治，處死他，可見當時人們極不理智，且喪盡天良。

耶穌主張「非暴力」，這是猶太教從來沒有過的思想及立場，當時的猶太人以及外邦人根本無法想像。然而耶穌言行一致的「非暴力」主張，卻是印度自古以來所重視的價值，印度梵語稱為 Ahimsa，意思是指在思想、言語和行為上不傷害任何生命，並以無限的愛覆蓋整個宇宙。印度聖雄甘地 (1869-1948) 便是以「非暴力」原則反對英國的殖民統治，並且取得成功，這是古往今來唯一的例子。甘地曾在他的著作中寫道：「我相信我所宣揚的訊息是普遍的，我感到我可經由我對祖國印度的服務奉獻而盡善盡美地完成我的理想目標。若我能在印度成功達到，則我便可完成我欲向世界傳遞的訊息。」印度自古以來即具有「非暴力」傳統，印度的三個主要宗教是印度教、耆那教和佛教，它們均將「非暴

力」視為重要美德。如果耶穌當時身處印度，首先，他一定不會受到迫害，印度文化對各式各樣的宗教信仰十分具有包容性，其次是當時的印度人一定明白耶穌的「非暴力」言行，耶穌寧願被人侮辱、鞭打、釘死在十字架上，也不作任何反抗及逃避，而是安靜地接受這一切，這就是「非暴力」主張的生命示現。

　　反觀今日的基督教國家，沒有一個重視非暴力的價值，把耶穌的非暴力主張扭曲成為贖罪說，竟然把殺害耶穌的責任推給上主，認為這是因為耶穌要替人類贖罪，上主要釘死耶穌，代替釘死犯罪的人。贖罪說本身就是一種不仁不義、不倫不類的想法，筆者實在驚訝此怪異、卑鄙的想法竟然可以堅持至耶穌離世後兩千多年的今日，實在無法苟同。試想像一個無辜的人要替人頂罪，無論罪惡有多大或多小，無論此人是否願意，都是一件不仁不義的事情，孔子在《論語》中說：「己所不欲，勿施於人。」這是人類社會的黃金定律，假若一個殺人放火的人，後來悔改，但不想接受懲罰，就去尋找世上最有仁德的人，熱切地懇求他代他接受懲罰，好讓自己能夠保存性命，那個有仁德的人為了成全那個罪犯，就替他頂罪，甘願犧牲自己。若世上真有這樣的事情發生，自私自利之徒可能覺得沒有什麼問題，但卻非君子所為，實在天理不容。

　　贖罪說是西方自利思想的產物，把耶穌的降世意義矮化為替人類贖罪，成為祭壇上的畜牲，如此便不用把耶穌的言行教導放在第一位。任何一個十惡不赦的人大可以放心信奉基督宗教，因為他們只關心自己的罪行由別人替自己承擔，這好像是惡邪的人想出來的教義，這是東方文明智慧沒有可能產生的思想。人的一切行為應該受其因果業力所報應，種瓜得瓜，種豆得豆。人犯了過失，便要承擔後果，無論他是否願意，也不由得他去選擇，否則這世界便無法無天。而且猶太教和伊斯蘭教均相信在復活日，即世界末日，所有人都要復活，接受真主對所有人的審判，真主會按各人的行為報應各人，任何人即使能夠逃過世間的裁決，也逃不了真主的裁決，因為真主能知天地幽玄，能知道每個人心裡的一

切，沒有人可以逃過祂的公義。這是《古蘭經》所說的話，真主從來沒有說過相信主耶穌基督的人，他們的罪便得到赦免。在《古蘭經》沒有任何贖罪的概念，而是強調「信道而且行善」的人，他們在復活日，必得到樂園的福樂。如果一個真的是心裡善良的人，他若犯罪也希望自己獨力承擔，而不是嫁禍別人，這就是中國人所說的君子，而基督宗教的贖罪說就把所有人看成是小人。

很多人的過失都不致於要接受釘在十字架上的刑罰。十字架代表人生的苦難，而不是刑罰，耶穌在四福音中說誰若不願背負十字架，就不配跟隨他。每個人都要背負自己的十字架，即人生的苦難，耶穌已給後世信眾作了榜樣，耶穌的十字架異常痛苦及沉重，但十字架還是要自己背負，人生的苦難還是要自己去經歷，耶穌或上主可以給你力量去經歷人生的苦難，但這與贖罪一點關係也沒有。

耶穌的言行教導，就是非暴力，與佛教和印度教的思想更接近，但基督宗教的教會歷史卻充滿血腥與殘暴，起初是人們用血腥暴力迫害教會，後來則是教會用血腥暴力迫害人們。一個有理智的人很難想像基督宗教是由耶穌所創立，耶穌寧死都不自衛，不傷害別人。但自西元4世紀，基督宗教成為羅馬國教以後，這個教會漸漸充滿殘暴，殘害他們認為的異端、判教徒和異教徒。耶穌是一個不幸人物，他沒有為自己創立任何宗教，也沒有可能創立，因為耶穌宣揚自己的思想教導只有短短數年，他被迫害，跟隨他的人也同樣受迫害，而且維持了數百年之久。在這數百年裡，耶穌真正原初的教導還剩下多少？

教會的發展

根據《新約聖經》的《使徒行傳》記載，耶穌被釘死復活後，相信耶穌的人聚集在耶路撒冷城，實行財產共有的集體生活，這是教會的雛型。外界視他們是一種秘密的宗教組織，猶太教權威視耶穌為外道，教

會是離經叛道的異端，常常向羅馬當局控告他們。羅馬當局認為當時的基督教會只是猶太教的分支，起初並沒有迫害教會，當時迫害教會者就是猶太教掌權人，包括保羅，司提反就是第一個被他們所殺害的信徒。直到尼羅皇帝（西元 54 年至 68 年）在位時，教會的人數已增長到不可忽視的程度，從西元 60 年代中期開始，羅馬帝國正式大規模全國迫害教會信眾。雖然如此，但社會各階層愈來愈多人加入教會，在教會內實行平等互愛，即使是奴隸出身，加入教會便可以與其他信眾一樣成為兄弟姊妹，互相支持。我們可以看到教會人數不斷增長，其原因是教會打破了當時的奴隸階級制度，平等友愛是教會成功發展的原因。

　　教會在西元 2、3 世紀曾遭遇多次可怕的大迫害，許多主教和信徒被火刑燒死，在競技場中被野獸吃掉，但教會依然茁壯，直到羅馬皇帝相信基督，並於西元 313 年頒布米蘭敕令，羅馬帝國才停止對基督徒的迫害。隨著基督宗教的擴展，教會開始將耶穌復活的一天定為復活節，又定每年 12 月 25 日為耶穌的生日，即聖誕節，但其實耶穌的出生日期由於年代久遠已無法考證，只能將羅馬的阿波羅神的生日改為耶穌誕生日。

　　西元 395 年，羅馬帝國分裂成東羅馬帝國和西羅馬帝國。自西元 476 年西羅馬帝國被日爾曼人所滅，不少日爾曼人的部族，例如法蘭克人，開始皈依基督宗教。由於日爾曼人的文化水準比羅馬人低，甚至連自己的文字也沒有，於是教會便成為中世紀時期西歐唯一的學術權威。此時只有教士和修士才能讀書識字，所有學者都是教會人士，教會的《聖經》由羅馬語拉丁文寫成，平民百姓沒有機會接觸《聖經》，教士的說話代表一切，西歐開始進入基督宗教盛行時期。

　　天主教是最早建立的基督教派，西元 395 年，羅馬帝國分裂成東羅馬帝國和西羅馬帝國，自此東西方教會的分歧愈來愈大。東西兩部分在社會、政治、言語和文化傳統各方面的差異，促成了基督宗教說拉丁語的西部派別和說希臘語的東部派別之間的分化。西部的羅馬教會自認為是耶穌門徒彼得的繼承者，堅持其在各宗主教區擁有首席地位。東部的

君士坦丁堡教會則在東羅馬皇帝支持下與羅馬教庭爭奪勢力範圍，再加上東西教會在教義方面的分歧，終於在西元 1054 年互相開除教籍，正式分裂為西羅馬帝國的天主教和東羅馬帝國的東正教。

天主教以羅馬教庭為中心，教導權在於教宗和大公會議，其教首是羅馬的教皇，即今日的教宗。東正教以君士坦丁堡為中心，教會最高權力屬於東羅馬帝國的皇帝，俄羅斯東正教的教首則是莫斯科的東正教最高主教。除此之外，還存在一些獨立的東正教派別，例如希臘、亞美尼亞和塞爾維亞的東正教分支。

羅馬天主教在西歐的勢力非常龐大，整個西歐諸國的皇權都在教皇之下，整個西歐上至貴族、下至平民百姓都要聽命於教庭。沒有人知道什麼是基督的教導，教皇就是上帝，他們只知道要向教庭俯首稱臣，把國家的巨大財富年年進貢，而教庭亦變得愈來愈醜惡黑暗。首先，沒有人可以有開放的心靈去認識宇宙獨一的主宰，去瞭解真理，因為教會所擁有的真理非常薄弱，僅在於一部經無數次篡改的《聖經》，而且只有教會才有權解釋這部《聖經》。當時用拉丁文寫成的《聖經》甚至無人問津，教庭索性自把自為，教會行事不用根據《聖經》，甚至很多是違背《聖經》的教導。不但違背《聖經》，更違背了人類的良知與天理。當時的羅馬天主教就如魔鬼教，教皇就是最大的惡魔，其餘的各級主教就是魔鬼的成員。這個宗教一方面壓制人類的思想，設立極殘酷的宗教裁判所，以死刑或酷刑去壓制他們認為不妥當的人，這包括在宗教教義上及信仰感悟上與僵硬化的教義規定有別的人，還包括在學術上堅持客觀理性追求知識，不受制於教庭規定的知識份子。眾所周知，天文學家加利略 (1564-1642) 因為支持哥白尼於 1543 年出版的《天體運行論》，提出地球是圓而不是方，地球圍繞太陽運行而不是太陽圍繞地球運行，在當時竟然是犯忌，被宗教法庭判為「有強烈異端嫌疑」，因而被終身軟禁，並禁止他的著作出版，晚年被教庭折磨了不少。另一方面，教庭也設下諸多規條限制，控制人們各方面的生活，而且教庭聚斂搜刮民脂民

膏的名目愈來愈利害，今日天主教有很多聖像、聖物、聖日、聖祭、朝聖與赦罪，在當年全是刮財的技倆。

《聖經》記載耶穌很多時都委屈自己去服侍世人，更為門徒洗腳，但羅馬天主教皇卻要別人吻他的腳，以表示自己的尊貴。筆者簡直感到驚訝，無法想像當時的人可以想出如此惡行而又有大群人去跟隨。就我所知，在印度自古以來，人們都是用手觸摸年長者或精神導師的腳，以表示對他們的尊敬，而不用吻他們的腳。印度是一個階級尊卑十分明顯的社會，也想不出要吻腳這古怪、極端的做法。

此外，當時的教皇、不少主教及所謂的神職人員，他們的私德也十分敗壞，教皇的生活窮奢極侈不在話下，而且他們所謂的獨身規條只是不允許他們結婚，但他們可以有女傭，而女傭就是他們的妓女，他們與女傭所生的子女就是在社會上難以界定的產物。這在 16 世紀宗教改革者馬丁路德 (Martin Luther) 的著作《路德三檄文和宗教改革》(Three Treatises)（註 1）中，詳細指出教庭的種種惡行，神職人員可否結婚和生兒育女，他也有詳細探討。他認為，不少神職人員在實際行動上已做出生兒育女的事，只是教庭不允許他們結婚，不讓那些女傭享有正當的名分，使她們一生受到羞恥，他認為教庭的做法是更大的不義。他認為教會非改革不可，他原先只是希望指出教庭的種種不是，沒有想到要推翻教會，在他這部著作中，有一封信是寫給教皇的，在信中他對教皇仍十分尊重，他只希望教皇能認真思考教庭的種種問題，不能夠讓問題長此下去，但後來他知道自己已被天主教開除教籍，於是他對教庭的批評就更加不留情。

後世對馬丁路德的評價相當高，認為他是理性主義的代表，揭開現代社會的序幕。他原先是教會的修士，故此，他對當時的拉丁文《聖經》十分熟悉，他主要是引用《聖經》來反對教庭的惡行。他有這個醒覺去直指其非，可看出他是一個十分有理性的人。如果一個惡行，99 個人都說是善行，第 100 個人會否反思這個真的是善行？馬丁路德就是懂

得反思的第 100 個。今日現代人看來，馬丁路德當時的想法是簡單不過的事情，教庭的惡行實在太明顯，對社會的禍害十分深遠，但當時反對馬丁路德的人大有人在，這包括教庭內高級的神職人員和大學教授。馬丁路德是一個十分幸運的人，因為在他之前也有零星的反對教庭者，他們都是把良知看得比教條更重要，但都被處決，故此真是時勢造英雄，馬丁路德成功得到當時貴族的支持，他們均認為德意志民族不能夠再受教庭的愚弄。西元 1517 年，原本是天主教奧斯丁會的馬丁路德神父另立門戶，由天主教分離成立新教。16 世紀的宗教改革運動先在德國開始，隨後在瑞士、荷蘭、北歐和英國等地也發生教派改革運動，他們建立了新教和英國的聖公會，脫離了羅馬天主教，今日我們中國人所指的基督教基本上是指這個時期開始的新教。

馬丁路德是最先把拉丁文《聖經》翻譯成德語，讓所有德國人均可以閱讀《聖經》，而非教庭的專利。新教即今日所指的基督教，把《聖經》的解釋權交還給每個信眾，再沒有單一的權威去決定誰是誰非，故此今日的基督新教有很多不同的宗派，他們的教義信仰略有差別，只要不是作姦犯科，也不能說某個宗派是邪教，反正傳統基督宗教的教義思想充滿迷思，缺乏靈性智慧及深度，信什麼一點也不重要。

當年馬丁路德以《聖經》來批評天主教，把天主教所有在《聖經》以外的教義信仰一概不接受，例如：基督新教不相信有煉獄，把天堂、地獄簡單化處理，相信耶穌的人會因為耶穌的救恩上天堂，反之則落地獄；天主教則認為那些未能上天堂又不致於落地獄的人，死後會到煉獄受苦，直到苦楚受夠，便可以上天堂，故天主教徒會為在煉獄中受苦的亡魂祈禱。又例如基督新教不相信耶穌母親瑪利亞的神聖，認為她是普通女子，不應該受世人崇拜。基督新教也不接受聖母無原罪，以及聖母升天，因為《聖經》中沒有記載，而天主教則深信不疑，因為在《聖經》以外有其他經典記載。

瑪利亞的母親是聖安娜，即耶穌的祖母，在中古時期同樣也受到崇

拜。據說馬丁路德未加入奧斯丁會做修士前，曾在途中遇到雷擊，他大叫「聖安娜」求救，即耶穌的祖母，聖安娜是當時德國的守護聖人。馬丁路德那次沒有被雷劈中，之後便決定將一生奉獻給教會，到奧斯丁會做修士。天主教有很多聖人，信徒可以透過敬拜這些聖人作為與天主溝通的媒介，賜福給他們。瑪利亞和耶穌都是最大的中介，其次就是歷代天主教所封的聖人。

我們可看到，天主教在這方面的信仰和其他供奉諸神的信仰十分接近。例如中國道教和大乘佛教有很多菩薩神明供信眾參拜，菩薩神明類似天主教的諸聖。基督新教沒有聖人，只有耶穌基督。基督新教是一個極之簡單化的宗教，信仰根據只有《聖經》，而且基督新教的《舊約聖經》書卷數目比天主教和東正教都要少。基督新教依據猶太教的傳統，把現在的 7 卷未被猶太教所承認，但被天主教和東正教所承認的舊約經書，一概稱為次經，不收錄在《舊約聖經》中。現時天主教《舊約聖經》有 46 卷，東正教有 50 卷，基督新教只有 39 卷。我們可看到天主教在教義上的包容性比基督新教大，東正教比天主教就更大。

所謂教義信仰很多都是歷史的產物，可以與真理沒有什麼關係。天主教把歷史遺留下來的錯誤繼續保存至今，例如天主教教宗是否真的是教會之首？耶穌曾說為首者要做眾人的僕人，而不是高高在上。天主教的獨身制度製造了不少社會問題，令神職人員思想行為偏差，傷害無辜的信徒。而獨身制度並沒有任何《聖經》根據，甚至在伊斯蘭教的《古蘭經》中，真主說祂從來沒有定下獨身制度，獨身制度是人們自定的制度，但他們卻不能遵守，那些不信道者，大多是自欺的人。一個人的靈性水平未能達到很高程度而強行獨身，必然會造成思想與行為的偏差，害己害人。故此基督新教容許牧師結婚，這是面對現實的做法。馬丁路德也娶了一個修女為妻，他是一個言行合一的人。

基督新教把天主教的一些錯誤糾正過來，但問題是基督新教變得簡單化、幼稚化和絕對化，他們僅有一部最精簡的《聖經》，但這部《聖

經》是否真的是神所默示?當中是否全是真理?若客觀認識《聖經》的由來,應該知道這是一部歷史的產物,當中有很多殘缺及錯誤,其數目以數十萬計。

耶穌的本相

耶穌作為一個嶄新宗教的崇拜對象,後世對耶穌的生平所知不多,即使今日全世界都慶祝聖誕節,但耶穌真正的出生日期,沒有人知道。西元 4 世紀基督宗教成為羅馬國教,才想到要為耶穌慶祝生日,但耶穌出生日如此重要的數據竟然無法考證,現存的四福音有關耶穌出生的記載可想而知是十分後期的作品。現今學者已可以肯定現存《新約聖經》的四福音並不是出自原作者的手,而是經過無數次刪改而成,決不是從耶穌時代一直流傳至今的作品,否則沒有可能記載耶穌出生的經過,但卻沒有記下最重要的資料,即出生日期。現今學者根據教會以外客觀的歷史考究,參考耶穌時代有關《新約聖經》記載羅馬重要官員的在位年期,以及有關耶穌出生天體出現的異常現象,推斷耶穌真正的出生年期應該是西元前 10 年,或最有可能是西元前 7 至 5 年,而耶穌出生的真正日期,據不同推算,可能是西元前 7 年 9 月 29 日,或 10 月 3 日,或 12 月 4 日,又或是西元前 10 年 11 月 22 日。在西元 400 年,在羅馬帝國時代的屬地加利亞 (Gallia),即今日的西歐,以及埃及的亞歷山太 (Alexandria),當地教會於每年 1 月 6 日慶祝耶穌的生日,即使到今日在俄羅斯、阿美尼亞 (Armenia) 和敘利亞的東正教仍以 1 月 6 日為耶穌的生辰紀念日。

耶穌出生的日期,不清不楚,只能靠推算,或盲目依從。現存教會之內有關耶穌的記載,只有四福音,但四福音的內容,好聽的是簡明扼要,實質是支離破碎,世人對有關耶穌的所知實在不多,而且是少得可憐。那是因為耶穌從開始至終都處於受迫害的狀態,起初是猶太教的迫

害,跟著是羅馬帝國的迫害,而且延續數百年之久。在這數百年間,有關耶穌的言行記載及資料一定會被大肆破壞,沒有可能得到好好保存,而且基督徒為了逃避迫害,大部分有關耶穌的教導只會口耳相傳,而不敢白紙黑字寫出來,更不會公開,讓人有證據去追查及迫害。在這情況下有關耶穌的多方面資料自然會失傳或誤傳。到西元 313 年,羅馬帝國定基督宗教為國教,這時才正式輯錄有關耶穌的記載,就好像要去編撰羅馬帝國國教下的教科書,負責編撰的人必然有自己的觀點和立場,而他們距離耶穌在世已有 300 年之久,他們有沒有可能真正認識耶穌?在這情況下出臺的四福音,那裡會有好東西?

在這歷史條件下,無論是在教會以內或以外,流傳有關耶穌的歷史資料,少之又少。當時的歷史學家大部分都是猶太教徒,或羅馬公民,他們對耶穌的存在刻意避而不談,或輕輕略過。唯一比較詳細的記載,是在西元 93 年出版的一部有關猶太人歷史的著作 (Antiquities of the Jews),作者是猶太歷史學家 (Josephus Flavius, 37-95),該著作記述自創世以來自尼羅皇帝統治時期的重大事件,當中記載施洗約翰、希律王、彼拉多,甚至耶穌的親兄弟雅各之死。該書提到耶穌,稱他是超乎常人的智者,行了很多超常的事情,當時有很多人樂於接受他教導的真理,有很多猶太人和外邦人跟隨他,但猶太人中的重要人物卻不承認他,他們把耶穌交給羅馬長官彼拉多,釘死耶穌在十字架。他的門徒沒有放棄崇拜耶穌,而耶穌釘死在十字架的第三天卻顯現出來,且行了很多神蹟奇事。自此廣大信眾以耶穌的名自稱為基督徒,成為一個社團組織。此書對耶穌的描述與現行《新約聖經》四福音的大意完全吻合,但卻是唯一在教會傳統以外由當時非基督徒記錄的客觀史料。

該書在大約 11、12 世紀被翻譯成俄文,有關耶穌的記載,譯者根據一些未被列入四福音內有關耶穌的史實而加上了註釋,註釋部分這樣描述:

林楚菊的《漫談世界各宗教》

「有很多人跟隨他，並接受他的教導。很多猶太人均雀躍，認為耶穌能使他們的子孫後代脫離羅馬人的統治。耶穌慣常在橄欖山上的城堡附近醫治眾多的人，經常有 150 個隨從和大群人跟隨他。眾人驚訝他的力量，他只憑話語的力量就可成就一切事情。他們懇求耶穌進入城堡，殺死所有羅馬人，包括彼拉多，擁護耶穌為他們的總督，但耶穌拒絕他們所有的提議。此消息傳到猶太人的領袖當中，他們與大祭司聚在一起商議：『我們力量太微小，不能對抗羅馬人，現在弓箭已拉起，讓我們向彼拉多告發此事，若彼拉多從其他人口中知道此事，我們一定會被牽連，到那時我們的性命和財產便不保了，我們的親屬也會被羅馬人殺掉。』於是他們向彼拉多告發。彼拉多知道消息後，打算派軍隊捉拿及處決同謀的人。他命令把那個行神蹟奇事者帶到他面前，他仔細探聽有關耶穌的事，並向他審問。他發覺耶穌是一個施恩惠者，而不是行事邪惡的人，沒有任何造反，也沒有任何人要從他手中奪去權力，而且耶穌更醫治了他病危垂死的妻子，故此他把耶穌釋放，耶穌便如往常一樣。

「猶太人的經師非常嫉妒，他們給彼拉多 30 個錢幣，要求彼拉多處死耶穌。彼拉多收下金錢，任由他們決定是否處死耶穌。他們把耶穌捉拿，違背先祖的律法，把耶穌釘死十字架。耶穌作為君王沒有作過任何統治，他被釘死是因為他曾宣講城鎮會被拆毀，聖殿會被毀滅。（筆者按：耶穌的話果然應驗，西元 70 年，耶路撒冷被羅馬政府佔領及焚毀，猶太人流散各地，聖殿僅剩餘哭牆。）

「有人宣稱耶穌已復活，有些人則認為他的屍首被同伴偷去，我不知道誰正確，因為沒有人可以死而復生，除非有其他信徒以祈禱的力量成就，又或是他是天使或從上天而來的聖者，又或是他就是神以肉身顯現給世人，做他所想的事，住在人們中間，死了，被埋葬了，然後按他的意志復活。有些人說要偷去耶穌的屍首並沒有可能，因為在他的墓穴前有守衛：30 個羅馬人和 1000 個猶太人。」（註 2）

以上描述與現行四福音有關耶穌被釘死十字架，之後復活的事蹟，大意相同，但細節卻有很多不同。如果讀者仔細比較四福音的記載，也會看到當中有出入的地方，並不是完全一致，例如有關耶穌被釘在十字架上的記載，《馬太福音》和《馬可福音》均記述耶穌臨終前呼叫：「我的神！我的神！為什麼離棄我？」（見《馬太福音》27:46、《馬可福音》15:34。）在《路加福音》則記載耶穌臨終時並沒有痛苦地呼叫，而是大聲地說：「父啊！我將我的靈魂交在你手裡。」（見《路加福音》23:46。）而在《約翰福音》中又是完全不同的記載，耶穌臨終前只說：「成了。」（見《約翰福音》19:30。）而且只有《約翰福音》提到耶穌的母親瑪利亞和一些婦女及約翰在耶穌跟前哀傷，耶穌把瑪利亞交付給約翰照顧，其餘三福音對此事隻字不提。四福音有關耶穌的事蹟很多處都有出入，據研究這是因為《馬太福音》是根據《馬可福音》作為藍本而寫成，故此兩部福音的記載會比較吻合，而《路加福音》和《約翰福音》是根據其他藍本寫成，故此會有不同的記載。

　　問題更加不簡單的是，在《馬太福音》和《馬可福音》中耶穌的呼叫，其實可以有另一種完全不同的翻譯，因為希伯來文和亞蘭文常常有一詞多意的特性，耶穌呼叫的原文是：Eli, Eli, lama sabachtani，現行兩部福音把此句直接音譯，然後再意譯為「我的神！我的神！為什麼離棄我？」但 shabeah 這字，除瞭解作「離棄」外，也可以解作「榮耀」，於是可以有另一種翻譯：「我的神！我的神！你如此榮耀我！」這樣的翻譯其實與耶穌之前的言行更加一致，例如在《約翰福音》(17:1) 中，耶穌被捉拿前曾舉目望天說：「父啊，時候到了，願你榮耀你的兒子，使兒子也榮耀你。」由於一詞多意的特性，整部《聖經》可以說是按某一個觀點的翻譯，其內裡的涵意可以更廣更深。而此句話：「我的神！我的神！你如此榮耀我！」是最早期基督徒支派「艾賽尼派」(Essenes) 的禱告結尾句，以表達信徒對上主的感謝。但艾賽尼派可以說是已消失的支派，今日的基督宗教沒有人願意認識。

林楚菊的《漫談世界各宗教》

　　我們要知道，現行整部《新約聖經》，其原稿全是在西元後 300 年羅馬奉基督宗教為國教後而訂定，在耶穌死後 300 年間流傳有關耶穌的記載何止此四福音，耶穌眾多的門徒都有撰寫福音，這還包括耶穌的女跟隨者抹大拉瑪利亞，她配得上稱為耶穌的女門徒，卻沒有包括在 12 門徒的名單當中，只是在《約翰福音》對她有較仔細的記載。為何這些福音書全部不被列入《新約聖經》中？這是因為現行的《新約聖經》是羅馬國教的產物，並不是耶穌所創立的宗教。在西元 100 年間，也即是教會最早期階段，當時在基督徒的社群當中，有一派稱為真知派 (Gnosticism)，今日的基督宗教視真知派為異端，但真知派的出現遠早於基督宗教成為羅馬國教，那時基督徒是受迫害的社群，何來有正統與異端之分？有趣的是，若翻查真知派的文獻，今日所謂正統的基督宗教，其教義信仰正是當年真知派所視為異端者，因為他們沒有真正的靈性知識，也不認同此方面的探索，而是堅守一套人為的僵硬化教義，在真知派文獻《彼得末世警示》(VII.3) (The Apocalypse of Peter) 中，耶穌批評主流的基督徒如下：

　　「他們將會大大地受沾污，落入錯誤的名字當中，落入狡猾與邪惡的人手中，落入繁瑣的教條之中，他們將被異端謬誤所統治。他們當中有些人會褻瀆真理，宣講邪惡的教導以互相攻擊……他們當中有很多反對真理，是謬誤的傳遞者，構建他們的謬誤與律法，以對抗我的純潔思想，以單一層面看待事情，把善與惡看成同出一轍……而且還將有一小撮人自稱主教或執事，好像他們的權威是從神那裡來的一樣。他們會向領袖們的判斷而屈膝，這些人都是枯竭的河道。」（註 3）

耶穌說:「讓小孩子到我這裡……」

艾賽尼派

西元 313 年基督宗教成為羅馬國教,開始出現基督教會權威組織,此歷史環境加速了真知派的衰落,包括之前提到的艾賽尼派。艾賽尼派是耶穌時代猶太教的三大宗派之一,其餘兩個宗派是法利賽 (Pharisees) 和撒都該 (Sadducess)。法利賽的名字是「分別出來、分離」的意思,法利賽宗派的人聲稱以斯拉是第一個法利賽人,有關以斯拉的事蹟,可參看《舊約聖經》《以斯拉記》。法利賽屬猶太教的保守派,今日的猶太教均源於此派。撒都該是一個深受希臘羅馬文化影響的猶太教派,他們屬新主義的教派,只接受律法書為正典。律法書即摩西五經,即《舊約聖經》首五卷書。他們否認先知和古人的遺傳,對摩西五經抱有自由解釋的權利。艾賽尼派是施洗約翰和耶穌所屬的派別,在四福音中,耶穌經常批評法利賽人虛偽,而撒都該人曾經試探耶穌,希望找機會攻擊耶穌,但四福音卻沒有提到艾賽尼派,其中一個原因是耶穌只批評法利賽

人和撒都該人,沒有批評自己的派別,故此沒有提及。另一個原因可能是四福音是經過無數次篡改而成,在西元4世紀,基督宗教成為羅馬正統國教,開始嚴格分辨異端與正統,艾賽尼派被歸類為真知派,真知派對有關耶穌言行教導的記載與所謂正統福音截然不同,或許篡改四福音者刻意把有關耶穌與艾賽尼派的關係全部刪除,也有這個可能,故今日的基督宗教對艾賽尼派一無所知。「艾賽尼」的名字可能出自亞蘭文「聖潔」而來,是一種修道性質的隱士會社,偏向神秘主義。他們喜歡接近大自然,重視與神屬靈的交通。

艾賽尼派的經典,為景教所收藏,景教是在唐朝初年傳入中國的基督宗教分支。景教是西方基督宗教中的一支異端,又稱為聶斯脫里派 (Nestorianism)。聶斯脫里派因創始人聶斯托里 (Nestorius) 而得名,他原為西元5世紀 (428-431) 君士坦丁堡的一位大主教。他的神學思想,強調基督人性的完整,堅持耶穌基督同時具備完全的神性與完全的人性。聶斯托里食素,不崇拜偶像,不承認瑪利亞為天主之母,也不承認羅馬教派所謂的死後滌罪說。後來在以弗所大公會議上,聶斯托里被裁決為異端,竟被革除教籍,流放而死。他的廣大主持者,也被迫離開大公教會往東方發展。我們可以想像,所謂異端,只是一時一地想法的差異,以及政治權力的角力鬥爭。當年羅馬教庭的神學思想和種種教條,在今日看來,更像異端。

有趣的是,景教東傳至波斯,當時波斯人信奉瑣羅亞斯德教,但他們對景教十分包容,在波斯甚至有耶穌傳聖火的故事出現。宗教的融和遠比互相對抗優美得多,也使景教得以繼續東傳至中國。後來在中國元朝蒙古部族的侵略下,景教被迫自東方逃亡至西方,為西方文明帶來所有古代經典和聖像,當中包括艾賽尼派的經典。

1937年,法國語言學家愛德蒙・波迪奧・石基理 (Edmond Bordeaux Szekely) 將艾賽尼派有關耶穌的福音從亞蘭文翻譯成法語並出版,稱為《耶穌基督的平安福音》,此冊受到廣大讀者的支持,後來更被翻譯成

林楚菊的《漫談世界各宗教》

17個國家的語言。之後石基理更將艾賽尼派的其他屬靈經典分冊陸續翻譯出版，前後共分4冊出版（註4）。他的翻譯擺脫了考據與學術討論的沉悶，用現代人簡潔流暢的語言翻譯出來，當中沒有任何註釋，而是經他從亞蘭語消化吸收後翻譯出來。若有正統基督宗教懷疑該書的真偽，他們不妨用清淨開放的心靈去閱讀此書，不用害怕，也不要有先入為主的思想，他們會發現艾賽尼派那純潔的靈性探究，原來崇拜上主可以如此優美，這是向內的追求，並不是陳腔濫調的悔改贖罪說。

有關艾賽尼派的資料，石基理在他出版書籍的序言中通過當時代羅馬的博物學家和歷史學家的記載而綜合出以下的描述：

「這個隱秘的神聖集體，在西元前2至3世紀，以及基督時代的第1世紀，在巴勒斯坦的死海以及埃及的馬雷奧蒂斯湖(Lake Mareotis)生活。在巴勒斯坦和黎巴嫩，這個集體的成員被稱為艾賽尼(Essenes)，在埃及被稱為醫治者(Therapeutae)。

「他們秘傳的教導包括生命樹、艾賽尼與天使的溝通，以及七重平安等。外傳的教導包括第一冊耶穌基督的平安福音，以及死海發現的古卷。這個神聖集體的來源沒有人知道，也未能確定其名字的由來。有人相信是源自以諾（參看《創世記》5:21-24），他便是創始人，與天界聯合便是由他開始。也有人認為是來自以色列，是摩西在西乃山上得到上天的啟示後，揀選了一群人而開始的。無論其來源是什麼，可肯定的是艾賽尼派作為一個集體，存在已久，可能在其他地方有不同的名字。

「其教導可從瑣羅亞斯德教的著作中找到，他們把這些教導化為一種生活方式，已遵行上千年。在婆羅門教的基本教義，《吠陀》和《奧義書》中也可以找到。

「艾賽尼派住近湖邊或河邊，遠離城市，實行集體生活，一切皆平等分享。他們主要從事耕種及園藝，對有關穀物、泥土及天氣有廣博的知識，能在荒脊的土地上，以最少的勞力，種出最多種的蔬菜和水果。

他們沒有僕人或奴隸，更被稱為在說話及實踐上，最先指責奴隸制度。他們當中沒有富人或窮人，因為他們認為兩者都是背離律法的教導。他們建立自己的經濟體系，全以律法為基礎。透過對律法的認識，所有人都不用鬥爭，也可以得到所有物質的需要。

「他們過著簡單而有規律的生活，在日出前起床學習，與大自然交通，用冷水沐浴，然後穿上白衣。在田裡及葡萄園工作以後，他們會在寧靜中用膳，之前之後也會禱告。他們尊重一切有生命的東西，從不吃肉或飲酒。到黃昏，他們便去學習與上天的力量交通。

「他們的生活方式令他們可以活到 120 歲或更長的日子，人們皆稱他們有神奇的活力和耐力，他們所有的行動都表現了那富創造力的愛。

「要加入神聖集體首先要接受 1 年的考驗，3 年的初步工作，7 年以後才被教導秘傳的所有知識。」

以上的描述提到以諾，他是《舊約聖經》的《創世記》在亞當族譜中所提到的後人，他活到 65 歲便與神同行 300 年，之後被神接到天上（參看《創世記》5:21-24）。他是在《舊約聖經》中唯一一個未嘗過死亡便離開世界的人，而且也是第一個與神有交通的人。究竟他如何與神交通？如何與神同行 300 年？整部《聖經》沒有提到，這方面的知識在正統猶太教中早已失傳，更不用談論基督宗教，但艾賽尼派卻保存了此方面的知識，與神同行是靈性修行的精髓，但正統猶太教與正統基督教派都沒有重視，更因不瞭解而否定。

在艾賽尼派的文獻中，有關於神對以諾的啟示，這是神對人類的最早啟示，神要求人們靜下來，傾聽神的聲音。這其實就是印度教與佛教的禪坐冥想，伊斯蘭教也要求穆斯林冥想真主，這是一切修行的關鍵，就是要靜下來，在永恆的寧靜中體會神與我常在一起的知覺，而不是現今基督宗教那種滔滔不絕、喋喋不休的祈禱。現今的基督徒只想到神要聽他們的說話，而不想到他們要靜下來，感受與神的同在。

林楚菊的《漫談世界各宗教》

在艾賽尼派的文獻中，神對人類最早的啟示如下：

「我要向你說話。靜下來，並知道，我是神。
「當你出生時，我曾向你說話。靜下來，並知道，我是神。
「當你首次看見事物時，我曾向你說話。靜下來，並知道，我是神。
「當你第一次說話時，我曾向你說話。靜下來，並知道，我是神。
「當你第一次思想時，我曾向你說話。靜下來，並知道，我是神。
「當你第一次去愛時，我曾向你說話。靜下來，並知道，我是神。
「當你第一次歌唱時，我曾向你說話。靜下來，並知道，我是神。

「通過原野的青草，我向你說話。靜下來，並知道，我是神。
「通過樹林裡的樹木，我向你說話。靜下來，並知道，我是神。
「通過山嶺與幽谷，我向你說話。靜下來，並知道，我是神。
「通過神聖的山脈，我向你說話。靜下來，並知道，我是神。
「通過雨水與冰雪，我向你說話。靜下來，並知道，我是神。
「通過海洋的波浪，我向你說話。靜下來，並知道，我是神。
「通過早晨的露珠，我向你說話。靜下來，並知道，我是神。
「通過黃昏的平安，我向你說話。靜下來，並知道，我是神。
「通過燦爛的陽光，我向你說話。靜下來，並知道，我是神。
「通過明亮的星星，我向你說話。靜下來，並知道，我是神。
「通過風暴與雲朵，我向你說話。靜下來，並知道，我是神。
「通過雷霆與閃電，我向你說話。靜下來，並知道，我是神。
「通過奇妙的彩虹，我向你說話。靜下來，並知道，我是神。

「當你獨處時，我將向你說話。靜下來，並知道，我是神。
「通過遠古的智慧，我將向你說話。靜下來，並知道，我是神。
「在時間終結時，我將向你說話。靜下來，並知道，我是神。

「當你看見我的天使時，我將向你說話。靜下來，並知道，我是神。
「在永恆之中，我將向你說話。靜下來，並知道，我是神。
「我將向你說話。靜下來，並知道，我是神。」（註5）

　　這是一首十分優美的詩歌，喚醒人類，返回人類原初純真的狀態，這正是神與人相交的時候。神透過大自然與人類交通，神希望人類從內心深處靜下來，傾聽神的聲音。這就是最簡單純潔的修行，也等同佛教禪宗所指的頓悟，發現內心的真我，明心見性，不用任何文字和說話。

　　艾賽尼派的文獻多處反映其與東西方古宗教文明的共同之處，它們均著重發自內裡的智慧與洞悉，而不是教條思想或理論。在艾賽尼派的《摩西書》中，神原先給以色列人的十誡是充滿靈性智慧的十誡，而不是現在《舊約聖經》中那純粹命令式的十誡，但由於當時以色列人靈性水平極低，摩西離開他們，到西乃山聽神的曉諭，他們不耐煩而自製金牛狂歡崇拜，故此摩西把原先神給他那刻上十誡的石塊打碎。艾賽尼派的文獻這樣記載：

　　「上主說：『只有光明之子才能遵守那律法的誡命。聽我說：你（指摩西）打碎的兩塊石板，上面的字句，再不要用人類的文字記錄下來。你把那兩塊石板歸還大地與火焰，它們會存在於那些能夠遵守律法的人心中，雖然無形無影。對於那些少信的，對創造主犯下罪惡的人，即使你已站在神面前，並在那神聖的土地之上，我還是要給那些人頒下另一些律法。那是一些非常嚴厲的律法，這些律法要管束他們，因為他們還不知道光明的國度。』

　　「於是摩西把無形的律法隱藏在自己的胸膛之中，令它成為光明之子的印記，然後神交給摩西為族人而寫的律法。摩西回到族群那裡，以沉重的心情向他們說話。

林楚菊的《漫談世界各宗教》

跟著，摩西就頒布《舊約聖經》的《出埃及記》那命令式的十誡。

「將有一天，人會為對創造主犯下的罪惡而哀傷求恕，永無終結。而破碎的石板上的無形律法隱藏在摩西的胸膛中，直至光明之子在曠野上出現，並且有天使在地上行走之時。」（註6）

艾賽尼派的文獻反映他們保存了以色列民族最純潔的知識，他們也渴望救世主的降臨，那光明之子就是耶穌基督，艾賽尼派推進基督宗教思想中彌賽亞即救世主的觀念。若以伊斯蘭教的信仰理解艾賽尼派的經典，這光明之子就是指穆罕默德，因為他出生在麥加沙漠乾旱之地，40歲開始得到真主的啟示，真主不斷差派天使以人的形相向他降示真理及對世人的教導，這真是「天使在地上行走之時」。這又與古波斯瑣羅亞斯德教的教義吻合，彌賽亞就是光明之子，為人類帶來光明，相對於光明之子就是黑暗之子，為世界和人類帶來黑暗和毀滅，這正正是瑣羅亞斯德教所提出的善惡對立二元世界觀。

艾賽尼派的經典也十分強調「善思、善言和善行」，這無疑是瑣羅亞斯德教的核心教義，在艾賽尼派的感恩詩篇中：「我等對那良善的思想、良善的言辭和良善的行事高聲頌讚。」這完全像是瑣羅亞斯德教的詩歌，而且類似的經文多次出現。故此石基理在介紹艾賽尼派時說「其教導可從瑣羅亞斯德教的著作中找到」，他更指出「在婆羅門教的基本教義，《吠陀》及《奧義書》中也可以找到」。

婆羅門教是古印度的宗教，從婆羅門教發展出今日的印度教，婆羅門教的重要經典是《吠陀》。《吠陀》主要是對大自然的各種元素以人格化的神明去理解和崇拜，例如風神、火神、水神等，而《奧義書》即是《吠陀》的思辯作品，其哲理更加深入，把宇宙種種現象的神明崇拜互相聯繫起來，他們都不是獨立個體，而是宇宙獨一主宰的不同形相及力量，這等同於艾賽尼派稱所有自然元素為天使，他們是空氣天使、陽

光天使、活水天使和泥土天使等，這些天使都聽命於天父地母。天父地母就是宇宙獨一的主宰，老子《道德經》第 1 章有言：

「無，名天地之始；有，名萬物之母。」

這正好是艾賽尼派對天父地母的精要描述，艾賽尼派的眾多天使大致可以分為兩類，一類是大自然各種元素的天使，支配大自然及物質世界，屬「有」，由地母所管轄。另一類則是屬精神內涵的天使，例如喜樂天使、平安天使、智慧天使、愛心天使、力量天使和無名天使，屬「無」，由天父所管轄。天父地母的觀念也是《吠陀》及《奧義書》對於宇宙獨一主宰的觀念，天父掌管精神世界，地母掌管物質世界，宇宙獨一主宰有一陰一陽的屬性，這不但與印度及中國古文明的宇宙觀相吻合，甚至猶太教中創造天地的獨一主宰也同樣有一陰一陽的屬性，這是早期基督教會教父們所知道的事實。

「以羅欣」(Elohim) 就是《舊約聖經》的《創世紀》中創造天地的主宰的名稱，而「以羅欣」是一個眾數名詞，包括了一陽一陰。而基督宗教所指的聖靈，希伯來文屬陰性的名詞，聖靈被看作是神聖之母，在一些沒有被列入《新約聖經》的資料中，確真有此思想，例如在《約翰奧秘書》(The Secret Book of John) II.9:5-8 中記載：

「這人說：『我光榮讚頌這不可見的聖靈，因著祢萬物來到世間，並將回歸於祢，並且我讚頌祢和與永恆並存的這自生者，就是那三位——神聖之父、神聖之母和神聖之子——這完美的大能。』」（註 7）

此外，在《十二聖徒福音》64:6-7 中記載：

「實實在在的，以羅欣 (Elohim) 創造了人——男子與女子——在這神

聖的肖像之中，以及所有自然事物在天主的影像中。所以天主是兼具陽性與陰性，不分的二元合一，是不可分而永恆；經由祂，在祂之內是所有可見與不可見的萬事萬物。」（註8）

在艾賽尼派的經典中，耶穌教導世人祈禱，不單向天父祈禱，也向地母祈禱。在石基理於 1937 年出版的《耶穌基督的平安福音》中，耶穌的話語是這樣：

「每天向天父與地母祈禱，使你們的靈魂像天父的聖靈一樣完美，你們的身體像地母的身體一樣完美。若你們明白、感到及行出那些誡命，你們向天父與地母的一切祈禱都要給你們成就。

「照著這樣，向天父祈求：我們在天上的父，願人都尊祢的名為聖，願祢的國降臨，願祢的旨意奉行在地上，如同行在天上。求祢今天賜給我們日用的飲食，求祢寬恕我們的罪過，如同我們寬恕別人一樣。不要讓我們陷於誘惑，並救我們脫離邪惡，因為國度、權柄、榮耀，全屬祢的，直到永遠，阿門。

「照著這樣，向地母祈求：我們在地上的母，願人人都尊祢的名為聖，願祢的國降臨，願你的旨意行在我們身上，如同行在祢身上。求祢差派祢的天使到我們這裡來，求祢寬恕我們的罪惡，教我們彌補我們所有對抗祢的罪惡，不要讓我們生病，救我們脫離一切邪惡，因為大地、身體與健康，全屬祢的，阿門。」

從耶穌教導的禱文可看到天父掌管天上的國度和世人命運的吉凶，地母掌管大地和世人身體的健康與衰敗，兩者息息相關，可以理解成宇宙獨一主宰的兩個面相，正如《創世記》(1:27) 中所說：「神就照著自己的形象造人，乃是照著祂的形象造男造女。」神的形象是一陽一陰這個觀念清晰可見，耶穌提出「天父地母」的觀念，與印度、中國的古文明

信仰相吻合,也與猶太教的一神觀念相吻合,今日基督宗教對上帝的單一觀念顯然是一個極大的偏差,錯誤源於不求甚解的人兩千年來的堅持執著。

我們可看到艾賽尼派聖神集體與今日的基督宗教相距十分大,艾賽尼派的消失是基督宗教長期以來採取封閉和唯我獨尊的態度所致,這在歐洲中古時期達到頂峰,這也是基督宗教最黑暗的時代。基督宗教經過歐洲中古時期的洗禮以後,任何多元化的信仰均被徹底否定,基督宗教的信仰變得簡單化、絕對化和幼稚化,這完全不是耶穌的教導,耶穌的教導本應與東西方古文明信仰相吻合。

《多馬福音》

《多馬福音》記載的是耶穌基督最原始的說話,在基督教會早期,即大約在西元後 50 年,已有流傳。但一直以來,此經所僅存的,只是在 20 世紀初所發現的希臘文譯本,而且只是極少部分的斷卷殘篇,根本無法從這些斷卷殘篇中充分瞭解耶穌話語的內容。到了 1945 年,有幾個埃及的農夫,在埃及納格‧漢馬地 (Nag Hammadi),掘出一個密封的陶瓶。他們說,打開陶瓶時,看見一縷金光從瓶中走出。一些學者解釋這縷金光的出現,可能是由於內藏的經卷表面塗上薄金所造成,而瓶中所藏的正是《多馬福音》,而且是完整的版本,經文用早期基督教時代在埃及的常用語,即柯普特語 (Coptic) 寫成。這個完整版本的發現使學者可以肯定,在基督教會早期,確實有《多馬福音》的流傳。

《多馬福音》和眾多其他福音書一樣都沒有被列入現存的《新約聖經》,這些福音書大多被視為真知派的經卷,真知派被正統教會(即羅馬國教)定為異端,故長期以來不受到正視,只有教會以外客觀的聖經學者才會有興趣去探究,但大部分的經卷都不是完整的版本。由於歷史的久遠,不少文字殘缺不全,難以辨認,故此在 1945 年發現《多馬福

音》的完整版本，應該是基督宗教信仰的瑰寶，但同樣荒謬的是正統基督教會對此不聞不問，只有客觀的學者才會重視及加以研究。

《多馬福音》是由耶穌的門徒多馬把耶穌的說話分成 114 節記錄下來，這純粹是耶穌話語的記載，沒有任何年份和事蹟。在《多馬福音》內，耶穌的話語沒有和現存四福音有任何矛盾或抵觸之處，很多章節的話語與四福音的記載完全一致，但也有很多章節的話語在四福音中沒有出現。這些話語正是耶穌教導的進階，更具靈性智慧，也更與東西方古文明相吻合。在《多馬福音》中，耶穌說話的重點強調「認識自己」，即發現每個人內在的神聖，人們應依重自己內在的神聖，而不是外表的身體，以及世界所有過眼雲煙的事物。

在《多馬福音》1 至 3 節這樣記載（註 9）：

1. 耶穌說：「誰發現這些教訓的意義，便不會嘗到死亡。」

耶穌所指的「死亡」，是指精神上的死亡。一個人精神上死亡，就會變成一個動物，或行屍走肉。

2. 耶穌說：「一個人要不斷尋求，直至尋見。若他尋見，他將遭禍患。若他遭禍患，他將驚奇事物的奇妙，並將統治萬事萬物。」

耶穌在這裡指出尋道的歷程並不會一帆風順，但當他們達到心靈海闊天空的境界時，「他將驚奇事物的奇妙，並將統治萬事萬物」，這是指心靈已能超然於物外，不再被世間的人、事、物所控制。

3. 耶穌說：「若引導你們的人對你說：『看，天國就在天上。』這樣天空中的飛鳥便比你們優勝。若他們對你說：『就在海裡。』這樣，魚兒便比你們優勝。實際上，天國在你們之外，也在你們之內。 若你認

識自己，你也會被認識，你將明白你是活生生的父的孩子。但若你不認識自己，你便活在貧乏中，你就是貧乏。」

　　宗教或靈性的真諦在乎「認識自己」，古希臘哲學家蘇格拉底（Socrates，西元前 470 年至 399 年）到今日仍然受人推崇，其教導的重心就是「認識自己」——真實的精神自我。蘇格拉底與同時代人不同之處在於，他不對外在世界的性質作無謂的思辨，而是反躬自問能否找到內在的終極實在。有人到阿波羅神殿求教神諭：「是否有比蘇格拉底更具智慧的人？」答案是沒有。蘇格拉底將此答覆歸因於自己承認無知。與蘇格拉底差不多同時代的佛陀（大約西元前 500 年）也是強調人們需要作內在的探索，佛陀不談論神，不談論宇宙的創造，他只希望為人類尋求脫離人生痛苦的解脫之道，這需要達到內在的覺醒狀態。「佛陀」(Buddha) 的意思就是「覺者」，成佛的意思就是達到覺悟的狀態。佛教認為人人皆有佛性，皆可成佛。所謂佛性，就是我們內在的神性。

　　面對佛教的衝擊，印度教改革者商揭羅（Sankara，西元後 788 年至 820 年）一改印度教崇拜偶像神明的主流，強調我們每個人內在均存在永恆的靈，梵文稱為 Atma，這就是我們每個人內在的神性，只要我們能夠把祂發現出來，認識我們本來的真面目，便能獲得人生解脫之道。這與耶穌所說天國就在我們心中是同一真理，而且耶穌更進一步揭示天國在我們之內，也在我們之外。在《多馬福音》中，耶穌的說話經常強調「認識自己」，反而完全看不到悔改贖罪的教條，可見耶穌原初的話語更具智慧，在當時代非一般人所能明白。

　　在《多馬福音》第 10 節這樣記載：

10. 耶穌說：「我已把火扔在這世界上，看，我正在看守著，直至這火燃燒，發出火焰。」

在《新約聖經》四福音中，施洗約翰說他用水給人們施洗，但比他更強的那一位，所指的是耶穌，他要用聖靈和火洗人們（參看《馬太福音》3:11 及《路加福音》3:16）。在《路加福音》12:49-50，耶穌說：「我來為把火投在地上，我是多麼切望它已經燃燒起來！」有趣的是，在西元前 10 世紀，在古波斯（即今日伊朗）誕生的瑣羅亞斯德教 (Zoroastrianism) 有崇拜聖火的教義，聖火代表光明，要不斷燃燒，照耀世界，驅逐黑暗，故該教派又稱為拜火教，該教派的始創人瑣羅亞斯德是古伊朗第一位先知，他預言將來會有救世主降世，把光明帶給人間，戰勝黑暗與邪惡。

耶穌把自己以火作比喻，好像呼應瑣羅亞斯德教，難怪該教有耶穌傳聖火的故事。故事大概是這樣：有三個瑣羅亞斯德教的祭司（麻葛）去拜見耶穌，耶穌給他們一塊石頭，意思是要他們堅信基督的信念像石頭一樣，但三人無法理解，將石頭扔到井裡，石頭剛一落下，忽然天上降下烈火，熊熊燃燒。三人驚訝不已，相信是耶穌顯靈，於是將火種帶回，從此放於火廟中膜拜。

在《多馬福音》第 18 節這樣記載：

18. 那些門徒問耶穌說：「告訴我們，我們的終結會怎樣？」

耶穌說：「你們是否已發現了開端，故此要尋求終結？因為開端在那裡，終結也在那裡。那些立在開端的有福了：他將知道終結，他將嘗不到死亡。」

如果人類返回原初純潔的本性，正如《道德經》所言，得道的人就好像剛出生的嬰兒一般，充滿生命力，無所謂邪惡，人類的開端正是生命中的最理想狀態，如果人類能夠停留在這開端中，他將看不到死亡。在《古蘭經》(7:26-29) 中，真主叫人類要「返本還原」，回復人類始祖父母未吃禁果前的狀態，即只有純良的本性，不知道邪惡為何物。

在《多馬福音》第 29 節這樣記載：

29. 耶穌說：「若肉身是為了靈而來到，這是奇妙，但若靈是為了肉身而來到，這是奇妙中的奇妙。但我更驚奇的是，如此巨大的財富如何居住在貧窮裡。」

耶穌所指「肉身是為了靈而來到」是指那些生下來即為了追求靈性昇華的人，而「靈是為了肉身而來到」是指耶穌自己，他來到世間是要引導眾生。耶穌擁有巨大的精神財富，卻要居住在精神貧困的世間。

在《多馬福音》第 44 節這樣記載：

44. 耶穌說：「誰若褻瀆父親，都會得到寬恕。誰若褻瀆兒子，都會得到寬恕。但誰若褻瀆聖靈，無論在地上或天上，都得不到寬恕。」

耶穌在《新約聖經》中也有相似的話，見《馬太福音》12:31-33、《馬可福音》3:28-29 和《路加福音》12:10。在這裡可看到耶穌對聖靈的看重比天父及自己更加深，這看似有點難理解，若我們知道聖靈就是耶穌的母親，耶穌與聖靈的關係最密切，這或許有助瞭解耶穌這段話。在伊斯蘭教聖典《古蘭經》中，經常提及「麥爾彥之子爾撒」，即「瑪利亞之子耶穌」，爾撒必定與麥爾彥連在一起稱呼，從來不會單獨稱呼爾撒。《新約聖經》甚少提及耶穌的父親約瑟，而在《古蘭經》中更從來沒有提及他，彷彿耶穌只有母親而沒有父親。在《古蘭經》中真主多次說祂以「玄靈」來扶助爾撒，「玄靈」即是聖靈。在《古蘭經》(2:87) 中真主宣稱：「我把許多明證賜給麥爾彥之子爾撒，並以玄靈扶助他。」這段話多次出現在《古蘭經》中，再看天主教一直以來的傳統，耶穌與母親的關係特別密切，而耶穌真正的母親就是聖靈。

筆者後來再思索此段說話，父親與兒子都是外在的神靈，可說是永

恆獨一主宰的兩個不同面相，而聖靈正是每個人內在的神聖，即永恆獨一的上主在我們心中。人們若否認外在的信仰，還可以有獲得寬恕的餘地，但若人們否認自己內在的神聖，即人們的良知善性，就永遠都不會得到永恆獨一主宰的赦免。

在《多馬福音》第 50 節這樣記載：

50. 耶穌說：「若有人對你們說：『你們從那裡來？』向他們說：『我們從那光而來，那地方光自身存在，自身建立，並顯現自身的形象。』

若他們向你們說：『這光就是你們嗎？』說：『我們就是這光的孩子，我們是活生生的父親所揀選的。』若他們問你們：『有什麼證據證明你的父親就在你們裡面？』向他們說：『它是運動，也是靜止。』」

在這裡耶穌說出永恆的主宰就是光明，而且在我們的心裡是運動，也是靜止，這在基督宗教傳統以來的教義中完全沒有這個概念思想，但耶穌所指的一動一靜的力量正與中國遠古的文明精髓相吻合。中國最古老的典籍《易經》被推崇為群經之首，儒家和道家的思想均以《易經》為重要依歸，《易經》解釋天地宇宙的生成變化，以及人生命運的處世之道。《易經》的「易」字由古文「日」與「月」兩字組成，日為陽，月為陰，陽與陰，即動與靜，正揭示了宇宙生成變化的奧秘，正是此陰陽相生的力量創造宇宙萬物，萬事萬物的發展變化都是由此一陽一陰的力量所支配。中國道家的太極圖，在一個圓形內半黑半白，而且黑中有白，白中有黑，即陰中帶陽，陽中帶陰，亦即動中有靜，靜中有動，太極圖正標示這宇宙人生的奧秘。在 2000 年前耶穌說出此奧秘，而中國文化在 3000 年前已感悟此宇宙人生的奧秘，並且有翔實的解說。瞭解《易經》，即能瞭解宇宙人生，也能瞭解耶穌在這裡所說的奧秘，在此不能不讚嘆中國遠古文明的深邃！

在《多馬福音》第105節這樣記載：

105. 耶穌說：「誰若認識父親和母親，便會被稱為娼妓的孩子。」

　　父親和母親就是指天父地母，耶穌把猶太人信奉的上帝稱為天父已經為當時猶太教宗教權威人士所不能容忍，而這位全能的神，還有女性的形相，當時女性的地位極低，只能與罪人相提並論，若全能的主宰被稱為每個人靈性的父母，還不會被人臭罵「狗娘養」？故此把上帝看作是父母的觀點，肯定被當時大多數人所不接受，但在一些沒有被列入《新約聖經》的資料中，確真有此思想。

　　根據四福音書記載，耶穌是從聖靈感孕而生，瑪利亞是以處女貞潔之身把耶穌生下來，故此耶穌真正的母親就是聖靈，有關「聖靈」就是「母親」的觀點，婁世鐘教授在他的著作《耶穌靈道論語——多瑪斯福音》中這樣說：

　　「『聖靈』在閃族語系中是陰性的名詞，稱『聖靈』為『媽』雖然不是基督教會的傳統，但在古文件裡，教父所引用的《希伯來人福音》中，卻是由耶穌所說。如果稱『天主』為『爸』，那麼稱『聖靈』為『媽』是一種親密靈性關係的稱呼，這應該是十分合適的。在西元300年間 (325AD, 381AD) 定案的基督宗教基本信道或稱為信經 (Nicene-Constantinopolitan Creed) 中也說：『聖靈是賦予生命者』。」

　　希伯來文的「靈」(ruakh) 屬陰性的字眼，具有吹氣和風的意思。在《創世紀》(2:7) 中，上主創造人的時候，吹了一口氣在亞當的臉上；耶穌復活之後向門徒們也吹了一口氣，並說：「你們領受聖靈吧！」（見《約翰福音》20:22）而在景教傳入中國的文獻中，古人把「聖靈」音譯為「盧訶」(ruakh)，意譯為「涼風」或「淨風」，是有根有據的翻譯，

完全不是異端邪說那回事。聖靈就是母親，她顯現的形態如涼風一般，她是上主的精神。

在《多馬福音》第112節這樣記載：

112. 耶穌說：「依賴靈魂的肉體有禍了！依賴肉體的靈魂有禍了！」

我們的肉體和靈魂都不是我們的真我 (Self)，我們的真我是永恆的靈 (Atma)，或稱為梵 (Brahma)，或有不同的稱謂，都是指我們內在永恆神聖的所在。沒有發現真我的人，無論他是看重身體，還是短暫、變化不定的思想情感，都只是現世過眼雲煙的生活，對他沒有什麼永恆的價值。

耶穌的隱秘生平

現今基督宗教所知有關耶穌的生平，僅四福音而已。四福音有關耶穌的事跡，次序不一，甚至有矛盾。除此之外，有關耶穌兒童期及青少年時期的資料，更是隻字不提。我們從四福音中，僅知道耶穌出生後，瑪利亞和約瑟為了逃避希律王殺嬰的迫害而遷居埃及。到耶穌12歲的時候，父母帶他到耶路撒冷朝拜。耶穌獨自留在聖殿三天之久，後來父母才把他找到，跟著耶穌的生平便是一片空白。到耶穌大約30歲的時候，才開始有比較詳細的記載，直至三年後耶穌遇害。四福音對耶穌事跡的記載好像一件接一件的連貫事情，但其實每件事情之間可能相距很長時間，當中耶穌的言行我們一無所知，而且耶穌的言行教導有很多都沒有清楚交代。從四福音中我們知道，耶穌起初施行神蹟奇事十分低調，不想別人到處宣揚，更不想人們公開承認他就是以色列人所期望的救主彌賽亞。

我們可以推斷耶穌有不少言行，在生前和死後均屬隱秘的教導，一

般人不明白所以，今日即使有幸能夠保留在《聖經》中的資料，猶太教和基督宗教都不知道內裡的真實涵意，故才有《聖經》解碼這門學問，更何況耶穌有很多言行教導及生平都沒有記錄在《新約聖經》中。

在《多馬福音》中 (13) 這樣記載：

13. 耶穌向他的跟隨者說：「把我和其他事物相比，告訴我，我像什麼？」

西門彼得向他說：「你就像一個公義的天使。」馬太向他說：「你就像一個聰明的哲學家。」多馬對他說：「師傅，我的口完全不能承受我所要表達，說出你像什麼。」耶穌說：「我不是你的師傅，因為你已喝醉了，你已從我所看管的涓涓泉水裡陶醉起來。」跟著耶穌帶他退下，向他說了三段話。當多馬回來，他的夥伴問他說：「耶穌對你說了什麼話？」多馬向他們說：「若我把他對我說的其中一樣告訴你們，你們會拿石頭來擲我，火焰會從石頭而出，把你們消滅。」

從這裡我們可以知道，耶穌有些說話屬隱秘的教導，一般人難以明白，而且會因為不瞭解而產生極大的抗拒，甚至攻擊。在《巴多羅買福音》，巴多羅買是耶穌十二門徒之一，他曾向抹大拉瑪利亞請教，因為她是受耶穌寵愛的信徒，耶穌也曾向她說出隱秘的教導，巴多羅買問她如何理解和承受耶穌的隱秘教導，瑪利亞的答覆和多馬十分相似，瑪利亞對他們說：「你們真的要問我這個奧秘嗎？如果我開始告訴你們，就會有火從我口中發出來，並且銷毀整個世界。」

真知派可能擁有耶穌所教導的隱秘知識，可惜在過往的歷史上沒有現代社會那客觀理性的空間讓其發展，很多文獻被摧毀或封禁而沒有公諸於世。耶穌的教導有很多屬隱秘知識，耶穌大部分的生平同樣隱秘，現今基督徒如何從匱乏的四福音中真正瞭解耶穌？答案是，愈執著自己所相信的教條，愈執著《新約聖經》的絕對權威，愈不可能瞭解耶穌，

林楚菊的《漫談世界各宗教》

也愈不可能瞭解真理。

　　有關耶穌的生平足跡，沒有多少人知道，遠在印度，甚至在佛教的經卷中竟有記載。在 19 世紀，俄國歷史學家尼古拉・諾托維茲 (Nikolai Notovitch) 曾記載他多次考察喜瑪拉雅山以西、印度北部近克什米爾 (Kashmir) 的經歷，其中一次他到訪一所佛教寺院，和那寺院的住持（喇嘛）有一次奇異的對話，那喇嘛大概這樣說：

　　「歐洲人奉行的一神信仰原則與佛教大義並無分別，基督徒的唯一錯誤在於他們起初奉行佛陀（指耶穌）的偉大原則，後來卻與他分離，另行設立其他的達賴喇嘛（指教主）。」

　　諾托維茲問：「你所指基督宗教裡的達賴喇嘛是誰？基督徒真誠崇拜神的兒子，他為我們向獨一的神祈求。」

　　那喇嘛回答：「那達賴喇嘛並不是指耶穌，我們也尊崇你所指獨一神的兒子，但我們不把他看成獨一神的兒子，而是把他看成最終極的存有，那是神所揀選者，他是佛陀以智慧化身的聖者爾撒 (Issa，即伊斯蘭教所指的耶穌)，他不會主張以戰火及刀槍把宗教傳揚，我所指的是世俗的達賴喇嘛，即你們所稱的教父（教宗），這就是極大的罪惡。」

　　諾托維茲問：「你所指的爾撒是誰？」

　　那喇嘛回答：「爾撒是偉大的先知，他是佛陀的再世，他比任何一個達賴喇嘛更要偉大，他是我們主的精神，他的名字、他的事跡，在我們的聖典中均有記載，他在迷失的眾人中工作，被異教徒虐待、處死，這是他們犯下的極大罪惡。」

　　諾托維茲聽到後感到異常驚訝，他明白住持所指的爾撒就是耶穌，佛教徒竟然認識耶穌，於是他問：「那些經卷在哪裡？是誰人寫這些經卷？」

　　那喇嘛回答：「這些經卷是在印度及尼泊爾於不同時期撰寫的，在西藏拉薩有過千份的抄本，只有在一小撮大型的寺院內收藏。」

林楚菊的《漫談世界各宗教》

　　諾托維茲知道後便千辛萬苦地去找尋那些經卷，他到訪了印度北部寺院 (Hemis Monastery)，利用作為外國人的方便，終於找到有關經卷，他把與當地僧侶的對話記載如下：

　　那僧侶說：「爾撒的名字在佛教徒中得到極大尊崇，但只僅指那些收藏這些經卷的喇嘛領袖，宇宙中有無數的佛陀（即覺者）像爾撒，有 84,000 部經卷對他們一一描述，當中只有很少的人看過這些經卷的百分之一。我看過其中一些經卷，記述佛陀爾撒把印度的聖訓宣導給以色列的後裔。他被異教徒所殺，但那些異教徒反過來又崇拜他，成為你們今日的宗教。佛教在中國得以傳揚，當中的聖訓則經爾撒傳給以色列人。大約 2000 年以前，完善的存有停止了無為，降生在貧困的家庭中，那神聖的孩子長大到一定歲數，便到印度學習佛陀的聖訓，直至成年。」

　　諾托維茲問：「這些有關爾撒生平的經卷是用什麼文字寫成？」

　　那僧侶回答：「這些經卷由印度傳到尼泊爾，由尼泊爾傳到西藏，用巴厘文 (Pali)（註 10）寫成，現在收藏在拉薩，我現存有一部經卷由藏文寫成。」

　　諾托維茲問：「西藏人如何看待爾撒？他是否被尊崇為聖人？」

　　那僧侶回答：「一般人不知道爾撒的存在，只有小撮研習過那些經卷的喇嘛領袖知道。」

　　後來諾托維茲再次到訪那寺院，在他多番堅持下，那僧侶終於把那些紙頁已發黃的經卷給他看，並頌讀給他聽。那些經文是以詩歌的形式一行一行寫成，並不是連貫的記事式描述，諾托維茲在僧侶的協助下小心地翻譯出來，記錄成筆記。他後來再仔細處理，把這些行詩按時序重新編排，成為一個完整的故事。

林楚菊的《漫談世界各宗教》

諾托維茲曾聯絡在俄羅斯基輔 (Kiev) 的東正教高層，以及在法國巴黎和梵諦岡的天主教高層，但他們全都不客氣地告訴他，不要出版這些經卷，並要求買下他所藏有的檔案。最後，諾托維茲在 1894 年於巴黎以法文出版了他的著作，書名是《耶穌基督那不為人所知的生平》（法語 La vie inconnue de Jesus-Christ，英語 The Unknown Life of Jesus Christ）。

那經卷記述聖人爾撒的生平，由記述摩西開始，跟著是以色列人被士師帶領的時代，然後是君王統治的時代，最後以色列亡國，輾轉歸羅馬人統治。永恆的存有停止無為，作出行動，祂的精神降臨於世，向世人展現如何達至道德的純潔，靈魂脫離粗鄙的事物而進入天國的永恆福樂。不久，一個奇妙的孩子降生在以色列人中，神透過這孩子向世人說話，這孩子就是爾撒，他從年紀十分小時已談論永恆獨一的主宰，勸告失喪的靈魂轉心明悟，脫離罪惡。

故事這樣開始：爾撒到了 13 歲的時候，正是猶太男子舉行成年禮的年齡，成年禮後便可以談論婚嫁，此時爾撒悄悄離開家園，伴隨商隊到達印度，在伊斯蘭教的經典也認為爾撒到了 13 歲時便離開家園，遊歷東方諸國。而該佛經也記述他曾遊歷印度的多處地方，起初與耆那教徒 (Jainism) 在一起，後來輾轉到達賈甘拿 (Jagannath)，即今日印度東部普瑞 (Puri)，在此地居住 6 年之久。起初與佛教僧侶在一起，之後與印度最低級的種姓（即相當於今日的草根階層）一起生活，此時爾撒強烈批評印度的種姓制度，批評上層的婆羅門種姓（即婆羅門教僧侶）和剎帝利種姓（即王族統治階層），於是當地的權貴把他驅逐。爾撒離開，到達伽塔米 (Gautamides)，在那裡學習巴厘文及印度聖典。6 年後，他離開尼泊爾及喜瑪拉雅山脈，向西方進發，途經波斯，與當地的巫師爭辯，最後返回以色列家園，那時他大約 29 歲。」

以上有關耶穌的生平，好像天方夜譚，該書籍的面世，沒有得到正統天主教與基督新教的任何關注，絕大部分教徒對此不聞不問，即使此書曾在歐洲一些報章上作出介紹，但正統教派的學者開始提出批評，質

疑該著作的真實性，認為全是捏造出來的事。筆者真的不明白為何正統教派學者會對現存《聖經》百分百堅信，從來沒有提出質疑，但對《聖經》以外的相關資料卻高度戒備及質疑，令此宗教如僵化的屍體，得不到健康發展。不過，也有教外的學者查證該書的資料來源，發現此佛教經典確實存在。此佛經的存在讓我們知道，基督宗教與佛教可以相融，甚至現存的世界五大宗教，它們都可以相融，不同者只是人為造作的執著，真理不是具體可觸摸的物件，真理超越人為造作。

耶穌復活後的行蹤

根據《新約聖經》的記載，耶穌被釘十字架，第三天復活，之後曾向一些信徒顯現，並施行神蹟，後來升天。這個簡單的故事綱要，其具體細節四福音的描述均有出入，並不一致。四福音的可信性其實不是十分高，可能也只是道聽途說，不可能一定高於沒有被列入四福音內的其他福音。正統基督教派一直認為耶穌死而復活，之後升天不在人間，但是早期基督教會的一些經典中確實有記載耶穌復活後的行蹤。《腓力福音》(Gospel of Philip) (58:15-18) 曾這樣記載：「那些人說上主先死而後復活是錯誤的，因為他先復活，然後才死亡。」我們該如何理解這段經文？

首先，根據《古蘭經》記載，耶穌釘死在十字架上只是一齣幻劇，猶太掌權者及羅馬士兵未能成功把耶穌殺死，經文這樣記載 (4:156-158)：

「又因為他們不信爾撒（指耶穌）（註11），並且對麥爾彥（指瑪利亞）捏造一個重大的誹謗。又因為他們說：『我們確已殺死麥爾彥之子麥西哈·爾撒，真主的使者。』他們沒有殺死他，也沒有把他釘死在十字架上，但他們不明白這件事的真相。為爾撒而爭論的人，對於他的被殺害，確是在疑惑之中。他們對於這件事，毫無認識，不過根據猜想罷

了。他們沒能確實地殺死他。不然，真主已把他擢升到自己那裡。真主是萬能的，是至睿的。」

有關此段經文，我們可以理解耶穌被釘十字架那刻，精神已與真主同在，人們無法把耶穌殺死，他們所看到的全是世間的幻相，在四福音中記載耶穌在十字架上的慘叫也只是翻譯上的誤解。基督宗教所執著的贖罪說，只是基於幻相而提出的謬論。此外，伊斯蘭教先知穆罕默德曾說過，耶穌在地上活到 120 歲才離開世界。

伊斯蘭教對耶穌的詮釋跟四福音出入十分大，但與《腓力福音》卻互相呼應。如果耶穌復活後沒有在短期內升天，而是在地上逗留了一段很長的日子，那麼耶穌在這段長時間內到了什麼地方？作過什麼事情？耶穌復活後的行蹤在早期經典中確實有記載，但自西元後 495 年，羅馬教宗 (Pope Gelesius) 把有關記載耶穌復活後的行蹤定為異端，相關的經典一概被定為異端，如此做法令人們愈來愈遠離事實的真相。

根據一些經典的記載，相傳耶穌死後復活，曾與多馬一起到達巴基斯坦西北面塔克西拉 (Taxila)，之後更與他的母親瑪利亞一起到達穆里 (Murree)，距塔克西拉 45 哩的地方。在穆里，當地人相信耶穌的母親瑪利亞便是埋葬在這地方，瑪利亞的墓穴便在當地山上的電視塔下，故此穆里這地方是以瑪利亞的名字命名，Murree 即是 Mari。到現在，在穆里仍有一個細小的山路通往克什米爾 (Kashmir)，這地方位於斯利那加 (Srinagar)，傳統以來這地方被稱為 Yusmarg，意思是「耶穌的草場」，因為當地人相信耶穌曾短暫停留在此，然後到達克什米爾。

筆者曾在網上搜查穆里及 Yusmarg 兩個地方，這是千真萬確、確實存在的地方，Yusmarg 那地方美得難以置信，真的靈氣迫人。正統基督教派若堅持對耶穌偏面的理解，他們如何解釋穆里瑪利亞墓穴的存在和 Yusmarg「耶穌的草場」的命名？是不是當地人全是幻覺錯亂？全是捏造出來的事？

林楚菊的《漫談世界各宗教》

克什米爾一向被譽為「印度的瑞士」，那裡綠草如茵，樹木蒼翠，河水清澈，風光如畫。在克什米爾有摩西的墓穴，正統教派如何理解？更甚者，一些學者經考究，認為以色列亡國後，北方 10 個支派消失，這 10 個消失的支派推斷是到了克什米爾定居。原因是，在克什米爾定居的人，風俗習慣與猶太人十分相似，而且很多用語與希伯來文十分相近，甚至一致。更甚者，一些學者更質疑巴勒斯坦並非《舊約聖經》上帝給以色列人的應許之地，因為巴勒斯坦屬乾旱地帶，何來是《舊約聖經》所形容的「流奶與蜜之地」？那應許之地的植物和動物，根本沒有可能在巴勒斯坦存在，學者根據考察及資料的比對，他們認為克什米爾才是給以色列人的應許之地，他們推斷北方的以色列國亡國之後，那消失的 10 個支派其實才真正到達了上帝所應許之地。換句話說，他們的亡國不是上帝給他們的懲罰，而是恩典，使他們到達真正應許之地，他們不用面對今日在巴勒斯坦的種種仇恨與紛爭。再進一步推想，耶穌復活後來到克什米爾，正是返回上帝給以色列人真正的應許之地，把真理與光明帶給那裡的選民。在《古蘭經》23:50 這樣記載：「我以麥爾彥和她的兒子為一種跡象，我使他兩在有平地和流水的高原獲得一個隱庇之所。」似乎是指耶穌與母親瑪利亞在真主的安排下，最後隱居在像克什米爾有平地及流水的高原。

我們今日所理解的世界，可能與真理相距甚遠。在克什米爾，不但有摩西的墓穴，更有以所羅門王命名的山脈（Koh-i-Suleiman，即 Mount Solomon），甚至有耶穌的墓穴。當地人稱耶穌為 Hazrat Yuz Asaf，他是以色列後裔的先知，他是神為克什米爾而差來的使者，他是神的精神 (Ruh-Allah)，教導人們有關神的知識。相傳他來到所羅門山復修聖殿，他以橄欖枝為手杖，與摩西所用的手杖一樣。他死後安葬在 Mohalla Anzmarah。在印度和巴基斯坦的伊斯蘭教支派認為，耶穌離開耶路撒冷後便向東方遊歷，跟著在斯利那加 (Srinagar) 定居，並在那地方去世，他的墓穴就在當地。這墓穴的座向由東至西，正吻合猶太人的習俗，而不

是伊斯蘭教的習俗，伊斯蘭教的墓穴是由北至南座落的。

相傳耶穌死前身邊還有一個跟隨者，稱為 Babad，此人即是耶穌的門徒多馬 (Thomas)。在基督宗教的傳統，多馬一直被公認為米索匹達米亞和印度的聖徒。多馬名字的意思是「雙生子」，雖然沒有人確切知道「雙生子」是指什麼，但在敘利亞的教會傳統認為，多馬與耶穌在靈性上是雙生的，這可能由於多馬的外貌與耶穌十分相似，而且在靈性上他對耶穌的瞭解十分深。於西元後 495 年被羅馬教宗定為異端的《多馬行傳》，內裡有記述耶穌復活後的行蹤，耶穌吩咐多馬到印度傳教。在《多馬行傳》中，耶穌說：「我是多馬的兄弟」（《多馬行傳》11），在敘利亞版本的《多馬行傳》中，多馬更被稱為：「彌賽亞（即救世主耶穌）的雙生子、門徒中的至高者，分享生命的隱秘之道，接受神兒子的奧秘。」（《多馬行傳》39）

根據《多馬行傳》(170) 的記載，多馬死後被一個兄弟帶到米索匹達米亞，這個兄弟應該就是指耶穌。多馬與耶穌一樣，第一次的死並不是真正的死亡，人們發現多馬的墓穴同樣是沒有屍首。據相關記載，耶穌在克什米爾最後的日子，帶來了一個隨從，這隨從就是多馬，耶穌吩咐多馬把他安葬，然後便安祥地躺臥在那墓穴的位置，離開人間。克什米爾聖人 Yuz Asaf 就是耶穌，他的隨從 Babad 就是多馬。

在印度德里南部有一座堡壘 (Agra Fort)，是印度穆斯林王朝的建築，附近有一座石碑，刻上耶穌兩段說話：

「耶穌（平安與他同在）曾這樣說：『世界是一座橋，穿越它，而不要在此定居。』」

「耶穌（平安與他同在）曾這樣說：『世界就如一座傲慢的樓房，要以此為戒，不要在其上建築。』」

我們翻查現存整部《新約聖經》，均沒有記載耶穌這兩段說話，但

在《多馬福音》中，耶穌卻有不少類似此思想的說話，耶穌教導門徒對世間要像個過客，不要依戀世間一切事物。正統基督教派如何理解克什米爾的聖人 Yuz Asaf？他們又如何理解石碑上的文字？是否簡單地說這全是捏造出來，這不是基督宗教？

誰創立基督宗教

有一點值得提出，今日《新約聖經》保羅所寫的其中一卷書信《哥林多前書》13章提到愛，這是基督宗教的經典經文，為歷代基督徒所讚頌，這愛的宣言在艾賽尼派的經典中其實是耶穌說出來的。我們從《哥林多前書》13章可看到保羅一定看過艾賽尼派的經典，他把所看到的精彩之處據為己有，蒙騙世人，當成是自己所說，因為在《哥林多前書》13章中開首他是這樣寫：「我現今把最妙的道指示你們。」行文好像是引用別人的說話，但卻沒有指明這「最妙的道」的出處。我們可比對《哥林多前書》13章和艾賽尼派記載耶穌的說話：

保羅書信《哥林多前書》13章：
「我現在把最妙的道指示你們。

「我若能說萬人的方言，並天使的說話，卻沒有愛，我就成了鳴的鑼、響的鈸一般。我若有先知講道之能，也明白各樣的奧秘、各樣的知識，而且有全備的信，叫我能夠移山，卻沒有愛，我就算不得什麼。我若將所有的賙濟窮人，又捨己身叫人焚燒，卻沒有愛，仍然與我無益。

「愛是恆久忍耐，又有恩慈；愛是不嫉妒，愛是不自誇，不張狂，不做害羞的事，不求自己的益處，不輕易發怒，不計算人的惡，不喜歡不義，只喜歡真理；凡事包容，凡事相信，凡事盼望，凡事忍耐。

「愛是永不止息。先知講道之能，終必歸於無有；說方言之能，終必停止；知識也終必歸於無有。我們現在所知道的有限，先知所講的也

有限,等那完全的來到,這有限的必歸於無有。我作孩子的時候,話語像孩子,心思像孩子,意念像孩子;既成了人,就把孩子的事丟棄了。我們如今彷彿對著鏡子觀看,模糊不清,到那時,就要面對面了。我如今所知道的有限,到那時就全知道,如同主知道我一樣。

「如今常存的有信,有望,有愛;這三樣,其中最大的是愛。」

艾賽尼派《耶穌基督的平安福音》耶穌這樣說:

「若我以人與天使的舌頭說話,但沒有愛,就如響著的銅管,噹噹發聲的銅鈸。假若我有強大的信心,如暴雷把大山挪開,但沒有愛,我就算不得什麼。假若我把我所有的貨財哺養窮人,把我從天父來的所有火光分給別人,但沒有愛,我只是愚蠢的,什麼也得不著。

「愛是忍耐,愛是和善,愛是不會嫉妒,不作邪惡的事,不懂得傲慢,不會無禮,不會自私,不會急著發怒,不去想醜惡的事,不會在不義中尋樂,只在仁義中喜樂。愛防護一切,愛相信一切,愛盼望一切,愛承受一切,愛是永無窮盡。

「但以口舌說的愛會止息,以知識談的愛將消失無蹤。因為我們有部分的真理、部分的錯誤,但當完美的豐盛來到,一切部分的都將被塗掉。當一個人是孩子時,他說話像孩子,所明白的僅是孩子之所能,思想像孩子;但當他長大成人,他便拋棄幼稚的東西。因為我們現在所見的是透過虛幻,現在我們知道的只是局部,但當我們來到神的面前,我們不再局部知道,卻會直截由祂教導。現在僅有的三樣:信、望、愛,但最大的是愛。」

若我們細心比對以上兩段經文,我們會發覺其內容有九成相同,但也會看出當中的分別。首先,耶穌的說話豐富得多,但沒有意思上和用語上的重覆,更沒有任何偏激的說話,相反,保羅的書信卻顯得有點偏激和自我中心,帶有他在眾多書信中一貫的病態,例如他說「又捨己身

叫人焚燒」，究竟焚燒什麼？為什麼要「捨己身」？為什麼要「叫人焚燒」？用意古怪，不明所以，盡顯其一貫的病態。而耶穌說「把我從天父來的所有火光分給別人」，清清楚楚地說出耶穌把光明帶來世間，這是耶穌在四福音和艾賽尼派經典中慣常表達的意思，配合耶穌的使命，沒有不清楚及病態之嫌。又例如保羅那段經文寫「愛是不求自己的益處」，這顯然是被虐待狂的心聲，失卻中庸之道，即心態不平衡，耶穌卻沒有這說話，但卻將愛的本意表現得淋漓盡致，而且內容比保羅的書信更豐富得多。又例如保羅的書信對先知的說話和知識有貶低之嫌，說「終必歸於無有」，而耶穌所表達的卻是「以口舌說的愛會止息，以知識談的愛將消失無蹤」，表示愛不能單是口說而沒有發自內心的真誠舉動，由始至終都沒有貶低先知的說話及任何知識，因為真正的知識就是真理。又例如耶穌說「我們現在所見的是透過虛幻」，這與印度教及佛教的世界觀一致，表明世間的萬事萬物都是虛幻，變化不定，沒有永恆的價值，故此不能透過此世間完全明白真理，比對保羅所寫「彷彿對著鏡子觀看，模糊不清，到那時，就要面對面了」，耶穌說得清楚明白得多。保羅的書信經不起理性與邏輯的考驗，因為不是出自他本人的智慧之言，而是經抄襲且加上自己的主觀理解而出來的東西。

若我們以不偏不倚的態度翻看《新約聖經》保羅所寫的 13 封信，不要先入為主認定他就是聖徒，我們從保羅眾多的書信中可看到他是一個喜歡榮耀自己，貶低別人的人，這與中國人講求謙厚剛剛相反。保羅的書信佔了《新約聖經》的絕大部分，他的說話比耶穌的言行記載佔更多篇幅，耶穌在四福音中的說話通常都是簡單幾句，而保羅的書信，說話長篇大論，竟沒有被編者刪減。在保羅的書信中從來沒有讚賞過任何一個門徒，甚至是當時教會的三大支柱：耶穌的親兄弟雅各、耶穌的門徒約翰和彼得。在其他文獻中，雅各常被讚頌為「正義的雅各」，在《多馬福音》耶穌也說雅各是正義者，但在保羅的 13 封書信中隻字不提，相反他曾指責彼得的不是（參考《加拉太書 3:11-13》），值此抬高自己的

正確，一個有修養的人不需這樣做。在眾多書信中，他對自己的稱頌近乎病態，強調自己受了什麼肢體上的酷刑，且是十分清楚仔細的記載，並不是以一、兩句說話得體地交代了事（參考《哥林多後書》11:24-25、12:10；《歌羅西書》1:24）。他的書信多是長篇大論的空洞說話，經常吹捧自己，但內心卻充滿痛苦與掙扎，完全不像一個得道的聖人。

　　整部《新約聖經》，除了四福音外，便是《使徒行傳》，跟著是一連串的使徒書信，最後是《啟示錄》。而《使徒行傳》起首是描述彼得的傳教經歷，但不完整，接著竟然是集中、單一及完整地描述保羅傳教的行蹤，對其他門徒傳教的事跡隻字不提，彷彿其他門徒的地位都不及保羅，故此可以完全不提。而在使徒書信中保羅所寫的佔了絕大部分，都是滔滔不絕的空洞說話，目的是突顯自己，看不出有半點靈性智慧。保羅所寫的書信，篇幅特別長，其餘雅各、彼得和約翰所寫的書信都十分簡短，即使也是一些空洞的說話，但不會也不能反覆地陳述以達到自我吹噓。而《啟示錄》可說是天啟的奧秘，今日的基督宗教對此無法瞭解，唯一此卷沒有保羅的份兒。若保羅的地位如此超然及重要，他在《新約聖經》的說話比耶穌更多，其他門徒連一提的價值也沒有，為什麼上天沒有對保羅作出絲毫半點的啟示？

　　耶穌與保羅素未謀面，根據《使徒行傳》記載，保羅原是迫害眾門徒的法利賽黨人，即是猶太教的保守份子，致力將耶穌及眾門徒趕盡殺絕，甚至比當時的羅馬政府更加積極。耶穌復活後沒有向保羅顯現，聖靈降臨在眾門徒的頭頂時也沒有保羅的份兒（參考《使徒行傳》2:1-4），但為什麼此人竟成為《新約聖經》的主角，而不是耶穌本人，或其他任何一個門徒？保羅是一個十分值得質疑的人物，但基督宗教從來沒有理性地思考此問題，相反對保羅的讚賞已成為基督宗教之首。

　　根據《使徒行傳》記載，保羅在追捕耶穌信徒的路途中，因一次奇異的經歷歸信他原先要迫害的耶穌，這次經歷在《使徒行傳》中有多次的記載，但若仔細比對每次的記載，也有前後矛盾和互相出入的地方，

像一個堆砌出來的故事多於真實的經歷，很可能是保羅癲癇症發作下一廂情願的胡亂猜想，因為一些西方心理學家曾就保羅 13 封書信分析其性格及心理狀態，得出的結論是保羅是一個被虐待狂及宗教狂熱者，很可能患有癲癇症。在他的書信中經常提及肉體和心理上的痛楚，說自己身上有一把刺，上主總不肯把它除掉，使他的肉體和精神不時受到苦楚（參考《哥林多前書》2:3、《哥林多後書》12:5, 7-8、《加拉太書》4:13-14），雖然沒有可能有任何醫學報告證明什麼，但很有可能這刺是代表一些暗病，類似癲癇症。現在列舉《使徒行傳》對此次經歷前後不一致的記載：

「掃羅（即保羅）行路，將到大馬士革，忽然從天上發光，四面照著他。他就仆倒在地，聽見有聲音對他說⋯⋯同行的人站在那裡，說不出話來，聽見聲音，卻看不見人。」（《使徒行傳》9:3-4、7）此處記載同伴是聽見聲音，看不見人。

「我（指保羅）將到大馬士革，正走的時候，約在晌午，忽然從天上發大光，四面照著我。我就仆倒在地上，聽見有聲音對我說⋯⋯與我同行的人看見了那光，卻沒有聽明那位對我說話的聲音。」（《使徒行傳》22:6、7、9）此處是同伴看見光，聽不明聲音。

比對此兩段記載，表達含糊及不一致，第一段是同伴看不見人，或許連光也看不見，因為沒有說明同伴看見光。第二段卻說同伴看到光，聽不明那聲音，表達非常含糊，或許是翻譯上把「聽不見」改為「聽不明」，而且「聽不明」也可以隱含「聽不見」的意思。無論事實如何，可以肯定的是，此次經歷保羅看見的光及聽見的聲音，其內容只是保羅個人的主觀想像，因為同伴沒有一個是客觀地跟保羅一樣看見同樣的情境及聽見同樣的說話內容。

跟著再比對保羅多次反覆描述自己聽見的說話內容，也顯出是個人

的主觀想像，說話的內容可以隨意地加插及堆砌：

「『掃羅（指保羅），掃羅！你為什麼逼迫我？』他說：『主啊，你是誰？』主說：『我就是你所逼迫的耶穌。起來！進城去，你所當做的事，必有人告訴你。』」（《使徒行傳》9:4-6）

「『掃羅（指保羅），掃羅！你為什麼逼迫我？』我回答說：『主啊，你是誰？』他說：『我就是你所逼迫的拿撒勒人耶穌。』我說：『主啊，我當做什麼？』主說：『起來！進大馬士革去，在那裡，要將所派你做的一切事告訴你。』」（《使徒行傳》22:7-8、10）

以上兩段描述，第一段是簡單的一問一答，第二段卻是兩問兩答。再比對以下第三段的描述，堆砌得更加厲害：

「『掃羅（指保羅），掃羅！為什麼逼迫我？你用腳踢刺是難的！』我說：『主啊，你是誰？』主說：『我就是你所逼迫的耶穌。你起來站著！我特意向你顯現，要派你作執事，作見證，將你所看見的事和我將要指示你的事證明出來。我也要救你脫離百姓和外邦人的手。我差你到他們那裡去，要叫他們的眼睛得開，從黑暗中歸向光明，從撒旦權下歸向神；又因信我，得蒙赦罪，和一切成聖的人同得基業。』」（《使徒行傳》26:15-18）

如果保羅此次的經歷真的是與上天接觸的神聖經驗，真實不虛，就不可能有添加及改動，因這等同冒犯神聖。為什麼好像三姑六婆作故事加鹽加醋，慕求使對方信以為真？而且有一點還須提出來，《使徒行傳》的作者是路加，他是保羅的心腹或粉絲，故此整卷《使徒行傳》除了起先提到門徒彼得和腓利的部分傳教經歷外，跟著只集中完整記載保

羅的傳教經歷，彷彿其他門徒從來沒有存在過，故此隻字不提。此人能否客觀、實事求是地把事情交代出來，也十分成疑，很可能出於對保羅的主觀仰慕及奉承，撰寫《使徒行傳》時不求實證而把保羅英雄化及聖徒化，目的是要突顯保羅一人的重要性，故刻意對其他所有門徒的傳教史實，或甚至簡單的路線圖及交代也完全不提。如此片面的《使徒行傳》會不會受到早期教會的廣泛傳誦？荒謬的是，此片面的《使徒行傳》卻成為今日基督宗教唯一廣泛流傳及認可的經典，其他門徒的傳教經歷卻在教會歷史的舞臺上消失得無影無蹤。

現今一些學者已指出今日的基督宗教是由保羅所建立，而不是耶穌本人，基督宗教的信仰和神學思想正是保羅的信仰及神學思想，與耶穌所傳遞的真理相距甚遠，甚至乎無可考證。在《新約聖經》四福音中，《馬可福音》的作者馬可是巴拿巴的親戚，而巴拿巴曾追隨保羅一起傳教，另外《路加福音》的作者路加，也是《使徒行傳》的作者，他是保羅的心腹及粉絲，在保羅書信《歌羅西書》4:14，保羅稱路加為「親愛的醫生」。若我們細心閱讀及推敲《使徒行傳》及保羅的眾多書信，我們可知，他並不是早期教會一致公認的聖徒，他與耶穌其他的門徒不同，他從來沒有跟隨過耶穌，他如何會比其他門徒更瞭解耶穌的教導？如何可能一經歸信後就立刻成為眾基督徒之首，不停地去教訓別人？現在只供基督宗教認可的《新約聖經》，資料實在太少，不能讓人們瞭解當年的真實情況，但從保羅的書信中，我們可以看到保羅曾面對一些基督徒對他的批評，這是他自己寫出來的：

「因為有人說：『他的信又沉重、又利害，及至見面，卻是氣貌不揚、言語粗俗的。』」（《哥林多後書》10:10）

英譯是這樣：For some say, "His letters are weighty and forceful, but in person he is unimpressive and his speaking amounts to nothing."

筆者作為旁觀者仔細閱讀保羅的書信，給我的印象也是「又沉重、又利害」，還加上英語的 forceful，保羅的書信表達他渴求宰制別人，筆者甚有同感，而且此感覺不是今日的看法。筆者在少年時代翻看《聖經》，對保羅的書信也有此感覺，但當時不明白為什麼神的說話是如此低素質，今日才知道這不是神的說話，純粹只是保羅的說話。跟著寫的是一些基督徒當面接觸保羅的評價，由此評論可知保羅的外貌與氣質並不討好，還加上言語粗俗，而英語翻譯的意思是「所說的全是空話」(his speaking amounts to nothing)。從這裡可知保羅當面對人說話，其表現與他所寫的書信是一致的，都是一大堆空洞的說話。至於外貌氣質，我們要知道一個人縱然天生並不英俊，但其氣質卻能表現其內在修養，所謂相由心生，保羅的氣質與他在教會的超然地位並不相符。

　　若翻看《新約聖經》以外的其他文獻，我們會有驚人的發現，一個不知因何成為基督宗教最重要的人物，原來曾被早期教會指責他是「邪惡的祭司」、「說謊者」。1991 年，在西方出版了兩部書，分別是 *The Dead Sea Scroll Deception* (Michael Baigent and Richard Leigh [Corgi Books]) 及 *The Dead Sea Scrolls Uncovered* (Robert Eisenman and Michael Wise [Element Books])。此兩部書的作者指出，在死海古卷的一些文獻中，耶穌被稱為「仁義的導師」，而保羅卻被稱為「邪惡的祭司」和「說謊者」。其中一卷稱為「大馬士革文獻」(Damascus Document)，文獻中寫道：「自從唯一的導師的最後日子，直到所有與說謊者一起混戰的人的末落，中間約相距 40 年。」從歷史資料可知，耶穌在西元 30 年被釘十字架，保羅在西元 67 年被斬首，兩者也是大約相距 40 年。另一卷稱為哈巴谷文獻 (Habbakkuk Commentary)，這樣寫道：「那邪惡的祭司，由於他犯罪對抗那仁義的導師及其聖眾，上主把他交給敵人之手，好讓他受苦，靈魂受折磨，因為他曾對那被揀選者無禮。」我們知道，在保羅的書信中，經常指出自己承受精神與肉體的折磨，這是不是天譴而他不自省？

　　根據死海古卷庫蘭文獻 (Qumran Scroll) 的揭示，第一部書兩位作者得

出的結論:保羅就是教會第一個異端者,他的說話卻成為日後教會的基礎信仰,這與原初教會最早期的領袖雅各的教導不同,保羅扭曲耶穌的教導,構建自己的神學體系,把自己的神學思想正統化,當作是耶穌的神學思想。

保羅書信與《使徒行傳》的面世及流傳,竟然比現行四福音的撰寫還早,保羅是一個缺乏靈性修養的宗教狂熱主義者,其對教會的積極行動,目的是要突顯自己的地位及重要性。雖然他從來沒有跟隨過耶穌,沒有與耶穌親身接觸的第一手資料,地位本應不比其他門徒重要,但他反過來成為最重要的人物,其他門徒都好像隨耶穌復活離開後而消聲匿跡,現存有關耶穌和其他門徒的資料都是支離破碎、殘缺不全,只有保羅的資料最完整無缺。保羅所建立的基督宗教,成功扭曲了耶穌原初的教導,並且維持至今達兩千多年之久,很多基督徒不知道他們只是保羅的跟隨者,而不是耶穌的跟隨者,實在令人惋惜、嘩然和慨嘆!

《啟示錄》的666密碼

另一個在基督宗教內值得質疑的重要人物,就是門徒彼得。要瞭解《啟示錄》敵基督的預言,也要從彼得說起。從四福音的記載可知,彼得是個缺點比較多、個性衝動的行動派,而且對耶穌的教導不是十分明瞭,需要耶穌多番糾正,例如彼得曾問耶穌寬恕別人七次是否足夠,他不明白寬恕是人內化的本質,不是死忍多少次才足夠,故耶穌對他說要寬恕別人七十個七次。又例如彼得面對耶穌被羅馬士兵捉拿的時候,只有他用刀割去那士兵的耳朵,他不明白耶穌一直是非暴力主義者,若耶穌要自衛,根本就不會被捉拿,耶穌立時行奇蹟把那人的耳朵修補,再一次教導彼得這個魯莽的信徒。但彼得所謂用武力,只是匹夫之勇,不是真有捨生取義之勇。耶穌被捉拿後,他暗中在後跟蹤以打聽消息,別人三次認出他是耶穌的門徒,他三次都否認,最後那次才想起他曾對耶

穌說如何愛耶穌，但耶穌即時對他說雞鳴之前彼得會三次不認耶穌，那時剛剛雞鳴，彼得想起耶穌的話便離開現場，獨個兒痛哭。耶穌一定十分瞭解彼得的性情，但他不會公開批評彼得，故其他門徒若不是心緒清澈，也不會留意彼得的缺點。

問題在於羅馬天主教一直以來把天主教設立教宗的制度解釋為是耶穌所設立的制度，而彼得就是耶穌所挑選的第一任教會領袖，即第一任教宗。他們所引據的經文正是《馬太福音》16:18-19：「我還告訴你：你是彼得，我要把我的教會建造在這磐石上，陰間的權柄不能勝過他。我要把天國的鑰匙給你，凡你在地上所捆綁的，在天上也要捆綁；凡你在地上所釋放的，在天上也要釋放。」天主教就是以此段經文認定彼得及日後各教宗那至高無上的身分與權力。耶穌會不會這樣做？這段說話會不會在編修四福音時做了改動？或可能是後世加進去的說話，耶穌並沒有說過？這些猜測全都有可能。

首先，耶穌會不會選擇一個魯莽衝動，而又不十分明白自己教導的人做教會的領袖？在眾多門徒中，就只有彼得被耶穌責罵是撒旦，出賣耶穌的猶大比較低調隱藏，故耶穌從來沒有公開揭露他，但彼得是個衝動魯莽的行動派，多番說話都顯明不對勁，就在《馬太福音》同一章，耶穌會不會首先稱頌彼得成為教會之首，轉瞬間又罵他是撒旦：「耶穌轉過來，對彼得說：『撒旦，退我後邊去吧！你是絆我腳的，因為你不體貼神的意思，只體貼人的意思。』」（《馬太福音》16:23）同樣的經文在《馬可福音》8:33 也有記載，在《路加福音》22:31 中卻把耶穌直呼彼得是撒旦，改為：「主又說：『西門（指彼得）！西門！撒旦想要得著你們，好篩你們像篩麥子一樣……』」耶穌會不會選擇一個被他斥責為撒旦的門徒做教會的領袖？

如果我們再看四福音以外有關彼得的記載，就知道彼得的缺失實在不少，《瑪利亞福音》(Gospel of Mary) 是耶穌的女跟隨者抹大拉瑪利亞所寫，在四福音中只有《約翰福音》提到抹大拉瑪利亞。她雖然不在十

二門徒之列，但她堪稱是耶穌的女門徒，常常跟隨耶穌，可惜現存的《瑪利亞福音》已殘缺不全，不能看到完整的內容。該福音曾記載瑪利亞說出耶穌所教導的回歸天然之律：

「這至善者已來到你們中間，它將要恢復每樣天然之物回歸到它的根源。」（註12）

彼得曾對瑪利亞說：「妹子，我們知道救主素來就喜愛你勝於其他的女子。可否從你記憶中告訴我們一些救主的言論，是我們不知道也沒有聽過的？」（《瑪利亞福音》）

於是瑪利亞便回答他，但當中的經文已支離破碎，殘缺不全，內容也比較玄妙，肯定不是現今基督宗教所認識的真理，彼得聽了以後這樣說：「難道他會私下為一個女子開釋而不公開向我們解說？難道我們全要轉過頭來聽她？難道他選擇了她，偏愛她勝過我們？」

這時，瑪利亞潸然淚下，她哭著對彼得說：「我的兄弟彼得，你在想什麼啊？你認為我所說的只是從我自己心裡所想出來的嗎？或者是我對你們轉述有關救主的言論全屬謊言呢？」

跟著耶穌其中一個門徒馬太的說話正指出彼得的性格缺憾，馬太的說話明顯顯示他的靈性修養在彼得之上。馬太對彼得說：「你素來就是一個易怒的人。眼下我就看到你對這女子嚴厲地駁斥，就如同長官一般的在教訓人。然而，如果救主已造就她堪當如此，你自己憑什麼排斥她呢？很明顯地，救主非常瞭解她。因此他喜愛她勝過喜愛我們。然而，我們該當愧疚！讓我們把這完美成全的人（指耶穌）穿在我們身上，不斷地從我們身上活出他來。按照他所交付給我們的這道，我們去宣揚這好

消息，不要頒布額外的法律規章來凌駕那救主所說的……」

彼得責難瑪利亞並不僅記載在《瑪利亞福音》，在《多馬福音》(114) 中，彼得曾向耶穌說瑪利亞不配跟隨耶穌，因為她是個女子：

114. 西門彼得對他們說：「瑪利亞應離開我們，因為女子不配那生命。」
耶穌說：「看，我會引導她，使她變成男子，好使她像你們男子一樣成為有生命的靈。因為每一個使自己成為男子的女子，都會進入上帝的國。」

耶穌沒有可能挑選彼得成為教會之首，因為早期教會的真正領袖是耶穌的親兄弟雅各，他是當時教會三大基柱之首，在耶路撒冷當長老 18 年，於西元 62 年在猶太大祭司的命令下被擲石頭致死。據當時的資料記載，雅各被形容為虔誠、具智慧及靈性氣質，慣常沉思多於行動的人，而且在《多馬福音》(12) 中，耶穌稱雅各為正義者，若耶穌要選擇領袖，該是雅各而不該是彼得：

12. 那些跟隨者問耶穌：「我們知道你將離開我們，誰將成為我們的領袖？」
耶穌對他們說：「無論你們在哪處，你們都去找正義的雅各，為他的緣故，天地才被造成。」

此外，從四福音的記載可知，耶穌不會挑選什麼領袖，因為此舉不符合耶穌的教導，在《路加福音》22:25-26 這樣記載：「耶穌說：『外邦人有君王為主治理他們，那掌管他們的稱為恩主。但你們不可這樣。你們裡頭為大的，倒要像年幼的，為首領的，倒要像服侍人的。』」在

《馬可福音》9:35 這樣記載：「耶穌坐下，叫十二門徒來說：『若有人願意作首先的，他必作眾人末後的，作眾人的用人。』」

　　羅馬天主教的教宗制度明顯違背了耶穌的教導。彼得為何被推舉成為教會之首，這與保羅的超然地位不無關係。前文已提到今日的基督宗教是由保羅所建立，而非耶穌本人，基督宗教的信仰只是反映了保羅的神學思想，非耶穌本人。問題是保羅與耶穌素未謀面，保羅需要一個與他合拍的人分享權力，好使他能夠如魚得水，在教會建立威信，此人正是彼得。在保羅及彼得的書信中，我們可以知道兩人關係密切，保羅的書信會特別提到彼得，但對其他門徒就隻字不提，而彼得的兩封書信，其中一封（《彼得後書》）也特別提到保羅，以親切的態度向他示好，同樣彼得也沒有向其他跟隨過耶穌的門徒這樣做，甚至也是隻字不提。為何羅馬天主教會以彼得為第一任教宗，因為保羅難以名正言順成為第一任教宗，故此以保羅的同黨彼得成為第一任教宗，在編修四福音時，甚至不惜改動耶穌的說話及用意。

　　有趣的是，在《啟示錄》中有關敵基督的預言：這是一頭獸「制服各族、各民、各方、各國」(13:7)；「在這裡有智慧。凡有聰明的，可以計算獸的數目，因為這是人的數目，他的數目是六百六十六。」(13:18)

　　西方有一些專家嘗試拆解這數字密碼之謎，早在西元 100 年後，已有人提出 lateinos 此字即代表獸的數字 666。若將 lateinos 此字的每個字母以數字順序編碼，加起來的總數正是六百六十六 (666)。lateinos 是希臘文，意思是「用拉丁語說話的人」，即指羅馬人。這個推測十分合理，因為當時羅馬真的是「制服各族、各民、各方、各國」，所有人都要向羅馬政府跪拜。而拉丁語是羅馬天主教的官方語言，教會的所有檔案都是以拉丁語寫成，然後才翻譯成其他國家的文字，當時教會的《聖經》也是以拉丁語寫成。羅馬帝國的末落，此獸的地位就由羅馬天主教取而代之，故《啟示錄》13 章指由海上出來的獸死去後，又有從地上出來的

獸繼承之，而希臘文「義大利教會」(Italika Ekklesia)，把各字母代表的數字加起來同樣是 666。

更巧合的是，若把歷任一些教宗的封號加起來的數字也是 666，故此 666 就是指教宗的數字。若我們看羅馬天主教的發展歷史，當時的教宗即教皇，像一個大魔頭，高高在上，受人崇拜，當時的教會腐敗不堪，666 這個封號應該是當之無愧，實至名歸。教會經過多番改革後，今日的羅馬天主教也不是好了多少，關心梵諦岡教會運作的人都知道，梵諦岡銀行與義大利黑手黨有黑錢交易，一直以來都沒有解決，至於梵諦岡教會寬容神職人員性侵犯年幼信徒，一直以來都是無法無天，從來沒有一個神職人員如普通人般繩之以法。

而僅當教宗 33 天就離奇死亡的教宗若望‧保祿一世 (Pope John Paul I) 更令人懷疑梵諦岡教會有不可告人的勾當。教宗若望‧保祿一世被譽為「微笑的教宗」(Smiling Pope)，臉上經常帶著如上主般的仁慈微笑，選他做教宗正是因為他具有靈性氣質及魅力。他僅當教宗 33 天，於 1978 年 9 月突然死亡，梵諦岡教會宣稱他因心臟病發而死亡，之後再沒有向外界作任何解釋。西方有好幾部著作研究分析教宗若望‧保祿一世死亡的真相，他們發現宣稱教宗若望‧保祿一世心臟病發死亡的醫生從來沒有診治過教宗若望‧保祿一世，對他以往的病歷一無所知，而教宗若望‧保祿一世的私人醫生則透露在教宗若望‧保祿一世死前曾替他作過詳細的身體檢查，報告結果是身體狀況健康良好。教宗若望‧保祿一世從來不吸煙或飲酒，從來沒有患心臟病的病歷，且長期有低血壓，故心臟病發死亡的事實，令人難以置信。

有人猜想教宗若望‧保祿一世死前身邊有一份講稿，他打算開會時向高層神職人員討論《聖經》中的上主，現時只單一地以男性的形相代表之，但若考據原文，其實也可以用女性的形相表達之。不過，這不可能是他招致殺身之禍的原因，因為這牽涉學術討論，現今學者已有此研究，也得出相同結論，做學問不會致死。其致死的原因是他擁有一份名

單，此名單正是教會高層組織人士牽涉與黑手黨交易的勾當。人家以為教宗若望‧保祿一世會安於本份做教宗，好好享受當教會 No.1 的權力及虛榮，別無其他遐想。誰知他真想做一位好教宗，他曾向親信表示要根絕梵諦岡教會洗黑錢的勾當，令教會可以改邪歸正，這正是他招致殺身之禍的原因。他的繼任人教宗若望‧保祿二世上任後即提升一位神職人員成為梵諦岡教會第三大人物，而此人正是教宗若望‧保祿一世清單內的人。教宗若望‧保祿二世死後被梵諦岡追封為聖人，卻不知有何德何能，他對天主教神職人員性侵犯信徒之事從來都是不聞不問。追封他做聖人，原來要蒙騙世人是一件極之容易的事！

真正的信仰應該超越所有的宗教，基督宗教若要堅持執著自己的宗教，就要對該宗教有徹底深入的瞭解。經深入瞭解後，自然會發現很多教義思想都不是真理，對人類進步也沒有多大貢獻，而且往往存在很多黑暗面，與真理背道而馳。德國著名思想家、小說家、劇作家與政治家歌德 (Johann Wolfgang von Goethe, 1749-1832) 曾對真理有以下的名言，正好說破了今日的基督宗教：

「人們往往把真理和錯誤混在一起去教人，而堅持的卻是錯誤。」

「我們對真理必須經常反覆地說，因為錯誤也有人在反覆地宣傳，並且不是個別的人，而是大批的人宣傳。」

「真理就是火炬，同時也是一支巨大的火炬，因此我們都想瞇著眼睛走過去，甚至擔心會被燙傷。」

註釋

註 1：有關當時羅馬天主教的種種不是，馬丁路德在著作中有詳細說明，見《路德三檄文和宗教改革》(Three Treatises)，馬丁路德著，李勇譯，謝文鬱主編，上海人民出版社，2010 年。

註 2：資料來自 Bilbe Enlighted: Hidden Teachings Revealed, Dan Costian, Vishwa Nirmala Dharma, 1995.

註 3：同上。

註 4：本章有關艾賽尼派的資料，出自下列書籍：

The Gospel of Peace of Jesus Christ by the Disciple of John (Book 1). The Aramaic and Old Slavonic Texts compared and edited by Edmond Szekely. Translated by Edmond Szekely and Purcell Weaver. The C.W. Daniel Co. Ltd., 1937.

The Gospel of the Essenes: the Unknown Books of the Essenes (Book 2) and *Lost Scrolls of the Essene Brotherhood (Book 3)*. The Original Hebrew and Aramaic Texts translated and edited by Edmond Bordeaux Szekely. The C.W. Daniel Co. Ltd., 1974.

The Essene Gospel of Peace: the Teaching of the Elect (Book 4). The Original Hebrew and Aramaic Texts translated and edited by Edmond Bordeaux Szekely, International Biogenic Society, 1981.

此三部英文版的中譯本為：《艾賽尼派的平安福音》四卷，采菊編譯，明師出版社，1998 年。

註 5：同上。

註 6：同上。

註 7：婁世鐘，《耶穌靈道論語──多瑪斯福音》，譯自科普特文及希臘文，文史哲出版社，2005 年。

註 8：同上。

註 9：本章節錄《多馬福音》的經文均出自《多馬福音與多馬行傳》，林楚菊翻譯及評述，電書朝代中文電子書店，2015 年。

註 10：巴厘文 (Pali) 是佛陀說法的用語，大部分原始佛經都是以巴厘文寫成。

註 11：爾撒是伊斯蘭教《古蘭經》對耶穌的稱呼，印度梵文爾撒 (Isa)，

意即「主」(lord)。

註 12：該段文字的英譯：That is why the Good came into your midst, to the essence of every nature, in order to restore it to its root. 這正是《道德經》所揭示的真理，在往後章節會有論述。

林楚菊的《漫談世界各宗教》

第三章　伊斯蘭教

麥加禁寺

　　伊斯蘭教，與基督宗教和佛教並稱為世界三大宗教，據 2009 年統計數字，全球有 68 億人口，伊斯蘭教信徒總人數是 15.7 億，分佈在 204 個國家和地區，佔全球人口的 23%，人數僅次天主教、東正教和基督新教信徒的總和。伊斯蘭教主要傳播於亞洲和非洲，以西亞、北非、西非、中亞、南亞次大陸和東南亞最為盛行。第二次世界大戰之後，在西歐、北美、澳洲和南美一些地區也有傳播和發展。伊斯蘭教不但是世界第二大宗教，而且是增長速度最快的宗教。

林楚菊的《漫談世界各宗教》

伊斯蘭教、基督宗教和猶太教統稱為亞伯拉罕諸教,他們均承認亞伯拉罕的崇高地位。此三教所信奉的神,均是創造天地萬物、宇宙獨一的主宰。如果我們單看宗教的本源,我們發覺此三個宗教並沒有什麼矛盾和不能共融的地方,他們均承認亞伯拉罕所敬拜的獨一主宰,而且可以說伊斯蘭教與基督宗教更親近。猶太人承認《舊約聖經》,但不承認《新約聖經》及耶穌,他們認為猶太人所期待的救主彌賽亞還未到來,而伊斯蘭教則認為《舊約聖經》和《新約聖經》均屬天經,而耶穌確是神差派來的使者,所有伊斯蘭教信徒均承認耶穌的神聖地位,他是神差派來的六大知先之一(註1),這不是因為基督宗教的宣教工作,或是因為基督徒感化了伊斯蘭教徒。他們相信耶穌,正是因為先知穆罕默德的教導,以及《古蘭經》的記載。荒謬的是,基督宗教對猶太教非常尊重,視以色列人為聖民。長期以來,西方基督教國家協助以色列抗衡中東伊斯蘭教國家,甚至稱呼伊斯蘭教國家為邪惡軸心。一些基督教狂熱份子甚至攻擊伊斯蘭教,認為穆罕默德與《古蘭經》都是邪惡,但這些批評伊斯蘭教的基督徒不認識穆罕默德是何許人,也沒有看過《古蘭經》的一字一句,就要火燒《古蘭經》,甚至毀謗為《撒旦的詩篇》。

事實上,伊斯蘭教與基督宗教在教義上的唯一分歧只在於耶穌的地位,基督宗教認為耶穌是上帝獨一的兒子,他來到世間為人類贖罪,使人與神重新建立良好的關係。但基督宗教的贖罪說非常荒謬,他們對耶穌所知也十分少,他們所執著的教義思想都是人為構建出來。而伊斯蘭教認為上帝每隔一段時間便會差派先知來勸導世人,警告世人,大大小小的知先總數超過12萬。其中最重要的有六個,耶穌是其中之一,其餘四個均是《舊約聖經》裡的重要人物,也是基督宗教與猶太人自古以來所肯定者。第六個就是穆罕默德,此六大先知地位相同,他們都是真主的使者,都是神的僕人。這跟耶穌的言行教導有什麼衝突?耶穌從來沒有叫世人崇拜他。耶穌雖然自稱是神的兒子,但他同樣視所有信徒是神的兒女。這只是以比喻的方式表達上帝與耶穌及世人的親密關係,不應

太過執著。耶穌在伊斯蘭教的地位已十分超然了，為何基督宗教還不滿意？甚至自中古世紀開始，對伊斯蘭教作不盡不實的分析描述，目的是要把伊斯蘭教妖魔化，其禍害深遠，令一眾教會神職人員及信徒世世代代堅信基督宗教是唯一的真理，伊斯蘭教則是邪惡或不可認同的宗教。伊斯蘭教對基督宗教的認同，大於基督宗教對伊斯蘭教的認同。

據《古蘭經》這樣記載：「信道者，猶太教徒、基督教徒、拜火教徒，凡是信真主和末日，並且行善，將來在主裡必得享受自己的報酬。」(2:62)《古蘭經》另一處這樣說：「你們說：『我們信仰真主和我們所受的啟示，與易卜拉欣（即亞伯拉罕）、易司馬儀（即亞伯拉罕的長子以實瑪利）、易司哈格（即亞伯拉罕的次子以撒）、葉爾孤卜（即以撒的兒子雅各）和各支派所受的啟示，與穆薩（即摩西）和爾撒（即耶穌）受賜的經典，與眾先知受主所賜的經典；我們對他們中任何一個，都不加以歧視，我們只歸順真主。』」(2:136)

面對真理，伊斯蘭教與猶太人和基督宗教同出一轍，也相當包容。伊斯蘭 (al-islam) 是阿拉伯語的音譯，意為「順從」、「和平」，指順從創造宇宙獨一無二的主宰及其意志，以求今生與來生的平安與幸福。信奉伊斯蘭教的人統稱為穆斯林 (Muslim)，意為「順從者」，與伊斯蘭 (Islam) 是同一字根。根據《舊約聖經》記載，猶太人是一個十分悖逆的民族，猶太人對上主辦不到的事情，穆斯林都會切實遵行。伊斯蘭教是西元 7 世紀由麥加屬古萊氏部族的穆罕默德在阿拉伯半島上首先興起，穆罕默德是何許人？

林楚菊的《漫談世界各宗教》

先知穆罕默德

穆罕默德阿拉伯名字仿如清真寺

美國歷史學家麥克・哈特在他所著的《影響歷史的一百位名人排行榜》中，穆罕默德高居首位，他說：「我選擇穆罕默德作為世界歷史上第一個最有影響力的人物，可能會使一些讀者感到驚奇，或發出疑問，但他確實是歷史上在宗教和世俗兩方面都得到了卓越成就的唯一人物。」

「怎樣才是一名偉大的領袖？」美國精神分析學家尤里斯・馬塞曼作以下答覆：「一位偉大領袖必須具有以下三大作用：第一，為被領導者謀求福利；第二，建立能令人有安全感的社會組織；第三，提出一套使人真誠信仰的思想體系。綜觀人類全部歷史，能完全起到以上三種作用的偉大領袖，只有穆罕默德一人，他或許是一切時代最偉大的領袖。」我們所認識及推崇的偉大人物，例如佛陀、耶穌、老子和孔子等等都未能符合以上三個條件。

林楚菊的《漫談世界各宗教》

　　近代英國史學界權威衛爾斯這樣說：「穆罕默德在不足四分之一世紀的短時間內，征服了世界上最強大的兩大帝國——波斯和羅馬，把歷史顛倒過來，同時，他又駕馭了定居於炎熱的沙漠，以英勇大膽和守舊著稱的民族——連羅馬帝國都無能戰勝的阿拉伯民族。既是這樣，誰還懷疑穆罕默德顯示神蹟，藉以戰勝敵人的力量是來自真主呢？」

　　休慈斯在《伊斯蘭辭典》中寫道：「穆罕默德是歷史中絕無僅有的三重創立者，他創立了一個民族、一個帝國和一個宗教。他自己是個文盲，既不能讀書，也不會寫字。但他卻帶來了一部經典，既是詩篇，又是經典，也是祈禱書，直到今天，還被五分之一的人類所崇敬，視為妙文、智慧和真理的奇蹟。穆罕默德說：這是永恆的奇蹟。它的確是一種奇蹟。」

　　對穆罕默德的種種高度評價，還有很多，不勝枚舉。他們不是基督徒，也不是穆斯林，而是客觀中立的學者。穆罕默德對阿拉伯民族的巨大貢獻是無可否定的事實。穆罕默德身處的時代，阿拉伯民族是一盤散沙的部落社會，各部落間經常為爭奪水源、牲畜、牧場而搶劫、掠奪，甚至為微不足道的事情也可以引發戰事，再加上社會風氣敗壞，自相殘殺、互相掠奪、欺凌婦女、活埋女嬰等傷風敗俗的惡行經常出現。當時阿拉伯各部族信仰十分混亂，自然物崇拜、星宿崇拜、精靈崇拜、祖先崇拜、偶像崇拜、多神崇拜等形形色色，應有盡有。在社會文化上，阿拉伯民族只崇尚戰爭與愛情，當時的文學作品也只有這兩大題材。能令阿拉伯民族團結起來，不再互相殘殺掠奪，不再只推崇戰爭與愛情，而是尊崇宇宙獨一的主宰，視《古蘭經》為最神聖的經典，在文化上創作了大量頌讚真主的詩歌、音樂、舞蹈與文學作品，把敬拜獨一的主宰化為生活上不可缺少的重要部分，此人正是穆罕默德。誰使穆罕默德能成就此偉大工作？答案就只有真主「安拉」。（註2）

林楚菊的《漫談世界各宗教》

穆罕默德 (570-632)，出生在麥加古萊氏 (Quraysh) 部落的貴族家庭哈希姆家族。古萊氏部落是麥加最有勢力的部落，善於經商，負責守護克爾白 (Kabah) 的多神教廟宇。克爾白相傳是由人類始祖阿丹（即亞當）用黑色石塊建造，以崇拜獨一的真主，後來卻成為多神教廟宇。穆罕默德雖是貴族出身，可惜家道中落，雙親只靠微薄的收入維持生活。在穆罕默德誕生前，父親阿卜杜拉去世，沒有留下多少遺產。六歲時，他的母親阿米娜也去世。此後他便由祖父撫養。八歲時，祖父也告別人間。接著，他便由兒女較多、家境貧寒的伯父撫養。

穆罕默德自小孤苦伶仃，從來沒有上過學。他剛能幹活時，就與乳母哈利麥的孩子一起牧羊。12 歲便與伯父一起隨商隊去敘利亞經商，歸途中曾遇見過基督教的一名隱士，應該屬艾賽尼派。這位隱士在他雙肩間發現有先知印記，便囑咐伯父要防範猶太人加害於他。穆罕默德雖然目不識丁，但為人善良、誠實，胸襟非同一般，因此博得「艾敏」(al-Amin) 的美譽，「艾敏」即值得信賴的人。很多人有糾紛就會找穆罕默德做公正，為他們評理，主持公道。很多古萊氏人和猶太人會把貴重物品給他保管。

筆者曾看過有關穆罕默德的一件小事，反映他十分誠實守信。穆罕默德的一個友人約了他在某日到市集相見，穆罕默德便在當天在市集等候他的友人。等了很久，友人還沒有出現，但他依然在等候。到了將近黃昏的時候，友人經過市集，看見穆罕默德，才想起與他相約，但他竟然忘記了。他走到穆罕默德面前，說自己已忘記了相約見面，問穆罕默德為何不早就離去，卻仍然在這裡等候。穆罕默德沒有生氣，他想對方可能有要事遲了到來，他既然有約相見，就不會爽約。穆罕默德曾說，偽君子的表現有三種：「說話便撒謊，結約便失信，受人所托便隱瞞不交。」我想很多人也領教過此三種行為，難得的是穆罕默德如此精闢地道出來。

當時阿拉伯各部落的主流信仰是多神教的偶像崇拜，可能受到猶太

教與基督宗教的影響，當時有極少數人士屬一神信仰的哈尼夫派，他們信奉獨一真主，反對偶像崇拜，專注隱居修煉，過著簡樸的生活。穆罕默德的信仰在當時屬極少數人士，他厭惡偶像崇拜，從未參加過偶像崇拜者舉行的膜拜禮儀，不吃為祭祀偶像而宰殺的牲畜肉，也不飲酒。

到25歲時，穆罕默德受僱於當地富孀赫蒂徹 (Khadijah)，為她打理商務，前往敘利亞一帶經商，他被公認為誠實和能幹的商人。這位富裕的中年寡婦深深愛慕穆罕默德，主動向穆罕默德求婚，結為伉儷。婚後，穆罕默德困苦的生活得到改善，赫蒂徹為他生兒育女，夫妻恩愛有加。赫蒂徹為穆罕默德生了兩個兒子和四個女兒，可惜兩名兒子均在一、二歲時夭折。

穆罕默德沒有沉迷於富裕的生活，也沒有因為兒子的早逝而痛苦不堪。他沒有像當時的許多麥加人那樣，賭博飲酒，沉湎於物慾享受。相反，他經常離開喧鬧的城市，離開溫暖的家庭，前往麥加北郊12公里的希拉山洞，按照祖先易卜拉欣（即亞伯拉罕）的教規獨自祈禱，思考問題，感悟人生，探求真理。有時十天至半月，有時長達一個月之久。靜修禱告時，他身帶乾糧。結束後，他又回到赫蒂徹身邊，為下一次到山洞靜修禱告作準備。就這樣，穆罕默德在希拉山洞中隱居祈禱，直至得到真主安拉的啟示。從這裡我們可以知道，穆罕默德不是一個普通的文盲，文盲是由於生活困窘所致，但他的能力、品德與追求接近上主的心遠超越同時代許多人。

在《舊約聖經》的《創世記》中，亞伯拉罕有兩名兒子，大兒子以實瑪利，是妻妾埃及女子夏甲所生，以實瑪利是阿拉伯人的祖先，據伊斯蘭教學者考證，穆罕默德就是以實瑪利家族的後代。另一個兒子是以撒，是正室撒萊所生，以撒是以色列人的祖先，故此阿拉伯人與以色列人擁有共同的祖先。在《舊約聖經》中，以色列人對自己本族的推崇，以及對自己親屬宗族的歧視及妖魔化，肯定是以色列民族的一廂情願，並非真主的意願，否則不可能有基督宗教和伊斯蘭教的出現。

林楚菊的《漫談世界各宗教》

當穆罕默德 40 歲時，真主向他啟示的跡象開始出現。起初他在夢中看見真主有如晨光一樣明亮的曙光，指引他勇往直前，走向真理。穆罕默德如常到希拉山洞獨自靜坐冥想，祈禱真主，直至有一天，在齋戒月（即後來伊斯蘭教曆 9 月）的一個晚上，穆罕默德閉目瞑思，昏然沉睡時，突破聽到有聲音說：「穆罕默德，我是天使吉卜利勒，奉主命告諭你，你是安拉派遣給人類的使者！」突然面前出現一個身影，天使吉卜利勒接著說：「你讀！」穆罕默德回答說：「我不會讀。」穆罕默德從來沒有進過學校，目不識丁，怎會讀呢！於是天使吉卜利勒緊緊抱住穆罕默德，然後放開他，對他說：「你讀。」穆罕默德仍然回答：「我不會讀。」天使吉卜利勒再次緊抱他，然後鬆開手說：「你讀。」穆罕默德問：「我讀什麼？」這樣反覆多次，天使吉卜利勒最後教他說：

「你以你的養主的名義誦讀吧！祂從一個胚胎造化了人類。你誦讀吧！你的養主是至高至大的，祂教人用筆，祂教人所不知道的。」

這正是《古蘭經》最早降示的經文，即《古蘭經》第 96 章 1-5 節。天使吉卜利勒即猶太教與基督宗教所認識的天使長加百列 (Gabriel)，在《路加福音》中，天使加百列曾向瑪利亞顯現，預示她將會因聖靈感孕而生下耶穌。

穆罕默德是一個誠實、善良的人，他沒有借這次經歷去炫耀自己，或是加鹽加醋去美化自己。相反，他如實地說出當時他那不知所措的反應，看來並不光彩。與天使初次相會，穆罕默德感到萬分恐懼，他餘悸未消，渾身冰冷，回到家中，連聲喊道：「快把我蓋起來！快把我蓋起來！」妻子赫蒂徹連忙用被子把他全身裹起來，以求鎮靜。他平靜下來後，才把事情的經過告訴了妻子，並擔心自己會有什麼不測。他的妻子勸慰道：「不會的，安拉不會使你出醜，因為你對族人和親友仁慈，你扶弱濟貧，救助無辜，好客敬賓，真主不會使你遇到惡魔或邪惡，肯定

是真主選擇你來引導自己的民眾。」

　　為了求證自己的想法正確，赫蒂徹建議向熟悉《聖經》及歷代先知經歷的人請教。她陪穆罕默德拜訪了自己的堂兄沃萊格・本・奈法勒，此人在年青時代加入基督宗教，精通希伯來文，此時他已是一位雙目失明的老人。穆罕默德向沃萊格訴說了當天的經歷，沃萊格深知吉卜利勒是安拉派往列聖身邊的天使，他說：「這是安拉曾經降示給聖人穆薩（即摩西）的教律。」接著歎息道：「我若是個年輕小夥子該有多好！」又歎息道：「你的族人會因為你要求他們改變世代尊崇的宗教而把你驅逐出自己的家鄉。」當時穆罕默德和赫蒂徹都不相信這事實，因為穆罕默德一向受族人愛戴，他問道：「族人會把我趕出家鄉嗎？」沃萊格回答：「為聖者敵人多。你傳教時，若我在世，必助你一臂之力。」沃萊格對穆罕默德的預測果然非虛，只可惜他不久便去世了。

　　其後有很長一段時間，先知穆罕默德再沒有得到令他驚惶失措的啟示，這反而使他心焦如焚，害怕真主會拋棄自己。不過，穆罕默德是一個老實人，對真主的信仰也沒有任何改變，他慢慢地把自己平復下來，安然面對一切。正在此時，真主對穆罕默德的啟示再次出現，而且之後再沒有間斷。

　　一天，穆罕默德正在走路，忽然聽到空中有聲音傳出來，他抬頭一看，原來在希拉山洞中曾經見過的那位天使正端坐在天地之間。穆罕默德不禁想起初次會面天使時自己的驚恐，那時他慌忙回到家中，連聲喊道：「快把我蓋起來！快把我蓋起來！」現在此刻再一次傳來真主的啟示：

　　「蓋被的人啊！你應當起來，你應當警告，你應當頌揚你的主宰，你應當洗滌你的衣服，你應當遠離污穢，你不要施恩而求厚報，你應當為你的主而堅忍。」

這正是《古蘭經》第 74 章 1 至 7 節，是真主透過天使向穆罕默德啟示的第二段經文。自此，穆罕默德便肩負了先知的使命，作世人的警告者和報喜者，歷時 23 年，直至鞠躬盡瘁。

起初，先知穆罕默德在麥加秘密傳教，一些至親密友成為最早的信奉者。西元 612 年，穆罕默德開始公開向麥加一般群眾傳教，宣稱安拉是宇宙萬物的創造者，是唯一的主宰，告誡人們放棄多神信仰和偶像崇拜，宣講末日審判和死後復活的觀念，凡敬拜真主並行善者，必得到後世的獎賞，進入天堂，反之則遭受懲罰，墮入火獄。他還提出，凡穆斯林不分氏族部落，皆為兄弟，應團結起來，消除血親復仇，並提出禁止高利貸剝削，行善施捨賑濟貧弱孤寡，善待及釋放奴隸等一系列社會改革，受到部分下層群眾擁護，許多人紛紛歸信伊斯蘭教。

不過，先知穆罕默德的宣教工作，並不是一帆風順，他也曾受到不少人的嘲笑和拒絕，但他沒有因此而生氣，或要求真主降禍給那些人，相反他只責怪自己未能好好地把真主的訊息傳遞出來，對民眾的無知深感悲哀。由於穆罕默德反對傳統的多神信仰，加上他提出的種種社會改革，觸犯了麥加古萊氏貴族和富商的宗教特權和經濟利益，雖然有不少下層民眾歸信伊斯蘭教，但仍然有不少下層民眾擁護多神信仰，那時所有貴族、富商和部分下層民眾均表達強烈反對。

起初麥加貴族試圖以名利引誘穆罕默德放棄信仰，解散他的信徒，例如給他更多利潤，讓他與一些最富有的家庭通婚，但穆罕默德堅決拒絕，他說：「縱然他們把太陽放在我的右手，把月亮放在我的左手，我也決不會放棄我的使命。」於是他們便設計謀害穆罕默德，使穆罕默德和穆斯林在麥加難以立足。當時穆罕默德曾勸部分穆斯林逃往阿比西尼亞避難，因為那裡有位以公正、善良聞名的基督徒國王，得到基督徒的保護。西元 619 年，穆罕默德的伯父和妻子赫蒂徹相繼去世，他的家族不再保護穆罕默德，穆罕默德被毆打、石擊，幾乎遭迫害致死，此年是穆罕默德的「悲痛年」。

林楚菊的《漫談世界各宗教》

　　穆罕默德曾說：「我不是為詛咒而來，我是為慈悲而來。」

　　有一次，他到路途崎嶇的塔伊夫傳揚真主的訊息。塔伊夫居民粗暴地反駁他的宣教，還用石塊擲向穆罕默德，直到他的兩個腳踝出血。穆罕默德滿腔失望地抄原路返回，途中遇到天使吉卜利勒和管理眾山的天使。天使吉卜利勒對他說：「真主讓掌管眾山的天使來聽你差遣。」

　　那位天使說：「穆罕默德呀！只要你願意，我把環繞麥加的兩座艾亥篩卜山搬來，把他們全都壓在下面。」

　　穆罕默德說：「我只願真主能讓他們產生崇拜獨一的主，不以物配主的後代。」

　　結果那些曾對穆罕默德狠狠地施襲的塔伊夫居民，其後代真的歸信伊斯蘭教，這是出於穆罕默德慈悲的願望。

　　穆罕默德的伯父和妻子相繼離世，加上遭受到塔伊夫居民的施襲，古萊氏人更變本加厲地迫害穆罕默德。在穆罕默德最悲痛的時候，真主給了穆罕默德最大的慰藉。在他成為先知後的第 10 年的 7 月 27 日晚上，天使吉卜利勒帶來了一匹兩肋生翅、快如閃電的仙馬，他讓穆聖乘這匹閃電駒先到了巴勒斯坦的耶路撒冷，從那裡帶他登霄，讓穆聖縱覽真主偉大的奇蹟，還在真主那裡接受穆斯林每日五番拜功的訓諭，並於當晚返回麥加。這次登霄給穆罕默德莫大的鼓舞和安慰。第二天清早，穆罕默德來到麥加天房前，給人們講述了登霄的所見所聞。麥加的多神教信徒非但不信，還冷嘲熱諷穆罕默德。某些在場的人要求穆罕默德描述一番耶路撒冷的模樣，因為他們曾到過那裡，而穆罕默德從來沒有到過。穆罕默德毫無遺漏地為他們講述了一切，他們並沒有因此而滿足，還要求穆罕默德找些證據來。穆罕默德說：「我在途中看到前往麥加的商隊。」他還說出商隊的情況、駱駝的數目、到達的時間等。一切正如穆罕默德所說的那樣，但多神教者仍然不信。在此以後，穆罕默德和以往

的眾先知一樣，曾預言及顯示真主的神蹟奇事，但那些多神教徒仍然執迷不悟。

西元622年，先知穆罕默德及他的追隨者所受到的迫害愈來愈大，形勢愈來愈危險，先知穆罕默德得到真主的啟示，與麥加穆斯林遷往麥地那。這次遷徙標示著伊斯蘭教進入新紀元，也標示著伊斯蘭教曆的開始。穆罕默德的誠信沒有人能夠想像，麥加的古萊氏人勾結猶太人，施計如何加害穆罕默德，而穆罕默德離開麥加城前，卻吩咐親信把古萊氏人和猶太人託付給他的貴重財物一一歸回原主。

麥地那的群眾久仰穆罕默德的言行，當地絕大多數居民很快歸信伊斯蘭教。穆罕默德制定了作為穆斯林和猶太人在處理內部民事和對外關係中共同遵守的《麥地那憲章》，在信仰自由和結盟的基礎上同猶太人各部落達成協議，實行和平共處。穆罕默德在麥地那城郊修建一座清真寺，之後又在麥地那城中修建了另一座宏大的清真寺。穆罕默德在麥地那城居住了13年，期間他除了宣講真主陸續向他啟示的《古蘭經》教義外，他還訪貧問苦，特別關心孤苦的人。穆罕默德把從麥加來的人稱為遷士，把麥地那的人稱為輔士，鼓勵兩群人團結友愛，強調「凡穆斯林皆兄弟」，應共同努力向真主所指示的正道前進。

穆罕默德實現了麥地那的統一後，以伊斯蘭教共同信仰代替部落血緣關係，建立了以「烏瑪」（即民族、國家）為形式的政教合一政權，穆罕默德成為麥地那宗教、政治、軍事和司法的最高領導，他的門下弟子組成上層領導集團。西元624至627年間，穆罕默德領導穆斯林武裝與麥加貴族進行了白德爾之戰、吳侯德之戰和壕溝之戰三大戰役，挫敗了麥加貴族。西元628年，穆罕默德率軍至麥加近郊，要求與麥加貴族議和，雙方簽訂《侯代比亞和約》，同意休戰10年。在休戰期間，穆罕默德向鄰國和半島上的一些阿拉伯部落派出使節，攜帶國書，向其國王和部落首領宣揚伊斯蘭教，同時派出武裝討伐海巴爾等地聚居的猶太人，以掃除異族反對勢力的侵擾。

林楚菊的《漫談世界各宗教》

西元 630 年,由於麥加人違約,殺害 20 名穆斯林,穆罕默德率 10000 名穆斯林大軍,進迫麥加城下,麥加貴族在沒有備戰之下請降,接受伊斯蘭教,承認穆罕默德的先知地位,麥加全城居民宣佈歸信伊斯蘭教。穆罕默德的慈悲與寬恕無法令人想像,他的女兒宰娜卜從麥加遷往麥地那時,伊斯蘭教的敵人哈比爾把她從駱駝上拽下來,踢她,那時她正在懷孕。她受重傷,失去了兒子,繼而去世,哈比爾還作過很多這樣的惡行。當穆罕默德成功統一阿拉伯民族時,哈比爾無處可逃,只好請求穆罕默德的寬恕,穆罕默德寬恕了他。很多以往是伊斯蘭教的敵人,面對穆罕默德無盡的寬恕,他們都成為了穆斯林。

進入麥加後,穆罕默德下令搗毀克爾白殿內全部的 300 多個偶像,只保留黑色隕石,相傳這裡是先祖阿丹和易卜拉欣(即亞伯拉罕)向真主獻祭的所在標記,並改克爾白殿為清真寺,更宣佈克爾白為禁地。從此,麥加克爾白成為全世界穆斯林禮拜的朝向和朝覲的中心。現在那黑色巨石仍舊莊嚴肅穆地聳立在麥加城,無數穆斯林衣著整潔地圍繞那黑色巨石朝覲禮拜,足顯示宇宙獨一主宰的神聖與偉大。

西元 631 年末,阿拉伯半島各部落相繼歸信伊斯蘭教,承認穆罕默德的領袖地位,基本上實現阿拉伯半島的政治統一。西元 632 年 3 月,穆罕默德由麥地那率 10 萬穆斯林赴麥加朝覲,史稱「辭別朝覲」,穆罕默德親自確立了朝覲的一系列儀典,成為後世穆斯林朝覲所遵循的範例。他在阿拉法特山發表著名的「辭朝宣言」,宣佈伊斯蘭教創教的勝利,向穆斯林宣讀真主安拉的最後啟示:

「我已為你們成全了你們的宗教,我已完成我所賜給你們的恩典,我選擇伊斯蘭教做你們的宗教。」(《古蘭經》5:3)

穆罕默德返回麥地那後,曾暗示他的離世。他向聖門弟子說:「至高無上的安拉讓他的一個僕人在今世和後世的利益與安拉的恩典之間進

行選擇，這個僕人選擇了安拉的恩典……」當時只有穆罕默德最親密的弟子艾卜・伯克爾明白這段說話，他立即哭起來，說道：「先知啊！你對我來說比我的父母更珍貴！我們願意為你犧牲我們的父親、母親、生命、財產和孩子！」

艾卜・伯克爾是穆罕默德的妻子阿伊莎的父親，他原是麥加巨富，為了支持伊斯蘭教，散盡家財。他後來成為穆罕默德的繼任人，即第一任正統哈里發。不久，穆罕默德開始病倒，臨終前曾有兩位天使以人的形相探望他，其中一位是天使吉卜利勒，另一位是掌管死亡的天使，天使吉卜利勒向穆罕默德說：「真主差派我們來聽你的指示，你可以選擇今世的福樂，或回到真主的身邊，真主想念你。」

穆罕默德心中已作出了選擇，臨終前說：「最優的伙伴！最優的伙伴！」

真主是穆罕默德最優的伙伴。穆罕默德於西元632年6月6日（即伊斯蘭教曆11年3月12日）病逝，聖妻阿伊莎和眾弟子將先知埋葬在他生前的臥室，聖陵位於今日麥地那聖寺一角。

穆罕默德的一生成就了人類歷史難以成就的事情，他興起了伊斯蘭教，隨著日後阿拉伯人的軍事和商業活動，伊斯蘭教傳播至半島以外的廣大地區。無論伊斯蘭教有多輝煌，穆罕默德始終是一位謙卑、忠實的先知，他曾說過在他生命中有什麼過失，這全屬他自己的過錯，在他生命中的一切成就與貢獻全歸於安拉。作為一教之主，他可以輕易地把自己神聖化，甚至可以像印度教或伊斯蘭教蘇非主義的導師那般受眾弟子崇拜，但他卻嚴禁人們崇拜他，因為人類只可以崇拜永恆獨一的主宰安拉，而他只是安拉的使者。故此在伊斯蘭教內從來沒有遺留下穆罕默德的塑像、畫像或模樣，穆罕默德也從來不會受穆斯林崇拜，但穆斯林對他的感情依然是最深。雖然在《古蘭經》中，真主清楚指出所有先知的地位相等，他們都是真主的使者及見證，但穆斯林出於主觀情感，總是堅持穆罕默德是真主最偉大的先知，這對於他們是對的，但對於基督徒

卻不是,對於猶太人也不是。同樣出於主觀情感,基督徒會認為耶穌才是最偉大,猶太人會認為摩西才是最偉大,但在伊斯蘭教的信仰中,他們全是真主的使者。

穆罕默德即使拒絕接受穆斯林崇拜,也可以十分輕易地利用宗教領袖的名份及實權,在物質上享受比一般人奢華的生活,即使不用奢華,只是過著比一般大眾優越的生活,也合情合理,他的廣大信眾也會十分樂意供給他較優厚的物質需要。但事實上,穆罕默德自從肩負安拉的使命以來,其生活與當時的貧苦大眾沒有兩樣,家中最常有的食物就是清水與椰棗,奶類食品屬奢侈品,不會經常食用。家中的粗活也自己幹,他的眾妻子也沒有金銀首飾,衣著樸素。在《古蘭經》中,真主指示先知的妻子要比其他婦女更管束自己,不可像當時貴族婦女那樣展示自己的美態,以免引致墮落與敗壞。《古蘭經》這樣說:

「先知啊!你對你的眾妻說:『如果你們欲得今世的生活與其裝飾,那麼,你們來吧!我將以離儀饋贈你們,我任你們以禮而離去……』」(33:28)

「先知的妻子們!你們不要像別的任何婦女,如果你們敬畏真主,就不要說溫柔的話,以免心中有病的人,貪戀你們,你們應當說莊重的話。你們應當安居於你們的家中,你們不要炫露你們的美麗,如從前蒙昧時代的婦女那樣。」(33:32-33)

當時跟隨穆罕默德的穆斯林,大多十分困苦,穆罕默德願意與他們過著同樣的生活。有一次,有一個穆斯林從他方來拜訪穆罕默德,但穆罕默德沒有食物招待他,便吩咐一個門下弟子招待他晚膳。那門下弟子家裡也沒有多餘食物,只有供兒子吃的微薄晚膳,於是他和妻子及兒子便整晚沒有吃食物,把僅餘的食物招待那賓客。穆罕默德知道此事後,說真主一定會報酬那穆斯林一家的善行。從這事可見,早期伊斯蘭教的

發展不是靠任何物質條件來成就，而是靠真主所賜的精神力量，那精神力量遠比物質條件更能感召穆斯林大眾。穆罕默德在得到真主初次啟示後的 23 年間，不斷有真主陸續降示的《古蘭經》經文以堅定人心，同時也由於穆罕默德沒有尋求任何些微好處，與廣大信眾同甘共苦，成為堅固人心的重要因素。

穆罕默德的清窮生活沒有因為穆斯林成功統一阿拉伯民族而結束，即使當時大部分穆斯林已過著充裕的生活，但穆罕默德仍然吃得很少很簡單，他的床就是一張席子，席子的紋理印在先知的身上。他的弟子歐麥爾看到這樣，哭了起來。先知問他為什麼哭，他回答說：「先知啊！波斯的國王和拜占庭的國王生活非常奢侈，這是人人都知道的事實。你應該生活得比他們更好，因為你是安拉的使者！」

先知回答道：「當他們為今世而奔忙時，你難道不希望我們為後世做準備嗎？」

歐麥爾正是第二任的正統哈里發。穆罕默德死後，前四任哈里發都是穆罕默德的近身弟子，他們深受穆罕默德過著清貧的生活所感動，他們同樣過著清貧的生活，雖然當時阿拉伯民族普遍的物質條件已變得愈來愈富裕。

穆罕默德從來不容許他的家族成員及其後代因為自己的地位而得到任何饋贈或特權，他的女兒法蒂瑪和清貧的婦女沒有兩樣，她每天都要料理家務和挑水，弄至脖子和雙手都十分粗糙。她的丈夫阿里（即後來的第四任正統哈里發）曾經建議法蒂瑪向穆罕默德請求，把其中一個戰俘給她料理家務。穆罕默德卻對他心愛的女兒說：「你為何不能像其他貧苦的婦女一樣幹活，真主喜悅為後世努力而甘願在今世過刻苦生活的人。」穆罕默德也曾對女兒法蒂瑪說，不要以為她是先知的女兒便可以進入天國，這要靠她自己對真主的虔愛和善行，才獲得真主的恩典。

西方文豪蕭伯特在其著作《真正的伊斯蘭》第一卷中說：

「我時常把穆罕默德的宗教置於最崇高的地位，因為它充滿活力，在千變萬化的社會裡，我總覺得伊斯蘭是唯一具有同化力的宗教……我曾仔細地研究過穆罕默德的生平，他確實是一位非凡的人物，以我個人的見解，他並不是耶穌的敵人，而是他的朋友，他實在應被稱為人類的救星，我相信如果能有一個像他那樣的人，在當今世界執掌政權的話，他會成功地解決世間的各種矛盾和問題，為人類帶來人們急需的和平與快樂。」

麥地那先知寺

先知封印

在伊斯蘭教信仰中，穆罕默德被稱為「先知的封印」，意即穆罕默德是真主派來的最後一位先知，他就如封印般，把眾先知的降世畫上句號。歷來非伊斯蘭教信仰的人對此看法存有質疑，因為若先知的封印被肯定為真實，即在穆罕默德死後，其他宗教，甚至伊斯蘭教內，便再沒有先知了，故此，即使在伊斯蘭教信仰內，也有派系不承認「先知的封

印」這教義思想，當然這派系會被正統伊斯蘭教定為異端。

　　「先知的封印」這稱號並不是穆罕默德自己說出，以強調自己的重要性。穆罕默德是一個十分謙厚的人，他從來沒有刻意把自己神聖化，否則他必被人如神明般崇拜。「先知的封印」是出自《古蘭經》真主的降示：

「穆罕默德不是你們中任何男人的父親，而是真主的使者，和眾先知的封印。真主是全知萬物的。」(33:40)

　　《古蘭經》的說話會否有錯？要解決此疑問，我們必須以客觀、理性的態度去瞭解和分析，不能一開始便贊同或否定。最簡單的方法是看此節經文是否合乎事實，首先，穆罕默德是不是任何男人的父親？根據歷史事實，穆罕默德的子女有四男四女，穆罕默德親生的三個兒子都在一至兩歲時夭折，唯一僅存的是穆罕默德第一任妻子赫蒂徹與前夫所生的兒子，故此只是繼子而不是親生子。穆罕默德的四個親生女兒均能存活，均是與第一任妻子赫蒂徹所生。在當時的阿拉伯風俗，男尊女卑，女子被認定為負資產。人家生兒子便歡天喜地，若生女兒便愁雲慘霧，甚至要把女嬰遺棄或埋葬。真主沒有把俗世的榮耀賜給穆罕默德，而是要他把這陋習徹底剷除。根據當時的風俗，穆罕默德是一個不幸的人，因為他有四個女兒，而沒有親生子，但《古蘭經》指出穆罕默德是真主的使者，這才是他真正的身分。

　　穆罕默德是不是眾先知的封印？我們要知道「眾先知」所指的是什麼，若整全地看整部《古蘭經》，所指的所有先知其實是指易卜拉欣的後裔，而易卜拉欣的後裔即遍及中東一帶地區的阿拉伯民族。在《古蘭經》中，易卜拉欣與長子易司馬儀曾在天房(即今日的克爾白巨石)祈禱真主，他們呼求真主在他們的同族中差派使者來宣揚真主的啟示：

「當時，易卜拉欣和易司馬儀樹起天房的基礎，他們兩祈禱說：『我們的主啊！求你接受我們的敬意，你確是全聰的，確是全知的。我們的主啊！求你使我們變成你的兩個順民，並從我們的後裔中造成歸順你的民族，求你昭示我們朝覲的儀式，求你恕宥我們，你確是至宥的，確是至慈的。我們的主啊！求你在他們中間派遣一個同族的使者，對他們宣讀你的啟示，教授他們天經和智慧，並且薰陶他們。你確是萬能的，確是至睿的。』」(2:127-129)

這經文道出猶太教和伊斯蘭教的起源，即敬拜獨一主宰的起源。真主應允易卜拉欣及其兒子的祈禱，歷世以來曾差派眾先知來教化他們，宣示正道。《古蘭經》和《聖經》列出了眾多先知，這些先知都是易卜拉欣的後裔。當中能聞名於世者，繼耶穌之後，就是穆罕默德。猶太人不承認耶穌，但繼耶穌以後，猶太人中再沒有興起任何先知或使者，他們到今日還是固執地等待。而伊斯蘭教內自穆罕默德以後，所出現的聖人、偉人僅能稱為「聖徒」，而不是先知，他們的影響力也不及穆罕默德，故此穆罕默德正是先知的封印。而其他民族例如印度錫克教的始創人拿納克(Guru Nanak, 1469-1539)（註3），或其他具影響力及被後世傳頌的聖人，他們都不是易卜拉欣的後裔，故不是《古蘭經》所指先知封印的範疇。穆罕默德是先知的封印，是指易卜拉欣後裔中所有先知的封印，即最後一個先知，這樣理解正與事實相符。

穆罕默德曾說過

伊斯蘭教不是愚民、非理性的宗教，穆罕默德本人十分重視學問與知識，他曾說過：

「知識是伊斯蘭的生命。」

林楚菊的《漫談世界各宗教》

「學者的墨水比烈士的鮮血更神聖。」
「人生應當自搖籃學習到墳墓。」
「如果知識存在於遙遠的星際,波斯人將到那裡去。」
「求知,哪怕遠在中國(學問雖遠在中國,亦當求之)。」

　　穆罕默德所開創的伊斯蘭教,使阿拉伯文化有更大的躍進。阿拉伯人在數學、文學、天文學、哲學、醫學、物理、化學和書法上都有具大成就,優秀人物輩出,對世界的科學文明也作出貢獻。在歐洲中古時期羅馬天主教堅持地球是方形,太陽圍繞地球運行,對持不同看法的學者加以壓制及妖魔化,但在阿拉伯的天文學著作中,天文學家早已知道地球是一個球體,地球圍繞太陽運作而產生季節與氣候變化。阿拉伯人的知識水平早已超越以天主教為首的歐洲諸國。當歐洲人仍然相信地球是平面的時候,穆斯林早已拿著地球儀來研究地理,早在12世紀,穆斯林地理學家易得利斯 (Al-Idrisi) 在他的著作中寫道:「地球是圓形的,如同一個球,水通過自然平衡力作用而不發生改變,從而依附於地球上。」

　　此外,穆斯林有眾多天文學成就,其中一項是發現太陽的遠地點,即地球繞行太陽軌道中的最遠點。他們繪製了星座圖,取了一系列的阿拉伯語名字,校正了太陽和月亮曆表,並核准了一年的時間長度。

　　穆罕默德也說過:「愚昧是最卑賤的貧窮;智慧是最高貴的財富;自矜是淒涼地自我孤立。」可見穆罕默德虛懷若谷,重視智慧而不是主張愚民,而且,只有一個謙虛的人,才是有智慧的人。無論求學問或待人處事,若是自矜,必然沒有好結果,這可從眾多歷史名人的故事中看到。

　　穆罕默德也說過:「清潔是信仰的一半。」這是十分有智慧及利民的說話,一個人若不重視清潔,日常起居生活必定變得一團糟,污穢、貧窮、落後、愚昧永不分離。相反,凡神聖,必清潔。在清潔的環境裡

林楚菊的《漫談世界各宗教》

生活才會令人身心舒暢，精神也容易提升。在《舊約聖經》中，上主把潔與不潔的事物清楚地指示出來，要求以色列民要過著聖潔的生活，聖與潔永遠伴在一起。故此穆罕默德把清潔與信仰相提並論，此話是十分出色的演繹。

穆罕默德本人是一個非常注重清潔的人，根據他的聖妻描述，穆罕默德一天刷牙、潔面、潔鼻和潔手數次以上，每次敬拜真主前必然把自己整理得非常乾淨。若他看見一些蓬頭垢面的穆斯林，穆罕默德會要求他們修剪頭髮和鬍鬚，洗澡潔淨後來見他，然後教導他們作為穆斯林清潔的重要性。伊斯蘭教的聖行當中，有很多是有關日常的個人清潔，這是仿傚穆罕默德的做法，信仰與清潔息息相關。

穆罕默德曾說過：「胃是百病之府，重食是百病之根，節食是百藥之首。」從這說話可看到，穆罕默德並不貪求口福美食，只有受靈性滋養的人才有這種智慧。耶穌曾說過人活著不是單靠食物，也要靠上主的靈性滋養。在艾賽尼派的經典中，耶穌也談論正確的飲食之道，主張吃素以及少吃，因為吃葷是吃死亡的食物，而多吃便會有撒旦在身體內工作。耶穌說得很玄妙，卻是真理。穆罕默德同樣認為多吃對身體有害，穆罕默德的說話直到今日仍十分合乎科學。

過往西方不少有關飲食的理論，今日已被更進步的科學驗證推翻。人們過往認為吃得多、吃得豐富，便會健康長壽，但可笑的是，美國人因飲食太多而患上癡肥以及相關的一系列疾病，情況愈來愈嚴重。科學家發現，美國在第一次世界大戰後與第二次世界大戰前曾出現經濟大蕭條，大部分人因貧窮而節衣縮食，但奇怪的是這期間美國人的發病率大減，而且平均預期壽命更長。科學家開始嘗試以嶄新的角度思考飲食對人體的影響，他們發現人類減少進食，壽命會更長，身體會更健康。在白老鼠身上更發現減少進食不但可延長壽命，而且會令腦部激發新的神經組織，智力會提高。他們指出人體經常大量進食，就好像一輛汽車經

常儲滿汽油在公路上風馳電掣，這輛汽車會很快耗損，變壞。人類的身體也是這樣，不斷進食，令身體不停工作。當身體停止進食，或只吃少量的蔬果時，身體才會開始發動自我復修的能力，把身體積蓄的廢物及毒素清理出來，故此節食真的能化解很多潛在疾病，這有大量的實驗數據支持。穆罕默德是西元7世紀未曾接受教育的人，但他對飲食的見地正是今日兜兜轉轉的科學所得來的結論。

　　穆罕默德的智慧，當然是來自於天。穆罕默德遷徙到麥地那不久，得到真主的啟示，將伊斯蘭教曆9月定為齋戒月，穆斯林在整個月一天只吃晚上一餐，除了表示對真主的崇敬，其實也有助身體健康。《古蘭經》這樣說：

　　「信道的人們啊！齋戒已成為你們的定制，猶如它曾為前人的定制一樣，以便你們敬畏。」(2:183) 穆罕默德說：「你們齋戒吧！你們會因此而健康。」

　　穆罕默德本人吃得很少很簡單，而且經常節食，他甚至把石塊捆綁在胃部以減輕胃部的饑餓感，但他不准許其他穆斯林仿傚他這種做法。穆罕默德喜歡苦行，例如睡在粗糙的席子上，家裡沒有任何多餘或奢侈的物品，晚上長時間向真主跪拜，以致相膝腫脹。穆罕默德像一個印度古代的瑜伽修行者，多於一個好勇鬥狠的阿拉伯人。穆罕默德像摩西和耶穌一樣，能夠顯示真主的神蹟奇事，也有預知事情和知道別人隱蔽秘密的能力。在印度瑜伽修行當中，苦行有助修行者專注精神修煉，減少對身體物欲的依賴。當精神達到十分強大的時候，擁有神通力是自然的結果，不用也不可強求。穆罕默德就像印度的瑜伽修行者一樣，與真主永遠相連，不看重今世的福樂，甘於苦行，並擁有神通力。

　　穆罕默德曾說過：

「騙子不是我的教民。」
「有錢拖債是迫害債權人。」
「克扣工資是大罪。」
「法官主持關鍵時刻的公正，強於 70 年的副功。」

　　穆罕默德十分重視社會公義，他自小生活孤苦，十分明白貧苦大眾的苦狀，故此他所開創的伊斯蘭教重視社會公義，嚴禁高利貸活動，以及不合理的金錢交易，當時的富裕階層就是以高利貸來賺取厚利。同時他鼓勵穆斯林以救濟貧民為取悅真主的善功，穆斯林要按各人的經濟水準，定期把收入的一部分捐獻出來，作為「天課」。「天課」是伊斯蘭教五大功修之一，這金錢是獻給真主用作宗教事務及救濟社會上有需要的人，故此伊斯蘭教的社會，原則上比西方資本主義國家更公平合理，嚴禁以巧取豪奪的方法搾取民脂民膏，並且關心貧苦大眾。

　　穆罕默德曾說過：

「你們不能以錢廣濟人，可用美德廣濟人。」
「善言也是一種施捨。」

　　穆罕默德從不大笑大叫，對別人面上經常掛著微笑，即使是面對最貧困、最卑微的民眾也表現得非常親切，對任何人都沒有架子。穆罕默德所指的善言，就是對別人關心、問候和溫柔的說話，使人感到舒適。這是一種金錢以外的施捨。作為穆斯林，即使經濟條件不容許施財，也要以善行去幫助別人。這在伊斯蘭教已成為信仰的一部分，伊斯蘭教是一個重視實踐的宗教。

　　穆罕默德本人十分慷慨，無論是物質或物質以外的施捨，他從不吝嗇。別人有困難向他求取，他從不拒絕。家裡的物品及食物，全給人家拿去及吃掉，甚至替別人借貸，以幫助有需要的人。但穆罕默德從不欠

債，也不容許人們因死後就不償還債務。若有穆斯林離世，他必須把生前的債務償還才可辦喪事，穆罕默德才會殯葬，穆罕默德甚至會為死者償還債務。

　　穆罕默德曾說過：「優越在於：他拒絕你，而你賞賜他；聯絡斷絕者；原諒迫害者。」穆罕默德和耶穌一樣，面對仇敵只有無盡的寬恕。當穆罕默德帶著大軍進駐麥加，古萊氏人在沒有備戰下全部投降，他們跪下來等候穆罕默德的判決，穆罕默德不但沒有殺戮他們，也沒有充公他們的財產，面對那些曾對他、他的親人，以及廣大穆斯林進行毒打、殘害的仇敵，穆罕默德讓他們得到自由，並與他們簽訂和平協議。正是因為穆罕默德的良善、智慧與無盡寬恕，成功塑造了阿拉伯民族團結一致，歸向真主，而不是一個充滿殺戮、仇恨的民族。

　　在《舊約聖經》中，猶太人的上主是賞罰分明、重視公義的主宰。在《古蘭經》中，真主並不喜歡懦弱、畏縮的人，若遭受迫害，他們可以以武力自衛，甚至報復，但不可以過份，只能作出同等的行動，以回報迫害者，因為真主不喜歡過份者。在《古蘭經》中，真主更說出更高尚的行為是寬恕迫害者，而不採取報復行為：

　　「受人欺侮然後加以報復的人們，絕無可責備。應受責備的，是欺侮他人並且在地上蠻橫無理者；這些人將受痛苦的刑罰。凡能忍受而加以赦宥者，他們的那種行為，確是應該決心做的事情。」(42:41-43)

　　穆罕默德曾說過：「誰欺侮了和平共處的異教徒，便欺侮了使者（穆罕默德）。」伊斯蘭教發展早期確實是比較溫和，能與猶太教和基督宗教和平共處。最初阿拉伯人攻佔波斯後，也沒有即時銷毀波斯古經《阿維斯塔》，後來才把《阿維斯塔》徹底銷毀。穆罕默德以後，其繼承人前四任正統哈里發都是穆罕默德生前的近身弟子，他們仿傚穆罕

德待人處事的方針,以及生活態度,但這只維持了 30 年的光景。穆罕默德曾預言,他死後 30 年,伊斯蘭教會由暴君統治。這話果然當真,第四任正統哈里發被刺殺以後,伊斯蘭教隨即分裂成為不同派系。伊斯蘭教的統治者成為極權者,以政治及經濟利益掛帥,失去了穆罕默德時代的崇高信仰及品格,打著聖戰名義大肆攻城殺戮,使伊斯蘭教走向腐敗之路。這是所有宗教的共同命運,猶太教、基督宗教,或任何其他宗教,或遲或早也變得十分敗壞,信仰只是用來騙人的技倆。

穆罕默德曾說過:「雖不利自己,也當說出真理。」穆罕默德重視誠實,把真理放在利益之上,他從來沒有隱瞞自己的過失,例如他第一次在希拉山洞內得到真主的啟示,他沒有隱瞞自己那驚慌失措的表現,看來並不光彩,也可能惹人猜疑他接受啟示的真實性。還有一件事顯示穆罕默德重視真理,有一次有一個寒微的盲人來找穆罕默德,他很渴望穆罕默德為他解說真理及信仰,於是便走到穆罕默德的居所,在門前大聲呼叫穆罕默德,那時穆罕默德正與一群古萊氏貴族談論伊斯蘭信仰,穆罕默德覺得那盲人在門前大聲呼叫十分無禮,於是他便迴避。那盲人走到屋內聽不到穆罕默德的回應,垂頭喪氣地離開。那時穆罕默德得到真主的啟示,在《古蘭經》中真主這樣說:

「他曾皺眉,而且轉身離去,因為那個盲人來到他的面前。你怎能知道呢?他也許能受薰陶,或聽忠告,而蒙教益。至於自滿者,你卻逢迎他,他不受薰陶,與你何干?至於殷切地請教你,而且心懷敬畏者,你卻怠慢他。絕不然!這確是一種教訓。誰欲記誦它,就叫誰記誦吧!」(80:1-12)

相傳穆罕默德知道自己做錯了,他立刻走出門外,趕到那盲人面前向他道歉。身為一教之主,要向一個冒失的人道歉,只有穆罕默德能做

到。

　　穆罕默德一生有很多值得人們認識、學習和欣賞的言行，他的說話都記錄在伊斯蘭教的《聖訓》中。《古蘭經》和《聖訓》是伊斯蘭教兩部最重要的經典，所有穆斯林都要認識、學習和切實遵行。伊斯蘭教指出，穆罕默德是所有先知之中，其言行生活被記錄得最詳盡、細緻的一位，穆罕默德的聖妻及生前大量的聖門弟子均一一留下文字，記錄他們與穆罕默德的一切交往。不是說穆罕默德超越歷世所有先知和聖人，穆罕默德本人是個十分謙虛的人，他不喜歡人們這樣把他抬高，但從穆罕默德的所有言行當中，人們必然會看到歷世先知、聖人最優秀的一面，而這些優美之處很多時候沒有被人完整地記錄下來，甚至肆意扭曲和破壞，耶穌的生平就是一個最明顯的例子。要瞭解耶穌，不妨看看穆罕默德的言行與生平。

穆罕默德與摩西

　　猶太人最尊崇的宗教領袖就是摩西，他是繼亞伯拉罕以後最偉大的先知，他帶領以色列人脫離埃及人的奴役。他可與神接觸，把神的十誡頒布給以色列人，並且把神訂下的一系列律法、典章向以色列人宣佈，要求他們嚴格執行。《舊約聖經》的前五卷書記述人類的起源和以色列民族的最早期歷史，相傳就是摩西所寫，故稱為《摩西五經》。《摩西五經》是猶太人無所置疑的權威經典，地位比先知書更高。當然今日的《摩西五經》已不可能是當年摩西的親筆經典，由於年代久遠，因遺失及篡改而出現了今日的《摩西五經》。學者指出今日的《摩西五經》不可能出自一人之手，但猶太教與基督宗教卻不以為然，可見摩西地位的崇高。若今日的《摩西五經》並不是出於摩西之手，其神聖地位必然受到削弱。

　　在《新約聖經》四福音書中，猶太人問耶穌是不是摩西再世，耶穌

說不是，因為耶穌與摩西並不相同。基督宗教一直以來都喜歡把《舊約聖經》的預言，全解釋為對耶穌基督降世的預言，雖然言之鑿鑿，但猶太人並不同意，他們到今日仍不承認耶穌就是神差派來的救世主。有趣的是，一位南非的穆斯林學者在年輕時曾參加了基督新教神學家的一系列講座，主題是有關《聖經》的預言。聽完了這些講座以後，此位穆斯林便一直希望找到《舊約聖經》有關先知穆罕默德的預言，他認為《舊約聖經》的所有預言不一定完全指向耶穌，可能有些預言是指向另一位先知穆罕默德，於是他多年來仔細研讀，最後他終於找到了答案。

《舊約聖經》的《申命記》18:17-18 這樣記載：

「耶和華對我（指摩西）說：『……我必在他們弟兄中間，給他們興起一位先知像你。我要將當說的話傳給他；他要將我一切所吩咐的都傳給他們。』」

此段經文所指的並不是耶穌，而是穆罕默德，因為耶穌不像摩西，穆罕默德才像摩西。首先，猶太人與阿拉伯人同有一位祖先，就是亞伯拉罕，或稱為易卜拉欣，阿拉伯人是亞伯拉罕與妾侍夏甲所生的頭胎兒子以實瑪利的後裔，而以色列人是亞伯拉罕與正室撒萊後來所生的兒子以撒的後裔，故此猶太人與阿拉伯人可說是兄弟民族，穆罕默德正合乎這預言的要求。其次是這位先知必定要像摩西，耶穌與摩西是兩位截然不同的使者。而當年以色列眼中的摩西，正是今日阿拉伯人眼中的穆罕默德。

耶穌是瑪利亞因聖靈感孕而生，以超自然力量降生成人，這觀點無論是在《新約聖經》，還是《古蘭經》也是一致。摩西和穆罕默德都有父母，經男女交合自然而生，和平常人沒有分別。耶穌與摩西，除了生不同外，死也不同，摩西與穆罕默德都是自然老死，沒有被釘十字架，也沒有死而復活的經驗。再者，摩西與穆罕默德都有結婚，生有孩子，

且都是多於一妻,而耶穌就完全沒有結婚及生兒育女。再者,摩西與穆罕默德在世時,均被族人公認為先知,地位極崇高,他們均按神的意旨向族人頒布民族的律法、典章和制度,成為民族政治、經濟、宗教信仰的根基。而耶穌卻被族人拒絕,在《新約聖經》的四福音書,甚至在遺經《多馬福音》中,耶穌甚至不受自己家鄉歡迎。耶穌死前被猶太人迫害,死後跟隨他的人先後被猶太人及羅馬人迫害足足數百年之久,直到現在猶太人主流信仰仍然沒有改變,沒有承認耶穌的地位。耶穌也沒有為以色列人或世人頒布任何律法、典章和制度,沒有像摩西及穆罕默德具體仔細地把信仰及風俗規條清楚地列明出來,為民族創立一個宗教。耶穌說他來不是要廢除律法,而是要成全律法,把外在的宗教轉為內在的虔信,故此耶穌沒有必要要創立任何宗教,今日的基督宗教不是耶穌所創立。上述《申命記》的經文完全符合穆罕默德的描述,穆罕默德是神的傳話人,神把說話陸續降示給穆罕默德,穆罕默德便把神的說話宣佈出來。

此位穆斯林於 30 年前曾千辛萬苦聯絡到一位基督新教教士,與他論述他在《舊約聖經》中的發現。那教士起初認為《聖經》中沒有可能對穆罕默德有任何預言,因為基督宗教從不關心此問題,但經過那位穆斯林一步一步的說明以後,他最終打破偏見,還說日後有機會會邀請他到教會演講。那位穆斯林等了 30 年也沒有被邀請,他只能在穆斯林集會中向穆斯林演說此題目。他並沒有懷疑那位教士當年的真誠,但他知道最終還是人的偏見勝過了真理。

穆斯林會研讀《聖經》,但基督徒會不會研讀《古蘭經》?

《古蘭經》與《聖經》

伊斯蘭教的出現,始於一部天啟經典《古蘭經》。《古蘭經》是真主透過天使向穆罕默德啟示的經典,全部經文的降示前後共 23 年。最早

的降示是在穆罕默德 40 歲時，即西元 609 年，那時穆罕默德在麥加近郊希拉山洞內靜修，得到天使長吉卜利勒的啟示，亦即是現今《古蘭經》96 章 1 至 5 節：

「你當奉你的創造主的名義而宣讀，他曾用血塊創造人。你應當宣讀，你的主是最尊嚴的，他曾教人用筆寫字，他曾教人知道自己所不知道的東西。」

最後向穆罕默德的啟示是在西元 623 年在麥地那所降示的經文，即現今《古蘭經》第 5 章 3 節：

「今天，我已為你們成全你們的宗教，我已完成我所賜你們的恩典，我已選擇伊斯蘭做你們的宗教。」

全部《古蘭經》共 114 章，穆罕默德在麥加傳道期間啟示了 86 章，若佔全部《古蘭經》的三分二，歷時 13 年（西元 609 至 622 年）。他遷徙到麥地那後啟示了 28 章，若佔全部《古蘭經》的三分一，歷時 10 年（西元 622 至 632 年），直到他歸真離開人世。整部《古蘭經》的神奇之處，在於其編排次序並不是按啟示的時序編排，也不是穆罕默德的個人決定，而是天使吉卜利勒每傳來一節經文，都會吩咐穆罕默德：「真主命令你把這段經文放在某章某節的某處。」結果是，整部《古蘭經》沒有出現散亂、零碎，或意思不協調的情況。相反，整部《古蘭經》的思想、文意，自然流暢。《古蘭經》每章分為若干節，每節能表達一個獨立的意思，各節互相銜接，每節的終結，剛好是讀者在氣勢上和情感上需要停頓之處。這是阿拉伯民族從來沒有過的文體，即使當時那些否定《古蘭經》是真主降示的麥加群眾及貴族也不得不說：「《古蘭經》是詩歌，或是咒語，或是卜辭。」這三種東西，在當時是最能迷惑人的，

可見《古蘭經》在不信者的眼中也不是一部尋常的經典。

《古蘭經》的西文翻譯，最初是由西歐教會為配合十字軍東征 (1096-1291) 而進行，其意圖是要批駁《古蘭經》，借此歪曲伊斯蘭教和醜化穆罕默德。拉丁文是當時歐洲宗教和文化的通用語，因此《古蘭經》首先被翻譯成拉丁語。自 16 世紀以來，西歐各國陸續翻譯出版法文、英文、拉丁文、德文和俄文等各種語文的《古蘭經》譯本。起初，西方的《古蘭經》譯本若不加上「批駁」的內容是不允許出版流傳的。直至近代，西方的東方學者對伊斯蘭教和《古蘭經》的研究才逐漸採取較公正、客觀的立場，肯定了《古蘭經》的宗教、學術及文化價值。

德國著名文學家與思想家歌德 (Johann Wolfgang von Goethe, 1749-1832) 對《古蘭經》有如此評價：

「《古蘭經》百讀不厭，每讀一次，起初總覺得它更新鮮了，不久它就引人入勝，使人驚心動魄，終於使人肅然起敬，其文體因內容與宗旨的不同，有嚴正的，有堂皇的，有威嚴的――總而言之，其莊嚴性不容否定……這部經典，將永遠具有一種最偉大的勢力。」（註 4）

在眾多西方學者對《古蘭經》的正面評價中，筆者最認同歌德的描述。筆者第一次看《古蘭經》，先抱有既欣賞又存疑的態度去閱讀，已發現不少令人讚嘆之處。第二次閱讀，開始感到《古蘭經》真的是百看不厭，因為在世間從來沒有一部著作，其一字一句都是神的直接演繹，內裡沒有一句是人的說話及記述，真主甚至教導穆罕默德如何一字一句回應不信道者的辯駁，語調威嚴、莊重，並充滿全能全知的智慧。相比《聖經》，雖然基督宗教堅持《聖經》是神所默示，但《舊約聖經》中只是大量加插了神的說話，其事情的來龍去脈是人所記述的，而且也加插了很多人的說話及評述，而《新約聖經》主要是人的說話及記載，只是四福音有耶穌的言行，但不是耶穌直接敘述。《啟示錄》也不是神親

口敍述,而是門徒約翰把他所看到和聽到的啟示記述出來。故此,《聖經》是人的記錄,而《古蘭經》卻是神對人的直接表白。看《古蘭經》的味道,與看《聖經》是不同的。筆者只是看已故馬堅教授的《古蘭經》中譯本,並不能欣賞到原文阿拉伯文《古蘭經》的音節美,原文《古蘭經》如何震撼人心,可想而知。

在穆罕默德在世時,《古蘭經》是以口耳相傳的方法記錄下來。當時真主會為了某一件事情,或某一個問題,而啟示一節或數節,有時降示整整一章。穆罕默德每奉到啟示,在自己背記的同時,還會傳授給面前的門下弟子,會寫字的,就立刻把它記錄下來,不會寫字的,立刻把它緊記在心。大家在穆罕默德面前反覆誦讀,看背記得正確不正確,他們再把它傳授給不在場的信眾。

阿拉伯民族具有極強的記憶力,他們能背記大量古代詩歌,甚至整個民族的歷史記載,加上《古蘭經》的奇妙韻律,鏗鏘的節奏、優美的文辭和深邃的哲理,令阿拉伯人嘆為觀止。他們全身投入背誦《古蘭經》,聖門弟子大多能背誦全部《古蘭經》,他們再教給自己的妻子、兒女或同伴,形成人人競相背誦《古蘭經》的風尚。

後來穆罕默德選定一些有知識且細心認真的門下弟子作《古蘭經》的書記員,隨時記錄所降示的經文。由於當時造紙術在阿拉伯人中並不流行,紙張稀少,價格昂貴,書記員只好將經文散寫在裹樹葉、木板、石片、皮革,以及牛、羊和駱駝的肩胛骨等隨手可得的物品上。

伊斯蘭教除了信奉《古蘭經》外,還信奉穆罕默德的教導,當時其門下弟子曾提議背誦和記錄《古蘭經》的同時,也記錄穆罕默德的《聖訓》。但為了避免與所記錄的《古蘭經》經文相混淆,穆罕默德禁止了對於《聖訓》的記錄,故此穆罕默德的《聖訓》是穆罕默德死後才開始記錄下來。而當時的《古蘭經》也只是隨著啟示的降臨邊背誦邊記錄下來,並沒有一部完整的《古蘭經》。

穆罕默德逝世後,艾卜・伯克爾繼為第一任正統哈里發(632-634年

在位），即先知的代理人。當時聖門弟子分赴各地，開拓疆域，在葉麻默戰役中，一些能背誦《古蘭經》的聖門弟子相繼戰死。一眾聖門弟子開始擔心《古蘭經》因而漸漸失傳，或被篡改誤傳，於是歐麥爾（即第二任正統哈里發）向艾卜・伯克爾建議立即下令收集《古蘭經》，並匯集成冊，當時艾卜・伯克爾曾猶疑：「安拉的使者沒有做過的事，我們怎能去做呢？」但若不盡早編訂《古蘭經》，日後的問題將會更大，於是他委託了一些資深的弟子負責編訂《古蘭經》，他們經常開會整理以前所記錄的啟示，以背記資料和記錄資料互相校對。若只有背記資料而沒有記錄資料，他們都不會把這些經文編訂成冊，直至能找到相同的記錄資料，整過編訂工作是十分小心謹慎地進行。

儘管如此，第一任正統哈里發時期所編訂的《古蘭經》，也難以避免日後出現的不同版本及分歧。由於當時記錄《古蘭經》經文的阿拉伯文字的書寫，只有輔音字母而沒有元音符號，加上各部落的方言比較雜亂，同義或近義詞也很多，因而導致《古蘭經》的誦讀、斷句各方面出現了不少分歧，有時不同讀法或斷句甚至影響經文意義的正確理解，加上伊斯蘭教愈傳愈廣，地域性的分歧將會愈來愈大。

西元 645 至 646 年，即伊斯蘭教曆 25 年，在穆斯林軍隊中，敘利亞人和伊拉克人因《古蘭經》經文的讀法不同而發生嚴重爭執，類似的情況在各地均有出現。當時第三任正統哈里發奧斯曼下令收集各地《古蘭經》的抄本，並提出統一《古蘭經》經文的原則：「倘若你們為《古蘭經》的詞語意見不一致，那麼你們便按古萊氏人的方言抄寫吧，因為《古蘭經》是依照他們的方言而降示的。」各地的《古蘭經》抄本就依此原則統一起來，稱為定本，現在全世界通行的《古蘭經》就只有這種定本。

筆者認為人類是難以避免錯誤的生物，由於《古蘭經》在穆罕默德生前無法編訂，因為穆罕默德在得到真主最後的啟示後不久便逝世。最清楚《古蘭經》經文的人無法主持《古蘭經》的編訂工作，人為的認真

林楚菊的《漫談世界各宗教》

及努力只能盡量減少錯誤的出現，對於《古蘭經》是否百分百真主的啟示，不應該太過執著，因為人為錯誤難以避免。正如《聖經》也沒有可能百分百正確，而且在《古蘭經》中多次指出《舊約聖經》和《新約聖經》已被篡改，故真主才需要降示另一部經典《古蘭經》。儘管《古蘭經》可能會有些微失真及錯誤，但總比《舊約聖經》和《新約聖經》準確。

今日我們所看到的《舊約聖經》和《新約聖經》早已不是原本的經典，其中有許多地方遭到篡改和增刪，已失原貌。《舊約聖經》曾一直置於猶太王國的耶路撒冷聖殿中，但在西元前586年，猶太王國被巴比倫人所滅，聖殿被燒毀，《舊約聖經》付之一炬，猶太人被擄到巴比倫。現存的《舊約聖經》是後來獲釋的猶太祭司根據自己的記憶和思想編著而成，經文將真主人格化，將世俗凡人的行為和屬性附加於真主身上，而且將真主描繪成單是以色列人的主，而不是全世界的主。

至於《新約聖經》最完整的就只有保羅的書信，但保羅並非聖人，而是一個有機心的宗教激進分子。而四福音被無數次刪改，耶穌的言行記載支離破碎。《新約聖經》的《啟示錄》則多是象徵性的符號及隱秘的訊息，其訊息只能靠推斷、猜想，沒可能有定論，沒有像《古蘭經》般把訊息清楚明白地指示給世人，而且是真主的直接說話。

近年在美國出版的書籍《錯引耶穌——聖經傳抄、更改的內幕》(Misquoting Jesus: The Story Behind Who Changed the Bible and Why)（註5），作者是美國北卡羅來納大學宗教研究所教授巴特・埃爾曼 (Bart D. Ehrman)，他指出西方文明史上最具影響力的書籍《聖經》，並不是出自上帝之手，而是出自凡人之手，該書在美國成為最不可能成為暢銷書的暢銷書。該書指出現今的《新約聖經》是由錯漏增刪嚴重的抄本中流傳下來，有些是出於無心之失，但更多的是出於人為的神學觀念而把經文刪改。《新約聖經》的原文一早已不存在，現今流傳下來最早的《新約聖經》抄本是西元4世紀的西乃抄本 (Codex Sinaiticus)，而這個抄本上的

一些經卷在今日流傳的《新約聖經》中已被刪除。今日的《新約聖經》主要是根據 1522 年出版的第一部希臘文《新約聖經》的版本流傳下來。

該書還列引一幅插圖，是 4 世紀梵諦岡抄本上的書頁，在第一欄和第二欄之間有個註記，是中世紀一位抄寫者對於前一位抄寫者擅自改動文字所下的惡評：「愚蠢，騙徒，別亂更動舊的文字！」據該書的作者指出，《新約聖經》出現的錯誤有高達三萬處之多，這已是非常保守的估計，全無誇大。故此，即使《古蘭經》有失真，但應該比《聖經》準確，而且在《古蘭經》中，真主明確指出他所降示的《討拉特》和《引支勒》，即《舊約聖經》和《新約聖經》，已被有經典的人篡改了，他們以此換取些微的好處，他們的歸宿真惡劣！《古蘭經》的指控正與學者研究出來的結論一致，無論是《舊約聖經》或《新約聖經》都是經過人為不斷篡改而成的產物，全是出自人為之手，而非上帝的啟示。

很多人對伊斯蘭教沒有認識，對《古蘭經》更是聞所未聞，但對基督宗教及《聖經》至少會略知一二。長久以來，在西方文化全球化的發展下，基督宗教與《聖經》成為上帝的代表，而伊斯蘭教卻被視為充滿鬥爭、暴力的宗教，對婦女更是嚴重壓迫。戰爭、暴力是因為人為的政治鬥爭，西方傳媒往往醜化中東伊斯蘭教國家，對西方國家的暴行隻字不提。至於對婦女的壓迫及管制，筆者認為這是由於伊斯蘭教國家在思想上的現代化進程十分緩慢所致。在古代社會，無論是東方或西方，婦女的地位都極卑微，《聖經》對婦女的貶低，甚至比《古蘭經》嚴重得多，《古蘭經》對婦女的看待其實較開明。

伊斯蘭教婦女要用布包裹頭部，這是傳統婦女的一貫做法，代表自己出自正經人家。《古蘭經》沒有規定婦女蒙頭，而《新約聖經》中則有，在保羅的書信中清楚寫出婦女必要蒙頭，否則就是羞辱自己（參考《哥林多前書》11:3-6），但今日沒有哪一個基督教國家的婦女會蒙頭，因為時移世易，基督徒不會遵守《聖經》的這項規定，而伊斯蘭教婦女卻一直蒙頭至今，即使《古蘭經》並沒有任何規定，而且一些伊斯蘭教

國家的婦女出外要全身穿著黑色的衣服，只能露出雙眼，這顯然是人為的規定，與真主無關。

在《舊約聖經》中，婦女被形容為與邪惡相關的生物，例如在《創世記》中是人類始祖亞當的配偶夏娃首先被蛇引誘偷吃禁果，並且教唆亞當也偷嘗禁果，故此婦女要世世代代受到生育痛苦的刑罰，而《古蘭經》則指明惡魔以蛇的形象教唆亞當及其配偶，真主指出惡魔是人類的明敵，人類應避免受惡魔的誘惑，並沒有指出夏娃的罪責比亞當嚴重。在《舊約聖經》的《傳道書》中，對婦女的邪惡形容更加偏激：

「我得知有等婦人比死還苦：她的心是網羅，手是鎖鏈。凡蒙神喜悅的人必能躲避她；有罪的人卻被她纏住了。傳道者說：看哪，一千男子中，我找到一個正直人，但在眾女子中，沒有找到一個。」（《傳道書》7:26-28）

在《舊約聖經》中，婦女常被形容為淫婦、妓女，在《舊約聖經》的《箴言》中更教導少年人當心妓女的誘惑，妓女就等同惡魔，但在《古蘭經》中卻從來沒有把婦女、妓女、惡魔相提並論。相反，在《古蘭經》中卻頌揚不少真主所喜悅的婦女：

「真主以法老的妻子，為信道的人們的模範。當時，她曾說：『我的主啊！求你在你那裡，為我建築一所房子在樂園裡。求你拯救我脫離法老，和他的罪行。求你拯救我脫離不義的民眾。』真主又以儀姆蘭的女兒麥爾彥（即瑪利亞）為信道的人們的模範，她曾保守貞操，但我以我的精神吹入她的身內，她信她的主的言辭和天經，她是一個服從的人。」（《古蘭經》66:11-12）

今日一些伊斯蘭教國家對婦女的壓迫及管制，可說是與《古蘭經》

無關，只因這些國家仍然停留在傳統社會男尊女卑的運作模式。無論是《聖經》或《古蘭經》，在財產繼承、婚姻和犯罪刑罰的處理，對男性是比較優厚及寬容，但《古蘭經》已比《聖經》對婦女更公平及開明，且有些觀點可說近乎現代社會的思維，例如《聖經》是不允許離婚的，但可以休妻，可說是對婦女毫無保障，在四福音中耶穌更說出除了是因為妻子犯姦淫，否則絕不能休妻，但在西方基督教國家沒有一個會遵守《聖經》對男女婚姻的嚴格規定。現代西方國家對婚姻嫁娶的運作模式更近乎《古蘭經》的做法。真主准許離婚，或在未正式結婚之前取消婚約，但要以禮相待，以及向對方作出合理賠償，而且還指明若被休棄的妻子生活不成，她的前夫有責任繼續供養她。

　　《古蘭經》確實比《聖經》優越，《古蘭經》在多方面明確指出和諧社會的運作模式，包括政治、經濟、戰爭、和平、婦女、個人修身、家庭生活、社交生活和清潔衛生等議題。《聖經》中很多地方今日基督宗教都不會遵守，尤其是《舊約聖經》，可見基督宗教信仰說一套做一套，他們高舉《聖經》是至高無上的神聖經典，甚至每字每句都是神所默示，但事實這《聖經》錯漏百出，在充滿爭議中逐漸形成，而且很多地方不合時宜，經不起時代考驗，基督教國家在現代化進程中都一一拋棄，從來沒有遵守及理會。

　　相反，《古蘭經》的說話卻能歷久不衰，有關人類的生成與大自然的描述，仍乎合今日最尖端的科學考證，例如有關人類胚胎的長成：

「然後，我把精液造成血塊，然後，我把血塊造成肉團，然後，我把肉團造成骨骼，然後，我使肌肉附著在骨骼上，然後我把他造成別的生物。願真主降福，他是最善於創造的。」（《古蘭經》23:14）

「他將你們造化在你們的母腹中，在三重黑暗中，一再造化你們。」（《古蘭經》39:6）

《古蘭經》對胚胎發育各階段的劃分依次是:精液、血塊、肉團、骨骼、骨骼附上肉,至其他發育階段,這種劃分完全附合今天的科學發現,而且科學研究證明,胎兒在母體中,是在三層暗壁內孕育生長,即母親的外部腹壁、子宮壁和直接包裹著胚胎的胎衣。

又例如有關海洋的描述:

「他就是任兩海自由交流的,這是很甜的淡水,那是很苦的鹹水;他在兩海之間設置屏障和堤防。」(《古蘭經》25:53)

「他曾任兩海相交而匯合,兩海之間,有一個堤防,兩海互不侵犯。」(《古蘭經》55:19-20)

穆罕默德並不是海洋地理學專家,但經文中涉及的海洋科學及對海洋的論述,與現代科學通過精密儀器測量研究所發現一致。海洋學的研究發現,當地中海海水進入大西洋時,大西洋的海水進入地中海,在兩海之間有一定傾斜度的分隔帶。一邊的水轉流進另一水域,但在流入另一水域時其原有水質有所變化,匯入另一水域中。地中海和大西洋的海水,在這分隔帶相互交流,但一方的水域壓不倒另一方的水域,兩水域不會混合在一起,這正是《古蘭經》所指的現象。

法國學者穆利斯・布卡耶曾經把《舊約聖經》、《新約聖經》和《古蘭經》,與最新關於天、地和人類被創造的探索成果對比,他發現《古蘭經》正符合最尖端科學的發現,而《舊約聖經》和《新約聖經》卻包含著很多有關天、地、人和動物被創造的錯誤知識。這位法國學者曾是一位信仰基督宗教的醫生,經過仔細地求真與探索,他後來加入了伊斯蘭教,成為穆斯林。

人們難以想像在西元7世紀,莫說是一個文盲,甚至是飽學之士,也如何可能清楚知道人類胚胎成長的奧秘,以及對天文、地理等自然現象的觀察及解說,因為稍有錯失,到今日必定貽笑大方,但《古蘭經》

的說話啟示至今1400多年，現代人的科學與發展，卻證明《古蘭經》的超群絕倫，只可惜現代社會被西方文明獨霸天下，西方基督教國家不會重視《古蘭經》，穆斯林被形容為愚昧、落後的好戰份子，真理並沒有受到正視，宗教的偏見與固執仍然揮之不去。

《古蘭經》這樣說：「這不是偽造的訓辭，卻是證實前經，詳解萬事，向導信士，並施以慈恩的。」這正是《古蘭經》在此世界應有的價值。

六大信仰與五功

《古蘭經》這樣說：

「信道的人們啊！你們當確信真主和使者，以及他降示給使者的經典，和他以前降示的經典。誰不信真主、天神、經典、使者、末日，誰確已深入迷誤了。」(4:136)
「真主已註定各人的壽限了。」(3:146)
「祂創造萬物，並加以精密的註定。」(25:2)

以上的經文正好概括了伊斯蘭教的核心信仰，即六大信仰——信真主、信天使、信使者、信經典，信後世、信前定，這也是《古蘭經》反複申述的重要內容。

所有穆斯林都要堅信此六大信仰，一般人以為伊斯蘭教只是堅持不以任何形相去敬拜宇宙獨一的主宰，除此之外便沒有其他，但其實伊斯蘭教的信仰內容十分豐富，對一個普通人——不求深入探索靈性奧秘與不求出家修行的人，其信仰內容裨益十分大，因為這足以豐富他的精神生活，並且足以作為今世生活的指導。

穆斯林信賴宇宙獨一的主宰安拉 (Allah)，Allah 是阿拉伯語，意指唯

一的造物主。安拉創造人類世界，也創造眾天神，即眾天使，為祂工作及崇拜祂。穆斯林相信天使的存在，他們是受敬重的被造物。天使只崇拜真主，只奉主命行事，他們順從真主，絲毫不違抗。其中一位天使吉卜利勒（即加百列）奉主命將《古蘭經》傳達給穆罕默德。其他宗教的天神，若是導人向善，他們都應該是真主的使差，伊斯蘭教的宗教觀其實可以十分開闊。

伊斯蘭教也不認為《古蘭經》是唯一真主降示的天經，在未降示《古蘭經》以前，真主在不同民族及不同世代裡曾降示其真理，伊斯蘭教相信基督宗教的《舊約聖經》和《新約聖經》都是真主降示的經典，但它們都被宗教掌權者明知固違地隱藏及篡改，故這些經典均混入了謬誤，這個批評十分符合事實，《聖經》是一部錯漏百出，充滿不少自相矛盾的經典，沒有人有辦法把它還原。

伊斯蘭教也相信真主曾差派數以萬計的使者為祂宣揚真理，這個數目多達12萬。在以色列民族、整個阿拉伯民族和其他民族，均有真主的使者。伊斯蘭教相信基督宗教（包括猶太教）所有的先知及使者，猶太人至今不接受耶穌是上帝的使者，但伊斯蘭教堅信耶穌是最重要的六大使者之一，所有宣揚伊斯蘭教教義的書籍都會提及耶穌，但穆斯林認為穆罕默德是最重要的使者，這也不難以同情地理解，因為穆罕默德為阿拉伯民族開創伊斯蘭教，雖然穆罕默德本人曾說過，不應把眾使者分品位，他們的地位都是平等。

伊斯蘭教堅信這個世界必有末日，那時所有死去的人都要復活，一一接受真主的審判。凡在生前信道而且行善的人，就可以進入樂園得享永恆的福樂，那些不肯信道及作惡的人便要接受火獄的刑罰，每個人生前的所作所為都會得到後世應得的報酬及報應。這是猶太教和基督宗教的共同信仰，但基督宗教很少清楚地表達出來。《古蘭經》述說真主是至仁主，凡作一件善行將會得到十倍的賞賜，凡作一件惡行只負該惡行的刑罰，不多也不少。至於那些不能進入天國，但又不至於永遠接受火

獄刑罰的人怎麼辦？穆罕默德曾說，這些人會在樂園與火獄之間不斷等候，等候是一個十分痛苦的過程。

穆斯林堅信後世的信仰，他們認為今世的生活只是一場考驗。真主給你的福樂愈多，其考驗就愈大。很多人會富而驕，忘記真主，不願行善，對今世的福樂愛不釋手。故此。人們在今世應該敬拜真主和努力行善，不應只為追求今世的福樂，忘記後世才是人們真正的歸宿。這樣重要的真理，伊斯蘭教如此簡單地述說出來，這是印度教和佛教修行者長年修行才能悟出的真理。

伊斯蘭教相信前定 (Al-Qadar)，即真主預先知道一切及決定一切，一切事情並非偶然，沒有一件事情不在真主掌握之內，故此人們應該信賴真主。真主是獨一的主，這個世界不會有另外一個主宰，即使是眾天神及惡魔也不能猜透真主的神妙。

伊斯蘭教的信仰內容豐富，其信仰的實踐也十分豐富。伊斯蘭教的五功就是支持其信仰體系的五大支柱，目的是維繫穆斯林的信仰，並使他們能夠團結起來。這五功就是作證信仰、拜功、天課、齋戒和朝覲。

作證信仰——就是要以信念說出這段禱文：「除安拉外，絕無應受崇拜的主，穆罕默德是安拉的使者。」（阿拉語是：La ilaha illa Allah, Muhammadur rasoolu Allah.）這是五功中最重要的一項，必須常常唸頌及念記，這是伊斯蘭教信仰的核心。虔誠的穆斯林認為。他們唸頌此禱文時，心中往往有不期然的平安與安靜，故他們樂意念記，而不是為了遵守什麼規條。試想安拉是宇宙獨一的主宰，穆罕默德是全世界難得的聖人、大好人，常常真心誠意地念記他們，耳濡目染，在心靈上必定受惠。

拜功——穆斯林一天要向真主禮拜五次，即在黎明、中午、下午、日落和晚上，在任何地方都可以進行，每次只需數分鐘。這是穆斯林與真主最直接的溝通方式，穆斯林朝向麥加天房的方向向真主叩頭，每日五次，穆斯林不可能是一個有名無實的穆斯林。穆罕默德說常常向真主叩頭，便可以得到快樂、平靜和安適，很多穆斯林都感受到此心靈的快

慰。佛教的淨土宗也教導佛教徒向佛像或無相念佛地向佛祖叩頭，也是這樣一日數次，每次十分鐘左右，他們同樣感受到心靈的喜樂，他們稱為法喜。

天課——所有的東西都是屬於真主，虔誠的穆斯林每年都要從自己的財富中抽取一部分來施散給有困難的人，但不是所有穆斯林都要繳付天課，而是財富到了所規定的數目，才每年把收入的 2.5% 繳付伊斯蘭教團體，由他們負責救助窮人或開展宗教事務，這個比率比基督教派十份之一的奉獻還要低，這天課屬相當理性和溫和。

齋戒——在每年的齋戒月 (Ramadan)，即伊斯蘭教曆 9 月，所有穆斯林要從黎明到日落間不能飲食及禁止夫妻房事，這是在《古蘭經》中真主發出的命令。穆罕默德說遵守齋戒月會令穆斯林身體健康，今日的科學已證明過度飲食是現代人致病的元兇之一。齋戒是印度教、佛教和道教的修行方法之一，人們除了可以讓消化系統休息以外，也可以訓練自己的意志力，專注精神修養，不應太重視身體與物質的享受。真主在《古蘭經》中對穆斯林這一度命令，絕對是有益的事。

朝覲——一個身體健康的穆斯林，若經濟能力許可，應在一生中最少一次到麥加朝覲一次。所有穆斯林都要穿著相同的白布衣服到聖城麥加朝覲，以表示所有穆斯林均是平等，沒有種族、階級與膚色的分別。朝覲儀式包括圍繞克爾白即天房 (Kaaba) 七次，然後在薩法 (Safa) 和麥爾臥 (Marwa) 兩山之間來回七趟，這是效法聖人易卜拉欣的妻子哈吉爾（即夏甲 Hagar）在尋水求生時所做的一樣。然後所有朝覲者會站在一起向真主祈禱，祈求寬恕，之後還會有一些節慶活動。

六大信仰與五功，足見伊斯蘭教是一個內涵豐富的宗教。雖然長期以來伊斯蘭教受到西方強國的不斷醜化和打擊，但伊斯蘭教仍然歷久不衰，當中有很多都是真誠敬拜安拉的穆斯林。

林楚菊的《漫談世界各宗教》

「神」、「人」與「精靈」的觀念

　　伊斯蘭教並不是一個空洞的宗教，其信仰內容的豐富不得不令人折服。伊斯蘭教對有關神與人、天界與精靈世界，以及靈性信仰的認識都十分豐富。人們若對伊斯蘭教有更多正面的理解和認識，對人類的精神文明有莫大的好處。

　　首先，伊斯蘭教所信奉的真主，也是猶太人和基督徒所信奉的獨一主宰。問題在於猶太人所信奉的神，只關心以色列民族的榮祿與福祉，全世界的其他民族都好像與他無緣，這明顯是被以色列人扭曲的上帝，以至於最早期（西元2世紀）的一些基督徒團體甚至懷疑耶穌所指的上帝與猶太人所指的上帝是兩個不同的神，故基督徒不用遵守猶太人的律法，而猶太人也不會接受耶穌是彌賽亞的降世，因為猶太人認為彌賽亞應是一位強而有力的領袖，帶領以色列人復國，而耶穌卻出身卑微，甚至被猶太人和羅馬人用極殘酷的方法處死。彌賽亞是希伯來文的稱呼，意即救主，而希臘文則稱為基督，基督徒認為耶穌就是基督。

　　究竟耶穌所指的上帝是一個怎樣的上帝？根據四福音記載，耶穌從來沒有否定以色列人所信奉的上帝，耶穌是猶太人，十二門徒和追隨耶穌的眾婦女都是猶太人，他們從來沒有違抗猶太人的律法。耶穌說他降生不是要廢除律法，而是要成全律法，律法的本意是要使人內心向善，心中有神，繼而表現於外在的行為。耶穌把上帝稱為父，自己稱為子，這是一種比喻，以表達與上帝的親愛關係。在耶穌的眼中，不單他是神的兒子，所有人也是上帝的兒女，耶穌也常稱自己為「人子」。基督宗教所構建的上帝，包括聖父、聖子和聖靈，即三位一體的神。這是基督宗教神學信仰發展下所塑造的思想，把上帝的屬性簡單化、概念化和人倫化。伊斯蘭教承認耶穌的神聖地位，他是神的使者，也承認瑪利亞以處女之身生下耶穌，是上帝以祂的精神吹入瑪利亞的身體而懷孕生下耶穌。《新約聖經》所指的「聖靈」，即是《古蘭經》所指的「玄靈」，

或真主的精神，可見伊斯蘭教對基督宗教一些核心的宗教史實有一致看法，但伊斯蘭教卻否定真主是三位一體的神，既然是三位，又何來是一體？「三位一體」的概念明顯是要突出耶穌與聖靈的重要性，但又不能違反「獨一主宰」這原則而設下的神學觀念。上文提到美國學者巴特·埃爾曼 (Bart D. Ehrman)，在他的著作中指出在《新約聖經》中有關神是「三位一體」的經文是經改動後修改而成，目的是要把《新約聖經》更符合正統基督宗教的信仰，但在西元 4 世紀以前，基督教會的信仰充滿分歧和爭議，「三位一體」只是成者為皇、敗者為寇的歷史產物。在耶穌時代，猶太人和基督徒所理解的神並沒有強調「三位一體」的屬性。

伊斯蘭教與《古蘭經》均否定真主是「三位一體」的觀念，《古蘭經》是這樣描述：

「麥西哈·爾撒（即耶穌）——麥爾彥（即瑪利亞）之子，只是真主的使者，只是祂授予麥爾彥的一句話，只是從祂發出的精神；故你們當確信真主和祂的眾使者，你們不要說三位。你們當停止謬說，這對你們是有益的。真主是獨一的主宰，讚頌真主，超絕萬物，祂絕無子嗣，天地萬物只是祂的。真主足為見證。」(4:171)

《古蘭經》的描述足以調和猶太教與基督宗教的分歧，而且對真主屬性的描述也遠比《舊約聖經》和《新約聖經》詳細得多。歷世以來，伊斯蘭教學者對真主屬性的探討也非常細緻和詳盡。在伊斯蘭教信仰之下，真主安拉的屬性是獨一的、原有的、永活的、全能的、全知的、全聰的和全明的。真主沒有形體、沒有形象、沒有限制、沒有數目、沒有終結、不佔有空間、不在時間之內、萬物不似像祂。這些描述與印度哲學有關宇宙獨一主宰的描述一致，也與中國道家思想所指的「道」有不少相似的地方。

在《古蘭經》中，有關真主的描述如下：

「除真主外，假若天地間還有許多神明，那末天地必定破壞了。」(21:22)

「真主沒有收養任何兒子，也沒有任何神靈與祂同等；否則每個神靈必獨佔他所創造者，他們也必優勝劣敗。讚頌真主，超乎他們的描述。」(23:91)

「祂是前無始後無終的，是極顯著極隱微的，祂是全知萬物的。」(57:3)

「天地的國權，歸祂所有：祂能使人生，能使人死；祂對於萬事，是全能的。」(57:2)

「天地萬物，都是真主的。你們的心事，無論是加以表白，或加以隱諱，真主都要依它而清算你們。然後，要赦宥誰，就赦宥誰；要懲罰誰，就懲罰誰。真主對於萬事是全能的。」(2:284)

「祂已為你們創造了大地上的一切事物，復經營諸天，完成了七層天。祂對於萬物是全知的。」(2:29)

「惡魔以貧窮恐嚇你們，以醜事命令你們；真主卻應許你們赦宥和恩惠。真主是寬大的，是全知的。」(2:268)

「你們當敬畏真主，當知道真主是明察你們的行為的。」(2:233)

「天地萬物，都是真主的。祂要恕饒誰，就恕饒誰；要懲罰誰，就懲罰誰。真主是至赦的，是至慈的。」(3:129)

「如果你們要統計真主的恩惠，你們是無法統計的。真主確是至赦的，確是至慈的。」(16:18)

「不然，天地萬物都是祂的；一切都是服從祂的。祂是天地的創造者，當祂判決一件事的時候，祂只對那件事說聲『有』，它就有了。」(2:116-117)

「祂就是本真理而創造天地。在那日，祂說『有』，世界就有了。祂的話就是真理。吹號角之日，國權只是祂的。祂知道幽明，祂是至睿

的，是徹知的。」(6:73)

「真主，除祂之外絕無應受崇拜的；他是永生不滅的，是維護萬物的；瞌睡不能侵犯祂，睡眠不能克服祂；天地萬物都是祂的；不經祂的許可，誰能在祂那裡替人說情呢？祂知道他們面前的事，和他們身後的事；除祂所啟示的，他們絕不能窺探祂的玄妙；祂的知覺，包羅天地。天地的維持，不能使祂疲倦。祂確是至尊的，確是至大的。」(2:255)

從《古蘭經》的描述可見，真主既有《舊約聖經》那以色列神的威嚴猛烈，也有《新約聖經》耶穌所表現的慈悲與赦宥。《古蘭經》中還說：

「真主有許多極美的名號，故你們要用那些名號呼籲祂。」(7:180)

伊斯蘭教為崇拜真主而定下真主的 99 個名號，以稱頌真主。安拉的 99 個名號包括（註 6）：

(1) 普慈者；(2) 特慈者；(3) 掌權者；(4) 聖潔者；(5) 賜安寧者；
(6) 護佑者；(7) 監護者；(8) 萬能者；(9) 強大者；(10) 至尊者；
(11) 創造者；(12) 創世者；(13) 賦形者；(14) 寬恕者；(15) 統治者；
(16) 厚施者；(17) 普施者；(18) 明斷者；(19) 徹知者；(20) 控制一切者；
(21) 賜喜者；(22) 使人降級者；(23) 使人擢升者；(24) 使人尊貴者；
(25) 使人卑賤者；(26) 全聰者；(27) 明察者；(28) 公斷者；(29) 公正者；
(30) 仁厚者；(31) 深知者；(32) 寬容者；(33) 偉大者；(34) 至赦者；
(35) 善報者；(36) 崇高者；(37) 尊大者；(38) 蔭庇者；(39) 賜人食祿者；
(40) 末日審判者；(41) 威嚴者；(42) 尊貴者；(43) 監察者；
(44) 有求必應者；(45) 寬恩者；(46) 至睿者；(47) 至愛者；(48) 光榮者；
(49) 起死回生者；(50) 見證者；(51) 實有者；(52) 可信賴者；

(53) 強有力者；(54) 堅定者；(55) 監護者；(56) 受讚者；
(57) 察定善惡者；(58) 肇造者；(59) 再造者；(60) 賦與生命者；
(61) 主宰死亡者；(62) 永生者；(63) 不滅者；(64) 豐足者；(65) 卓越者；
(66) 獨一者；(67) 萬物仰賴者；(68) 全能者；(69) 大能者；
(70) 創議者；(71) 無終者；(72) 元始者；(73) 獨存者；(74) 顯蹟者；
(75) 隱秘者；(76) 統管者；(77) 至高無上者；(78) 廉潔者；
(79) 承領悔過者；(80) 懲治邪惡者；(81) 至恕者；(82) 憐憫者；
(83) 統治一切者；(84) 尊嚴與大德者；(85) 公道者；(86) 聚集萬物者；
(87) 無求者；(88) 賜福者；(89) 博施者；(90) 止惡者；(91) 懲惡者；
(92) 施益於人者；(93) 光輝者；(94) 引導者；(95) 傑出者；
(96) 永存者；(97) 收繳財產者；(98) 智慧者；(99) 堅忍者。

　　從以上 99 個名號中，我們可看到真主安拉的不同屬性，有些名號的意思差別極細微，有些名號意思幾乎一樣，這是中譯的不足之處，阿拉伯語是完全用上不同的字。從安拉的眾多名號中，我們可看到伊斯蘭教對真主的崇拜非常透徹和豐富。

　　傳統的基督宗教均以男性的形象去瞭解上帝，伊斯蘭教雖然沒有明言真主是男性，因為「萬物不似像祂」，但人們均習慣把伊斯蘭教的真主視為男性化的獨一主宰。這只是習以為常的觀念，加上大部分伊斯蘭教國家男尊女卑的社會模式未曾有變化，這種視神為男性的觀念就十分根深柢固。

　　筆者在前一章已述說過，《舊約聖經》的上帝其實有一陰一陽的屬性，伊斯蘭教的真主也不可能是一個純陽的真主，先知穆罕默德的名言中有一句：「樂園在母親的腳下。」樂園就是伊斯蘭教信仰中，末日審判以後，「信道而且行善」的人會進入樂園中，永遠過著幸福的生活。這信仰與猶太教和基督宗教都是相同的，但基督宗教多強調十字架及贖罪說，很少提到末日審判及樂園。從穆罕默德的名句中可看到真主以母

親的形象展示樂園的生活，在樂園中的人均在真主的腳下，而這位真主就像母親般愛護她的子女。

伊斯蘭教強調人類應唯獨崇拜真主，《古蘭經》中說：

「你們所當崇拜的，是唯一的主宰；除祂外，絕無應受崇拜的，祂是至仁的，是至慈的。」(2:163)

所有宗教到最高層次都是崇拜宇宙獨一的主宰，儘管對這宇宙獨一主宰的稱謂會有不同文化的差異，例如印度教雖然有很多不同神明的崇拜，但其哲理到最高處也是唯獨崇拜宇宙獨一的主宰，這獨一的主宰可稱為「梵」(Brahma)。

在伊斯蘭教的信仰中，真主創造天地萬物，除了人類外，真主還創造了天神和精靈。真主以泥土創造人，以火創造精靈，以光創造天神。人類與精靈一樣，均有好與壞，信道與不信道之分。而在天神世界中，只有部分天神受真主差喚替祂工作，他們就是天使。在伊斯蘭教的信仰中，人類的地位本應極其崇高，因為人類不用崇拜任何神明，這包括眾天神和使者，他們只需要崇拜創造天地萬物獨一的主宰。在《古蘭經》的記述中，當真主創造了人類始祖阿丹（即亞當），他命令所有天神和精靈向阿丹叩頭，眾天神都一一聽命，但唯獨易卜劣廝（即《聖經》的撒旦）不肯向阿丹叩頭，因為他認為自己比阿丹高貴，真主只用泥土創造阿丹，而他是用火創造出來。《古蘭經》指易卜劣廝自大，他原是不信道者（參考《古蘭經》2:34）。

《古蘭經》中記述易卜劣廝因嫉妒設法誘使阿丹及其配偶夏娃離開樂園，真主後來寬恕了阿丹和夏娃，但惡魔卻與人類世世為仇。《古蘭經》另一處記述，當易卜劣廝不肯向阿丹叩頭，真主知道他原是不信道者，便要他進入火獄中受懲罰，易卜劣廝隨即向真主求情，求真主給他一個期限，不要即時把他投入火獄，期限到了才把他投入火獄，惡魔希

望在這期限內誘使更多人陪他進入火獄,真主准許易卜劣廝在地上施行誘惑及有所作為,但他不能傷害真主的僕人(參看《古蘭經》7:11-25 及 38:71-85)。故惡魔在地上好像是人類的朋友,誘使人類因個人的利益及享受,或甚至可以完全沒有原因而胡作非為,但惡魔實質上是人類的明敵。

瑣羅亞斯德教與伊斯蘭教均認同惡魔的存在及在世界的工作,所不同者是瑣羅亞斯德教的正與邪是兩股均勢的力量,正邪兩大勢力在地上不斷抗爭,人類要與上天合作驅除邪惡,而伊斯蘭教、猶太教和基督宗教均認為上主能駕御一切,惡魔早已預定最終必得到懲罰,而瑣羅亞斯德教也預定正邪兩股力量最終會返回互不侵犯的狀態。我們可看到瑣羅亞斯德教與伊斯蘭教兩者同中有異,異中有同。

在《古蘭經》中記述人類起初只崇拜獨一的主宰,後來人們為了感激真主的賞賜而為真主定立很多夥伴,並作出不同猜想,為真主創造伴侶及後嗣,因而衍生出不同的偶像崇拜,但這些偶像全沒有得到真主的許可和認同,故此人類對一神的崇拜其實先於對偶像的崇拜,《古蘭經》這樣說:

「你們捨真主而崇拜的,只是你們和你們的祖先所定的一些(偶像的)名稱,真主並未加以證實,一切判決只歸真主。祂命令你們只崇拜祂。這才是正教,但世人大半不知道。」(12:40)

「當祂(指真主)賞賜了他兩(指亞當和夏娃)一個健全的兒子的時候,他兩為了主所賞賜他們兩的兒子而替主樹立許多夥伴。但真主超乎他們所用來配祂的。難道他們以被創造而不能創造任何物的東西去配真主嗎?那些東西不能助人,也不能自助。」(7:190-192)

在《古蘭經》中另一處記述,人類崇拜的神明其實是精靈,精靈也會教授人類魔術和一些玄妙的知識。人類崇拜精靈,這會令精靈更加驕

傲自大，而精靈及惡魔總喜歡竊聽天界的秘密，真主甚至創造了宇宙繁星，好讓惡魔及精靈去猜想（參看《古蘭經》37:6-10）。精靈也有好與壞，故此才會有惡魔出現，而精靈也會因為聽到人們頌讀《古蘭經》而懂得敬拜真主：

「……有幾個精靈已經靜聽，並且說：『我們確已聽見奇異的《古蘭經》，它能導人於正道，故我們信仰它，我們絕不以任何物配我們的主。』」(72:1-2)

在伊斯蘭教的信仰中，人類比他們所崇拜的精靈、偶像，甚至天神都高貴得多。伊斯蘭教《教典詮釋》說：「人中的天使，比天神中的天使更貴；天神中的天使，比一般人更貴；一般人比一般天神更貴。」從這裡可看到人類地位相當高，人類作為真主的僕人比天使地位還要高，而天使已是眾天神中地位最高者，故此人類若要成為真主的僕人，並非容易。伊斯蘭教認為阿丹不單只是人類的始祖，更是人類第一位先知，見證真主的實在，真主曾命令眾天神向阿丹叩頭，說明阿丹的尊貴與榮耀。《古蘭經》說：

「當時，你的主曾對眾天神說：『我必定用泥創造一個人，當我把他造出來，並將我的精神吹入他體內的時候，你們當為他而倒身叩頭，眾天神全體一同叩頭。』」(38:71-73)

阿丹之所以高貴，是因為真主的精神吹入他的體內，人類之所以高貴，正因為人類內在有真主居於其中，這是眾宗教對人類靈性所重視的原因。此外，阿丹亦因為具有真主賦與的知識而高貴。《古蘭經》說：

「祂將萬物名稱，都教授阿丹，然後以萬物昭示眾天神，說：『你

們把這些事物的名稱告訴我吧,如果你們是誠實的。』他們說:『讚祢超絕,除了祢所教授的知識外,我們毫無知識,祢確是全知的,確是至睿的。』祂說:『阿丹啊!你把這些事物的名稱告訴他們吧。』當他把那些事物的名稱告訴了他們的時候,真主說:『難道我沒有對你們說過嗎?我的確知道天地的幽玄,我的確知道你們所表白的,和你們所隱諱的。』」(2:31-33)

從上述經文可看到,阿丹高於眾天神,這是因為真主賦與阿丹的知識,同時阿丹亦見證了真主的實在。至於伊斯蘭教認為「一般人比一般天神更貴」,這可能令不少多神論者不大認同,因為如此人類真的不用敬拜眾多神明,人類敬拜眾神就是自貶身價。伊斯蘭教認為「一般人比一般天神更貴」的原因是天神不用受世界的苦楚與考驗,他們在天界中自然過著正當與幸福的生活,敬拜真主,不作惡是必然的事,但他們的靈性修養反不及人類在地上受到七情六欲的煩惱,有衣食住行的需要及考驗,但仍能堅持進德修業,在困難中仍能愛神、愛人、愛物。他們靈性的修養決定了比天神更高貴,故他們在審判日以後,在樂園中可得到天神的服侍。

其實,在印度教的信仰中也有相似的看法。印度的瑜伽修行認為,人類要透過在此世界的肉身與靈性的修行,才能達到與宇宙整體力量的聯合,從而達到靈性的最終極目的及狀態。若脫離肉身,人類便無法修行昇進,故此天神甚至特意投胎成為人類,好讓自己能在世間嘗盡悲與喜,從而修行獲得靈性的昇進,更上一層樓。

相信很多人都不知道自己的價值是如此高貴,他們不用崇拜天神,只需要崇拜宇宙獨一的主宰,因為人的位置本該不在天神之下,而精靈的位置就更低。《古蘭經》對人們崇拜的神明這樣描述:

「你說:『你們捨真主而稱為神明者,你們祈禱他們吧!他們不能

替你們消災,也不能替你們嫁禍。』他們所稱為神明者,自身求近主之階。比他們更近於主者也求近主之階,他們希望主的恩惠,畏懼主的刑罰。你的主的刑罰是應該防備的。」(17:56-57)

在伊斯蘭教的信仰中,人的靈魂可分為三個狀態或階段:

第一是肉體支配的階段,即《古蘭經》(12:53) 所指「人性的確是慫恿人作惡的」,人類作惡有時是為了個人的利益及享受,有時卻沒有任何原因也會作惡。《古蘭經》中說:「人確是被造成浮躁的,遭遇災殃的時候是煩惱的,獲得財富的時候是吝嗇的。只有禮拜的人們,不是那樣。」(70:19-22)

第二個階段是道德約束的階層,靈魂與道德掛鉤,不想為非作歹,否則會自責不安,即《古蘭經》75:2 所指「自責的靈魂」,人類在這階段會懂得為自己所犯的過錯而自責。

第三個階段就是靈性靜止的階段,亦即是中國人所說的「止於至善」。這「至善」不是單指道德範疇的完善,至善者,即至善的主宰。人類靈魂的最高狀態就是靜止於獨一主宰之內,成為真正「安定的靈魂」,《古蘭經》89:27-30 是這樣描述:

「人哪!性靈靜止了!你滿意和喜愛著歸到主吧!你入到我的眾僕一流吧!你進我的園林吧!」(較古舊的《古蘭經》譯本)

「安定的靈魂啊!你應當喜悅地,並滿意地歸於你的主。你應當入在我的眾僕裡;你應當入在我的樂園裡。」(今譯)

這靈魂的最高狀態,就是所有宗教修行的最高目的,即中國文化所指的「天人合一」,或印度教所指的「梵我合一」。我們可看到不同的譯本可帶出不同的意思,古譯「靜止」,今譯「安定」,但其實「靜止」所帶出的意思更深遠,境界更高,能反映真理是「如如不動」的狀

態，真理不會改變自己或降低自己去遷就人或接近人，真理只會靜觀一切，是人類愈來愈接近真理，愈來愈看見真理，最後與真理同在。這真理就是「真主安拉」，就是「道」，就是「梵」，就是「佛」。

伊斯蘭教神秘主義──蘇非之道

伊斯蘭教並不是一個教條式的宗教，在其歷史發展中，雖然因為政治權力的鬥爭和信仰見解的不同而出現諸多派系，但伊斯蘭教由始至終仍然保留了其對真主信仰的修行傳統。此修行傳統在基督宗教裡早已消失，基督宗教成為一個純粹教條式的宗教，基督徒只能相信教條，他們沒有方法去達到與神同在的境界。而伊斯蘭教卻能把信仰結合到生活的每個部分，並且發展出並保留了豐富的靈性修行傳統，這就是伊斯蘭教內的神秘主義，稱為蘇非主義。儘管在歷史上有些正統的伊斯蘭教派會把蘇非主義視為異端，但蘇非主義的信仰及修行傳統卻從來沒有因受到無情的打擊，被趕盡殺絕而消聲匿跡。相反，歷世以來不少蘇非學者及信仰者留下了不少信仰的經驗和智慧之言，伊斯蘭教能夠在世界各地廣泛傳播，除了靠戰爭及商貿往來外，蘇非教團的傳教活動是一個極重要的因素。

有關蘇非主義的起源，歷史學家伊本・赫勒敦 (Ibn Khaldun, 1332-1406) 說：「蘇非的本源是專注於崇拜，一心在真主，棄絕現世的浮華和一般人所接受的享樂、金錢和名譽，避開人群獨自跪拜。這在聖門弟子和先人中非常普遍，進入教曆二世紀後，接受現世的風氣傳播開來，人們都趨向俗世，於是專注崇拜的人就稱為蘇非派。」伊本・赫勒敦從歷史事實中得出結論，蘇非主義源自穆罕默德的門弟子和再傳弟子。

蘇非 (Sufi) 此詞如何得來？有人認為蘇非之所以如此稱呼，是因為那

些穆斯林修行者穿著一件羊毛外衣 (jama-i suf)，另有人認為他們位列第一品 (saff-i awwal)，他們聚居在先知清真寺四周長廊裡。此外，也有人認為該詞源自「純潔」(safa)。現在學者普遍認為「蘇非」一詞源自「羊毛」(saf)，因為第一代穆斯林修行者習慣穿著粗劣的羊毛褐衣作為苦行和修道的象徵。在伊斯蘭教《聖訓》中，先知穆罕默德提到真主與穆薩（即摩西）交談時穆薩是穿著羊毛褐衣。事實上，先知穆罕默德本人直至去世經常穿著羊毛褐衣。對這些修行者來說，蘇非一詞與宗教榮耀聯繫，不徒負虛名。這些修行者往往自稱為「小民」(qawn) 或窮人 (faqir)，意即「精神上的貧窮」，類似耶穌所說「貧窮的人」和「饑渴慕義的人」，如此他們才會不斷追求真理，追求上主，追求精神上的富足。

在穆罕默德的門弟子中，有一夥人稱為「長凳之民」(ahl al-suffa)，他們住在麥地那清真寺的涼棚之下，貧窮卻虔信，被後來的蘇非派崇奉為道統上的先輩。當中的核心人物是艾布・宰爾・吉法里（Abu Dharr al-Ghifari，653 年卒），他是最早入教的穆斯林之一，627 年後棲身於清真寺一角，以謙卑和苦行著稱。在《聖訓》中有他反對奢侈腐化、主張禁欲守貧的言論傳世。蘇非認為他是真正的 faqir 典範，即不佔有任何財產的窮人，卻完全被真主所佔有，分享真主的永恆財富。另一位在蘇非道統中佔有重要地位的聖門弟子是賽勒曼・法爾西（Salman al-Farisi，656 年卒），他是波斯人，是由穆罕默德贖身的釋奴。

蘇非派也認為，穆罕默德將奧秘智慧傳給女婿阿里 (Ali)，阿里是穆罕默德最幼小女兒法蒂瑪 (Fatima) 的丈夫，即第四任及最後一任正統哈里發，而賽勒曼則從阿里那裡接續了道統。伊斯蘭教在第四任正統哈里發阿里被刺殺後，最早分裂成遜尼派和什葉派，什葉派承認阿里及其後人是唯一的道統，而遜尼派則承認皇權統治為合法的道統，兩派在歷史上互相爭鬥。今日約旦是唯一一個中東伊斯蘭教國家能與以色列國和平共處，其統治者正是阿里的後人。

先知穆罕默德去世後，穆斯林的對外征服在四大哈里發時期取得極

大成功。隨著穆斯林帝國的建立，大批財富湧入，於是追求權勢享樂，迷戀聲色犬馬，成為社會上層的風尚。後來在內戰與血泊中建立的帝國王朝，與早期正統哈里發簡樸虔敬的生活形成尖銳對比，宮廷生活窮奢極侈，揮霍無度，均被穆斯林虔信者視為褻瀆神靈的世俗行為，與宗教理想背道而馳。另一方面，隨著穆斯林捲入大規模內戰，為爭奪政治權力而自相殘殺，而且出現激烈的教義爭論，部分虔信者產生退出政治鬥爭，歸隱田園的厭世傾向。他們感到對外征戰的輝煌勝利與《古蘭經》的末世警告並不一致，他們寧願仿傚聖門弟子，選擇清貧、儉樸、避世和寧靜的生活，放棄權勢和財產，在清貧的生活中長時間禮拜和齋戒，冥想和頌讚真主，專注個人心靈的淨化。

雖然現今正統伊斯蘭教強調伊斯蘭教是兩世並重的宗教，即今世和後世同時重視，穆斯林要在今世努力工作，行善和敬拜真主，以求今生有美滿的生活，以及社會成就，死後即來生能在樂園中過著永恆幸福的生活。但若翻看《古蘭經》有關今世與後世的經文，《古蘭經》多次指出今世的生活只是騙人的遊戲，騙人的享受，明顯地說明真主希望世人重視後世的生命，而不是今世的生命：

「人人都要嘗死的滋味。在復活日（指末日審判之日），你們才得享受你們完全的報酬。誰得遠離火獄，而入樂園，誰已成功。今世的生活，只是虛幻的享受。」(3:185)

「今世的生活，只是嬉戲和娛樂；後世，對於敬畏的人，是更優美的。難道你們不瞭解嗎？」(6:32)

「這種今生的生活，只是娛樂和遊戲；後世的住宅，確是充滿生活的。假若他們知道……」(29:64)

「我使他們（指以色列的先祖）成為真誠的人，因為他們有一種純潔的德性──常念後世。」(38:46)

「我的宗族啊！今世的生活，只是一種享受，後世才是安宅。」

(40:39)

「誰欲得後世的收穫，我就加增誰的收穫；誰欲得今世的收穫，我就給誰一點今世的收穫；他在後世，沒有份兒。」(42:20)

「那是由於你們把真主的蹟象當作笑柄，塵世的生活欺騙了你們的緣故。」(45:35)

「你們應當知道：今世生活，只是遊戲、娛樂、點綴、矜誇，以財產和子孫的富庶相爭勝；譬如時雨，使田苗滋長，農夫見了非常高興，嗣後，田苗枯槁，你看它變成黃色的，繼而零落。在後世，有嚴厲的刑罰，也有從真主發出的赦宥和喜悅；今世生活，只是騙人的享受。」(57:20)

「悖逆而且選擇今世生活的人，火獄必為他的歸宿。」(79:37-39)

《古蘭經》中還述說那些重視今生享受，喜歡作惡而不敬拜真主的人，最害怕死亡，也最不願意死亡，因為他們不相信有後世，以及真主的判決。死亡對那些人來說，是人生最大的痛苦與不幸。在印度瑜伽哲學中，那些不願意死亡的人，希望長久生活於今世的欲望，稱為「現貪」。有此「現貪」欲望的人，不單靈性難以精進，無法修行，而且「現貪」也是帶來人生痛苦的其中一個根源。伊斯蘭教明顯是一個重視後世的宗教，穆斯林生存的目的就是敬拜真主和行善，而不是重視今世的享受，他們不用害怕死亡，因為他們後世的生活比今世必然更美滿。

不過，伊斯蘭教的蘇非主義修行者不但不重視今世的生活享受，甚至後世的福樂也不重視，他們真正所重視的就是時刻與真主同在，與真主合一，這也是印度瑜伽修行者的最高目的，即達到梵我合一的境界。伊斯蘭教所認知的真主不是高高在上，人們難以與他接近，相反真主其實與人類非常親近，人類沒有任何東西可以隱瞞真主，《古蘭經》這樣記述：

林楚菊的《漫談世界各宗教》

「我確已創造人，我知道他心中的妄想；我比他的命脈更近於他。」(50:16)

印度已故聖人舍爾地賽爸爸 (Shirdi Sai Baba, ?-1918)（註7），有著伊斯蘭教蘇非派修行者的特質，其信眾包括伊斯蘭教徒和印度教徒，人們始終未能確定他是穆斯林還是印度教徒，他曾說：「誰說神是不可觸及的？神就在我們內心的聖殿，離我們比手指離指甲還要近。」他的說話正好對應了《古蘭經》中真主的說話。

一般人不會知覺這段經文的真實，他們的思想、言語和行為都沒有感覺到神的存在，一般的信教行為也只是買過今世和後世的保險，但蘇非主義的修行者並不是這樣，他們因為愛真主而希望永遠與真主合一同在，敬拜真主不是因為要得到今世或後世的樂福，而是因為對真主那純潔的愛。

先知穆罕默德曾這樣說：「塵世是後世之人的禁區，後世是塵世之人的禁區。對於真主的人來說，他兩個都是禁區。」只重視今世生活的人，他們沒有後世的福樂。願意在今世約束自己，不強求物質享受，過著合乎道德的生活，那些人會得到後世的福樂。不過，靈性的更高境界也不在乎後世的福樂，而是成為真主的人，即與真主合一同在的人，他們的靈魂如嬰孩般純潔。蘇非派認為透過修行，心裡常念記真主，可以使靈魂得到淨化，返回原初真主創造阿丹時那純潔的狀態。故此蘇非派修行者信仰的目標不是祈求後世的福樂，這只是對一般循規蹈矩的穆斯林而言是這樣，他們的目標是要返回靈魂原初純潔的狀態，與真主合一同在，這正是所有宗教的最高目標。

在巴士拉，蘇非派女先賢拉比阿・阿黛微葉 (Rabia al-Adawiyya, 717-801) 以對真主那神秘的愛而聞名。她出身貧寒，幼年逃荒時曾經淪為奴隸，後因信仰虔誠而被釋放。她一生遁世修道，獨身未嫁。她以對真主的愛作為全部的生活，她提出婚姻結合是那些認為有現象「我」的存在

的人，若沒有了自我的人，即我並不存在，只存在於真主之中，並永遠與真主在一起。她曾這樣宣稱自己的信仰：

「啊，我的主！如果我是因為害怕地獄而崇拜祢，那就讓我在地獄裡被燒死；如果我是因為想望天國而崇拜祢，那就把我逐出天國；但如果我是為了祢而崇拜祢，那就不要向我隱藏祢永恆的美。」（註8）

拉比阿以愛表現渴望與真主合一同在，對今日一般人來說，一定認為她發瘋。這在印度一個極度重視宗教虔誠的地方，像拉比阿這樣信仰虔誠的人，才會被理解及尊重，筆者不能不稱奇，伊斯蘭教竟然有這極度虔誠的信仰傳統。伊斯蘭教有別於印度教對諸多神明的崇拜，但其最高層次——與宇宙獨一主宰合一同在，卻完全一致。著名的蘇非派殉道者侯賽因・本・曼蘇爾・哈拉智 (Husayn b. Mansur al-Haiiaj, 858-922) 曾宣稱，信仰的終極目標是人主合一，這不僅是蘇非而是所有人類都要追求的合一。他曾說出在當時伊斯蘭教社會屬驚世駭俗的話：「我就是絕對的真理。」這是印度古老的聖人才會發出的說話，竟然在西元10世紀在伊斯蘭教世界出現，他的詩歌甚至有印度《吠陀》與《奧義書》的味道：

「祂我分彼此，同是一精神，祂想我所想，我想祂所想。」
「我即我所愛，所愛就是我；精神分彼此，同寓一軀殼；見我便見祂，見祂便見我。」（註9）

當時的教法學家譴責他的神秘合一論混淆了人主世界，褻瀆神明，而一些蘇非派則責備他不應該向民眾洩露合一的秘密。無論如何，哈拉智所受的磔刑使他成為最偉大的蘇非殉道者。

自西元9世紀後期，已有不少伊斯蘭教學者試圖協調正統伊斯蘭教信仰與蘇非主義思想，當中最引人注目的是伊斯蘭教權威教義學家、哲

學家、法學家和教育家安薩里(1058-1111)，他是當時伊斯蘭文化中心首都巴格達尼采米亞學院的教授，名揚天下，擁有眾多高材門生。他經歷了輝煌的前半生以後，在信仰與理性的劇烈衝突之間，精神上感到空前混亂，於是他毅然放棄一切功名利祿，離開巴格達，遠離世俗，外出朝聖，求得靜寂與清淨。他以蘇非派修行者的身份，先步行到麥加朝觀，再到麥地那拜謁穆罕默德陵墓，接著經過大馬士革、耶路撒冷，到達亞歷山大，最後在大馬士革蘇非札維葉道堂隱修10年，進行蘇非派的精神修煉，並繼續著書。在隱修期間，他確信如果不是通過冥想，直接與真主安拉接觸，絕不能得到真正的拯救，他反對信仰外在化、儀式化，而傾向信仰內在化。

他把信仰分成兩類：一是外在的信仰，即只遵從教法，履行宗教義務，這只是外在的表達形式，還不能領悟信仰的真諦。這類信仰者稱為「穆斯林」；二是內在信仰，這是通過個人內在的心靈直覺、感受和體驗來認識真主的實在，用行為、感情、意志力來淨化靈魂，這類信仰者稱為「穆民」。他更認為，信仰由外在轉為內在是一種昇華，而不是異端。他認為那些心中沒有任何體驗，只是信守一定的宗教義務的人，「恰如在房頂上點燈，外面亮，屋裡黑」，只能算作穆斯林，而不是穆民。

蘇非派修行者尤努斯・依木拉這樣說（註10）：

「若見真主，必是心見，祂（真主）不在耶路撒冷，不在麥加，也不在朝觀中。祂，就在你心中。」

有些蘇非派修行者經常朝觀，有時一生達70次之多，但他們清楚知道，外在的朝觀並不是最重要，而是內在精神的配合才能使人體驗與真主的同在。蘇非主義認為通向真主的旅程是一個內向的旅程，即向自己內心深處尋道的無限旅程。在中亞的蘇非教團導師納吉姆丁・庫布拉

（Najm al-Din Kubra，1221 年卒）這樣說：

「要知道低級的靈魂、魔鬼、天使都不是外在於你的客觀存在，你就是他們。因此天國、塵世、真主也並非外在於你，天國、地獄、生命和死亡也是如此。」（註 11）

蘇非主義可說是促使伊斯蘭教成為一個向內發現真主偉大與實在的宗教，歷世的修行者遺留了很多宗教詩歌、修行的方法、學說和見解。他們當中有不同的派別和重點，有些強調全面的遁世修行，放棄一切物質及個人榮辱；有些派別卻主張在修行當中要服務人群，不能只關心自己而不為他人服務，這樣他只能夠成為最低賤的穆斯林。有些派別認為與真主合一就是與真主成為不可分割的整體，再沒有神、我之分；有些派別則認為與真主合一就是把人性轉向神性，擁有了真主的德行，但人與真主還是有別，人只是在真主內存在的個體，因真主的恩典而重新獲得自我。

歷世以來，蘇非主義發展出不同的派別與教團，有不少著名的蘇非主義者更擁有普世的宗教觀念，認為人不能把自己局限在某一宗教內，而否定其他宗教，各個宗教的起源只有一個，都信奉一個上帝。一些蘇非主義認為猶太教、基督宗教、伊斯蘭教同屬天啟宗教，都提倡一神信仰，他們還將瑣羅亞斯德教也列入一神信仰，認為將神光想像為火，崇拜神的本體之火，都屬於正確的宗教。猶太教和基督宗教一些神學思想與瑣羅亞斯德教相近，同樣蘇非主義對人性與塵世的理解也有瑣羅亞斯德教的影子。

著名蘇非派學者伊本・阿拉比 (Muhyi al-Dinibn Arabi, 1165-1240) 認為人的靈魂原本不屬於塵世，而是來自靈性領域（天使世界），在人的靈魂中潛藏了神的各種完美特性。這些潛藏的完美屬性，需要通過神聖教育的啟發和自我努力才得以顯現，才接近完美境界。人的靈魂與肉體結

合來到這個世界的目的，就是要獲得各種靈性的完美。當肉體死亡，化歸塵土，靈魂也應該回到自己的故鄉，帶著在這世界獲得的各種完美品性，在另一世界，即真主那裡，獲得永生。他進一步認為人的本質不同於神的本質，人的肉體比精神所帶的神性要少，而且都有缺憾和不足，稱為「病體」。人在世間，其品性位於完善與不完善、光明與黑暗、天使與動物、精神與物質之間。人的本性包含了肉與靈、惡與善、獸性與人性、卑賤與高尚兩方面。人類需要先知的引導和教化，也需要自我修煉，才可驅除人的邪惡和獸性，使靈魂的本質，即各種美德可以體現。

　　蘇非主義對此世界的看法也與印度哲學思想十分相近，他們認為世間的一切事物都是幻象和影子，這幻象使人們被塵世生活所束縛，處於「疏忽」的狀態，難以與真主接近。先知穆罕默德在《聖訓》中說：「塵世的人們都在夢中，一旦死去，才會清醒。」那些能夠時刻在心靈深處保持與真主接近，與真主同在的人，才是最清醒的人。蘇非大師伊本‧阿拉比對世界的描述也與佛教非常接近，他認為世間萬事萬物，都是真主的表像，一切皆為「空」，只有真主實有實在。

　　蘇非主義注重修行，他們認為認識真主、追求神聖完美，是人生的最高目標，而達到這目標的方法就是靠修煉和直覺體驗。蘇非主義各派的修行方法可說是五花八門，例如：長時間冥想，把思想專注於對真主的思念，祈禱及念誦《古蘭經》。《古蘭經》指出記憶真主會使人心中得到安靜：

「他們信道，他們的心境因記憶真主而安靜，真的，一切心境因記憶真主而安靜。」(13:28)

　　《古蘭經》指出很多人都是心中有病，故此他們才不信道，不喜歡真主，也不喜歡行善，卻喜歡邪惡的思想及事情，例如幸災樂禍、嫉妒及使人難以和睦。故此記憶真主是修行的目的，也是方法，是蘇非派修

行的重中之重。記憶真主能使人去除心中的疾病，達到安靜，即平安的境界。印度《瑜伽經》也指出，當修行過程中內心受孽障的騷擾，難以平靜下來，解決的方法就是敬拜「自在天」，這樣便能去除今世及過去世的孽障，使靈魂達到寧靜。「自在天」就是梵，即伊斯蘭教所指的真主，由此可見不同文化、不同宗教在表面上好像有千差萬別，但其精要之處卻好像同出一轍。

蘇非派的修行方法還有向真主長時間叩頭，《古蘭經》這樣說：

「穆罕默德是真主的使者，在他左右的人，對外道是莊嚴的，對教胞是慈祥的。你看他們鞠躬叩頭，要求真主的恩惠和喜悅，他們的標記就在他們的臉上，那是叩頭的效果。」(48:29)

筆者曾參加一個健康舞班，那教練教授不同的動作和姿勢而促進身體健康，其中一個姿勢就是把身體捲曲俯臥在地上，就如向真主叩頭的姿勢，但這位教練百分百不是伊斯蘭教徒。叩頭可以使人記憶真主，也使人能謙卑下來。謙卑是美德，因為一個人在驕傲的時候最容易犯錯，最容易惹禍，並且在客觀科學上，叩頭的姿勢可以使身體健康，真是神奇！

此外，蘇非派的修行方法還包括以詩歌、音樂及舞蹈頌讚真主，其中，土耳其蘇非派的旋轉舞就是把身體不斷旋轉舞動，以達至忘我的境界，這種舞蹈稱為「神秘的舞蹈」，那些修行者被稱為「旋轉的蘇非修道者」。一些蘇非修行者還會使用念珠去念誦真主，就好像佛教以念珠念佛，天主教以念珠念誦聖母一樣。

蘇非派修行者要少吃、少睡，佛教和印度瑜伽修行也有這要求。他們以長時間冥想及默念真主以代替睡覺時間，佛教和印度教的修行也是以長時間的禪坐代替睡眠，使精神常保持清醒的狀態。蘇非教團在印度及南亞地區更與瑜伽思想巧妙地結合，例如揉合印度瑜伽的呼吸方法，

以及要求修行者「苦其心志，勞其筋骨」，使精神超越肉體而達到寧靜的狀態。

雖然伊斯蘭教在教義上不許崇拜偶像及神明，即使先知穆罕默德也不被崇拜，但不少蘇非教團卻發展出導師崇拜的傳統，這在印度教信仰才會出現的事情竟在不同地方的蘇非教團內出現，這包括在米索匹達米亞（即伊朗和伊拉克）、中亞、南亞和北非，而且其背後的哲學也是一樣。印度教徒崇拜導師，唯一原因就是那導師已達到梵我合一的境界，崇拜導師就是崇拜他內在的神聖，透過對導師的絕對服從及崇拜，在導師的教導和協助下使信徒能達到梵我合一的境界。而蘇非修行者也是一樣，他們聽從導師的指導，以及對導師崇拜，好讓他們能達到與真主合一的境界。在印度，穆斯林和印度教徒經常崇拜共同的精神導師。例如最著名的有印度聖人伽比爾 (Kabir, 1440-1518)（註 12）、印度錫克教創始人拿納克 (Guru Nanak, 1469-1539)、以及印度中部舍爾地聖人賽爸爸 (Shirdi Sai Baba, ?-1918)。

當然，受崇拜的導師很多都擁有超自然力量，即佛教和印度瑜伽修行所指的「神通」。根據印度《瑜伽經》的記載，神通力量是修行過程中自然產生的力量，不應追求神通，也不應以得到神通為樂為榮，否則必入魔道，因為神通可以迷惑人心。而佛教也認為能渡人達彼岸的條件是智慧，並非神通，智慧比神通更重要。蘇非派的精神導師很多同時具備神通與智慧，他們的超自然力量包括：用非醫學手段治病救人，甚至起死回生；預知未來；搬運、變幻、遙感的能力；通動物語言；左右生命；靈魂出竅等。這些精神導師被稱為蘇非聖徒或長老，蘇非信徒對他們堅信不疑的原因是他們能夠施行奇蹟。試想像一個如耶穌般擁有神聖力量的人重現人間，對信眾是如何的震撼！

據說，蘇非導師及長老大多知曉虔信者心中所想，能說出信徒的喜好與憎惡，因為他們能透過真主的光來看東西。他們也具有隱身術和分身術，在聖徒傳記中經常出現的場景，包括在危難中長老突然出現，幫

助弟子脫離困境,或導師以精神化的形象降落於病人床頭,醫治病人或減輕他們的痛苦。導師與弟子間表現出共同的感受,例如弟子受傷時,導師身上會出現傷痕。蘇非聖徒能通過思想造訪某人某地,不必親自面見,而聖徒之間在老遠地方也能心意相通。

伊斯蘭教認為真主的使者能施行神蹟奇事,這是出於真主的意願,與個人的功德無關。歷世的先知、使者都有施行神蹟的能力,例如摩西和耶穌,而穆罕默德的最大神蹟就是一部《古蘭經》。事實上,穆罕默德能在短短23年間統一阿拉伯各部族,成功創立伊斯蘭教,歷史學家也把此成就稱為奇蹟。此外,穆罕默德的靈魂曾被天使帶領到達七重天,即第七層的天界,穆罕默德的《聖訓》揭示了很多真理與奧秘。穆罕默德知道宗教典經以外沒有記述的事情,他也能預知他死後發生的事情,例如他預知在他死後30年伊斯蘭教會由暴君統治,果然應驗,而蘇非派就是以穆罕默德的奧秘教義為道統。

在伊斯蘭教教史上,蘇非派導師所施行的奇蹟,其產生的影響不容忽視。伊斯蘭教義學甚至對神蹟奇事的分類十分細緻,真主的奇蹟稱為「阿亞圖拉」(Ayat Allah),先知的奇蹟稱為「穆爾吉宰」(Mujizah),而聖徒的奇蹟稱為「凱拉馬特」(Karamat)。伊斯蘭教能向外擴展,很大程度上有賴蘇非教團的傳教活動,蘇非教團的精神導師以慈愛和奇蹟獲得廣大信眾的支持,例如在東南亞,在16世紀直接由麥加傳入的蘇非教團,蘇非傳道者沒有反對馬來世界原有的印度教、佛教的神秘主義傳統,而是以蘇非主義的伊斯蘭教精神對印度教、佛教的神秘主義進行再解釋,而且非常成功。據歷史記載,成百的希瓦(Shiva)神秘主義者與蘇非聖徒相遇後皈依了伊斯蘭教。蘇非教團能吸引改宗者的另一個重要因素是教團長老有精神上的超常能力,其中最主要的就是治療疾病。這在耶穌時代,其門徒也有此超自然力量,可惜基督宗教並沒有像伊斯蘭教般發展出如蘇非主義的修行團體。

雖然伊斯蘭教嚴禁除真主以外的任何崇拜,但伊斯蘭教蘇非派信徒

卻有崇拜導師、長老或聖徒的傳統。通常一個蘇非教團的開創者生前受弟子崇拜，死後其墓穴及遺物仍然會受到信眾崇拜，就好像穆罕默德的聖墓會受穆斯林朝拜一樣，因為絕大部分的人難以親近那看不見、聽不見和觸摸不到的宇宙獨一主宰，而蘇非派的精神導師正好提供信眾一個中介角色，讓信眾透過此中介去接近真主。所謂「近朱者赤，近墨者黑」，能夠有幸與真主的好友親近，當然會對靈性有幫助。但若細心思考為何穆罕默德禁止信眾崇拜他，若穆罕默德生前有留下個人畫像，伊斯蘭教很可能成為穆罕默德教，就如基督宗教，信徒非透過基督就不能得到救贖，但穆罕默德是真主的忠實使者，穆斯林只可崇拜宇宙獨一主宰。

　　一個精神導師若能真實提昇弟子的靈性水平，而又對弟子及整個世界一無所求，跟隨他的信眾應該不會有害，是否有益就要看每個人的造化。問題是個人崇拜之風很容易成為騙子騙財聚斂的溫床，在蘇非教團的歷史上，雖然有不少可敬佩的蘇非導師，他們真的只關心靈性修行，並真心誠意扶助信徒，但也出現心術不正的人以教主崇拜來收斂錢財的黑陰面。這在印度，一個對導師崇拜公認的社會，也會出現的問題，而且印度的假導師多會輸出國外，向國外信眾行騙更容易，因為在印度本土有不少真心誠意、一無所求的導師。他們多不會刻意招攬信眾，有些更會禁止弟子對他們作個人崇拜，故此外國人不會認識，印度本土的求道者有更多選擇。

　　天下之事，萬變不離其中。導師崇拜可以是好，也可以變壞，基督宗教就是一個最廣泛傳播的導師崇拜的宗教，基督徒把他們所推崇的靈性導師──耶穌奉為與上帝同等的地位，但沒有人認為這是邪教，只要這宗教能造福人群，而耶穌確實在靈性上和道德上達到頂峰。故此對於一些蘇非教團的導師崇拜，我們不能簡單地一概否定，但教主崇拜帶來的黑暗面，正是所有宗教也會出現的問題，而且問題十分相似。我們不能因為尊重某一宗教，對其黑暗面就避而不談，或加以隱瞞。人們對教

主崇拜的批評，促使真正的蘇非教團在現代化的過程中不能不改革，從而在現代產生了新蘇非主義及其教團，他們成功地將蘇非教團組織化，淡化教主崇拜，並改變隱世修行的傳統，蘇非信眾在修行之餘更要關心社會，力求造福社會。

事實上，各地的蘇非教團在伊斯蘭教世界中最沒有政治野心，也不會用暴力及恐嚇去危害社會安寧，或對抗外國勢力。自911事件之後，美國政府全面推行反恐措施，其中一項對策是力圖通過扶植蘇非主義以削弱伊斯蘭教極端主義力量。為此，美國駐埃及大使積極參與蘇非教團的紀念儀式和聚會，並視察蘇非教團相關機構，會見各蘇非教團領袖。而埃及政府也希望借助蘇非教團來抗衡反對政府的伊斯蘭教勢力。不少東方學家一直探討以蘇非主義取代極端主義，從而達到伊斯蘭教與現代自由主義的接近。蘇非之道注重道德、心靈，以及形而上的思考，其寬容開放的思想，主張廉潔、促進政治民主和解決社會問題，正是伊斯蘭教世界極重要的思想文化資源。

註釋

註1：伊斯蘭教的六大先知是阿丹（亞當）、努哈（挪亞）、易卜拉欣（亞伯拉罕）、穆薩（摩西）、爾撒（耶穌）和穆罕默德。

註2：「安拉」(Allah) 是阿拉伯文，即唯一的造物主，或稱真主。這就好像瑣羅亞斯德教以波斯文稱至善的主宰為「阿胡拉·馬茲達」(Ahura Mazda)，就好像猶太人以希伯來文的各種名字稱呼上主為「雅威」(Yahweh)、以羅欣 (Elohim)、以利沙代 (El Shaddai) 和亞杜乃 (Adonai) 等等。

註3：錫克教是在16世紀印度西北部旁遮普由拿納克創始的宗教，結合了印度教虔信派和伊斯蘭教蘇菲派而產生，主張印度教和伊斯蘭教應團結，以和平、溫和的方式建立一個超越教派的統一宗教。

註4：見《古蘭經》簡介部分，馬堅譯，中國社會科學出版社，2011年

重印。

註5：《錯引耶穌——聖經傳抄、更改的內幕》，巴特・埃爾曼著，黃恩鄰譯，三聯書店，2014年。

註6：見《伊斯蘭教教義簡明教程》，中國伊斯蘭教經學院，宗教文化出版社，2010年。

註7：賽爸爸 (Shirdi Sai Baba) 是在印度中部舍爾地 (Shirdi) 出現的聖人，沒有人確實知道他的出生來歷，他在舍爾地生活了60年，行了眾多神蹟奇事，治病救人，包括心靈及身體的疾病。他一生非常清貧，衣著像蘇非派的穆斯林，既崇拜真主安拉，也認同印度教的信仰，受到穆斯林及印度教徒的崇拜，直到今日在印度各地仍受人崇拜。

註8：見《蘇非之道——伊斯蘭教神秘主義研究》，王俊榮等著，中國社會科學出版社，2012年。

註9：同上。

註10：同上。

註11：同上。

註12：伽比爾宗派產生於15世紀末，流行於北印度。創始人是伽比爾，他是一個未婚婆羅門女子所生的棄兒，被一個穆斯林織布匠撫養成人，以織布為生。他因出身低賤，受人歧視，因此痛恨印度教的種姓制度，立志改革印度教。他創作大量口語化的詩歌，到北印度各地傳唱，宣講他的思想，並創立自己的教派。穆斯林往往稱伽比爾派為蘇菲派，而印度教徒則稱他們為虔信派。伽比爾反對印度教的偶像崇拜，也反對與之相關的各種儀式、禮節和朝聖活動，甚至反對許多經典。他們也反對教派對立和衝突，主張印度教和伊斯蘭教團結起來，互相尊重，互相諒解。

第四章　佛教

　　佛教起源於古印度，曾在這片以宗教精神為根本的國土上流傳了1500年，也曾盛極一時。今日，佛教在印度國土近乎消失，佛教徒佔印度人口不足1%，其數目遠低於外來的伊斯蘭教和基督宗教，甚至瑣羅亞斯德教，也低於與佛教同時代出現的本土宗教耆那教。在印度境內，一般人無法想像人們會放棄其他信仰而鍾情於佛教。然而踏入廿一世紀，佛教在全世界卻有5億信眾，雖然數目還不及基督宗教（23億）和伊斯蘭教（16億），但已可堪稱為世界三大宗教之一。

　　全世界的佛教徒主要集中在東亞、中亞、東南亞和南亞地區，近年來，佛教在美國、加拿大和澳洲等西方國家也有發展。佛教並不是一個

統一的宗教，當中的分流派別可以極其複雜，在這 5 億佛教徒中，大乘佛教佔 56%，小乘佛教或稱為上座部佛教佔 38%，密宗或密教佔 6%，而大乘佛教、小乘佛教和密宗又各自細分出不同派別。有人認為佛教屬無神論，是哲學而不是宗教信仰，也有人認為佛教屬泛神論，是百分百的宗教。要瞭解佛教的根本性質，並不能從坊間的佛教傳播可以得知。許多自稱為佛教徒者，只知吃素與拜佛，只知坊間寺廟及素食店一大堆與佛教根本性質相距甚遠的所謂佛經，他們的信仰行為正是佛教始創者佛祖釋迦牟尼所極力反對的。要真實瞭解佛教信仰，必須瞭解其起源和變遷，這只能在學者的客觀敍述中得知。

佛教的起源

佛教的創始人為喬達摩・悉達多（Gautama Siddhartha，約西元前 565 至 486 年），他出生於迦毗羅衛國（位於今尼泊爾南部），為淨飯王的兒子。自幼已思考人生的苦痛與解脫之道，他 29 歲離開皇宮，出家修行，曾拜訪大師，先後接受了兩位大師的禪定和靜慮方法，深受兩位大師的器重，並打算把衣缽傳位給他。但喬達摩並不認為這是人生的解脫之道，最後他自行苦修，在摩竭陀國王舍城外的盤茶婆山和尼連禪河一帶禪坐修行，但 6 年來的苦修令他身體極度虛弱，即使生存也成問題，何來悟道？在尼連禪河畔垂死一刻，得到路過的少女供奉奶漿，喬達摩才恢復體力和知覺，他體驗到折磨自己的身體無助於找到安寧與解脫，肉體是精神的寺宇，是到達彼岸的木筏。他決定放棄苦修，在一株華鉢羅樹下坐下誓願：若不能徹底悟道，永不起此坐。經過 7 日 7 夜的禪坐冥想，他終於徹底了悟人生之道，那時他正是 35 歲。另一說法是悉達多自此接受附近村民的供食，此後在禪坐冥想中得到很大進展，不久在一個晚上於華鉢羅樹下禪坐一整晚，至黎明破曉時份大徹大悟，徹知自己過去世的種種因緣，以及眾生的因緣和合之道，了悟脫離苦痛的不二法門。

林楚菊的《漫談世界各宗教》

此後，悉達多在恆河中下游地區傳教達 45 年，他所傳揚的教義稱為佛教。「佛」在摩竭陀語即「醒覺」的意思，佛教就是指察覺之道，可達到完滿的覺醒之道。最初悉達多被稱為「佛陀」，即「醒覺者」的意思，那株華鉢羅樹被稱為「菩提樹」，「菩提」與「佛」同一字源，都是指醒覺的意思。佛陀後來被稱為佛祖釋迦牟尼 (Shakyamuni Buddha)，因悉達多屬釋迦族 (Shakya)，而牟尼 (Muni) 即智者的意思，整個名稱即是指「釋迦族的聖人」。

佛陀不斷勸化所遇到的每一個人，從國王到平民，他致力建立和指導規模愈來愈大的原始佛教社團。他的傳教歷程可歸為三大階段：最初在鹿野苑創立佛教，提出「四聖諦」、「八正道」和「十二因緣」；第二階段在靈鷲山傳揚佛法，講說一切諸法皆空無自性，世界萬法緣起性空的甚深微妙之道；第三階段在毗舍離城，講說世界一切現象的終極本質——萬法究竟實相，法性光明，如來藏佛性。自此階段佛陀自稱為「如來」，即「如是生起者」，一切法從如是生起，也歸到如是，因為佛或真理本如是，「如來」即「無從來者」、「無所去者」，也即是古往今來聖人所指真理本如是 (Truth is what it is)——「如如不動」。

要瞭解佛教的產生及其重大意義，必須先瞭解佛教未誕生前皇太子悉達多所身處的印度社會。當時印度社會信奉婆羅門教，以《吠陀》為天啟的絕對真理，把社會上所有人民大致上分為四階層，即四大種姓。最上層是婆羅門階層，是最尊貴的階層，負責宗教信仰、崇拜和祭祀，在祭祀活動中接受佈施和酬金，是宗教活動中最大的實際受益者，他們也得到其他階層的高度尊敬；第二階層是剎帝利，即皇族統治階層，負責統治國家，雖然地位尊貴，但不及婆羅門，剎帝利階層須聽命於婆羅門階層；第三階層是吠舍，從事各種生產活動如農業、畜牧業、手工業和商業，他們當中有些因商業致富而成為富戶，有些則屬平民百姓，但地位還不算最低；最低下階層是首陀羅，即奴隸階層，相當於今日社會的基層勞動人口，他們在社會上充當僕役，沒有任何權利。此四大階層

以血緣劃分，世代相傳，不可互相通婚往來，社會上沒有任何階層升降的途徑。在此四大階層外，還有「不可接觸階層」，負責社會上極厭惡的工作，一生只有貧賤，他們不可沾染其他種姓階層，尤其是婆羅門階層，否則會受到社會嚴厲的制裁。

當時的婆羅門主張祭祀萬能，他們殺牲獻供，祭祀繁多。有時時間很長，舉行大祭祀要宰殺大量牛羊，平時祭火獻供，將大量財物及食物投於火中，造成大量浪費，不利社會經濟。此外，不少婆羅門沒有關心民間疾苦，下層人民在信仰威脅下，即使衣食缺乏，也要供奉婆羅門及一切祭祀物資，甚至因此賠上了性命。當時的婆羅門已失去靈性的高貴品質，徒具形式而缺乏了促進社會和諧的精神力量。在這形勢下，一些真正追求真理與靈性昇華的人開始懷疑婆羅門種姓與《吠陀》的權威與真實性。他們或隱居深山，或遊歷四方，尋求真正的精神解脫。他們同時提出很多宗教理論及見解，與婆羅門教思想抗衡。這股社會現象稱為「沙門思潮」，「沙門」(Sramana) 本意為「努力修行者」，指婆羅門以外的修行者。他們認為《吠陀》充滿矛盾與荒謬，不算什麼「天啟」，不能作聖典來信仰，祭祀也毫無功效，婆羅門至上的種姓制度是騙人的手段，每個人應當追求自身正當的幸福。

佛陀正出生於沙門思潮聲勢浩大的時代，佛教的出現本身就屬於反對婆羅門教的沙門思潮，且發展成為重要的沙門派別。而當時最具影響力的沙門思想，佛典統稱為「六師外道」，即六個主要的思想家和學派領袖，佛教把婆羅門教和婆羅門教以外的沙門學派統稱為「外道」或「異學」。在沙門思潮下後來發展出耆那教、佛教和順世論，成為與印度婆羅門教正統哲學長期抗衡的非正統派，今日的佛教也可以被正統印度教定性為印度教內的「異端」。

沙門思潮的興起，對古印度宗教文明的推進貢獻甚大。印度精神文明的異常豐富，不能單靠當時已僵化的婆羅門教思想，古印度的沙門思潮就如中國春秋戰國時代，百家爭鳴，百花齊放的時代，那些雲遊四方

或遁世的修行者對真理的探求促成印度宗教的變革。

　　沙門思潮的興起也得力於當時剎帝利統治階層的權威日益提高，他們對婆羅門種姓的宗教特權和等級森嚴的婆羅門教漸趨不滿，同時在人們信仰中日益突出的慈悲、仁愛和不傷害眾生的思想，也從內部威脅到實行動物祭祀和維護嚴酷的種姓制度的婆羅門教。佛教的出現正代表統治階層對婆羅門教的反叛，佛陀還是皇太子時已深深痛恨婆羅門種姓對貧苦大眾的壓迫，他同時懷疑當時的宗教祭祀和儀式的效用，他認為若到恆河禮拜沐浴便可以得到身、心、靈的淨化，那麼恆河中的所有魚類和生物比任何人都神聖潔淨了，皇太子悉達多小小年紀已懂得質疑這些宗教習俗的絕對性。

　　佛陀屬統治階層出身，他所創立的佛教也得到多個國王及大量貴族的支持。佛陀的皇族近親差不多全部出家成為佛弟子，父親淨飯王臨終前只能把王位傳給侄兒。佛陀每次說法，除了廣大的平民百姓外，國王與貴族必然在場。雖然佛陀反對種姓制度，但他不是反對社會上的實際分工，他只是在宗教層面反對種姓制度。他認為任何人不論任何階層都可以得到靈性上的最大成就，得成正果，即得到精神上徹底解脫，這並非婆羅門種姓的專利。佛陀甚至主動邀請一個擔糞的不可接觸階層成為佛弟子。有一次，有一個負責擔糞的不可接觸者看見佛陀與身邊弟子迎面而來，他十分害怕，因為他滿身臭氣，害怕會沾污佛陀及他身邊的弟子。根據種姓制度，不可接觸階層的人不可沾污其他種姓，即不可靠近他們，否則就是犯下大罪，輕則被毒打一身。那不可接觸者匆匆離開，但佛陀與身邊弟子仍然快步趕上，那不可接觸者走到河邊，把那桶糞藏在草叢中，自己走入河中沖刷身體。他害怕沾污他們，也不想令他們厭惡，他只好在河裡躲避。佛陀溫柔地叫他上來，主動走到那不可接觸者身旁，告訴他以後不用再擔糞，邀請他加入僧團，成為佛陀弟子，學習修成正覺之道。佛陀的出現竟成為社會上絕望階層的出路，那不可接觸者隨即禮拜佛陀，佛陀吩咐身邊弟子為他剃髮，給他僧袍及僧缽，即場

進行簡易的皈依儀式。那不可接觸者日後成為受人尊重的佛弟子，人們讚賞他講解佛理的智慧及莊嚴，沒有人想到他以往是一個擔糞的不可接觸者。

　　佛教的出現無論對上層還是下層社會，都產生翻天覆地的變化。佛教也成為當時沙門學說中最具影響力的門派，起初有些婆羅門及討飯吃的江湖術士惡意縱傷佛陀，甚至用女色誘惑佛陀，但都不能成功。到後來一些德高望重的婆羅門均拜佛陀為師，甚至當時耆那教的資深門人亦願意拜佛陀為師，更有令人聞風喪膽的殺人狂魔竟被佛陀感化成為佛弟子，由專嗜殺人到堅持絕不殺生。佛陀的弟子有出家、有在家、有男、有女，由小孩到老年人，由婆羅門種姓到不可接觸階層，由最高貴到最下賤者，他們都成為平等的眾生。在佛陀的僧團內，只有資歷較深與資歷較短的弟子，但他們都只有同一的待遇。加入僧團，皇孫公子也與平民無異。佛教在印度曾一度打破種姓制度的藩籬，其中一個原因是佛教得到皇族的支持。

　　佛陀把自己的一生貢獻給印度國土內的眾生，他從沒有歇息地建立佛舍、組織僧團、教化信眾。雖然佛陀不主張苦行，但生活其實相當刻苦。佛陀與眾弟子一樣，每天都要出外乞食，且只日吃一餐，每天除了行禪、坐禪和說法外，衣物食具的洗滌和打掃與眾弟子一樣由自己做。由於長期奔波勞累，至 80 歲時佛陀已極度衰弱，自知離世時刻將到。當佛陀的大弟子目犍連尊者和舍利佛尊者相繼去世後，佛陀對他身邊的弟子，即他親弟弟阿難陀尊者，說他三個月後便離世。佛陀的一生，可說是鞠躬盡瘁。佛陀與一些弟子一直由恆河流域步行北上，這是他返回故鄉的路線，但佛陀沒有返回故鄉，佛陀臨終前兩天與弟子在一個信眾家裡吃了一餐，之後便感到腸胃極度不適，佛陀的最後一餐成為佛教歷史上一大懸案，往後部分會詳述。佛陀帶著病痛繼續前行，在途中到了末羅國都城拘夷竭城外鄉郊長滿娑羅樹的樹林內停下來，身邊弟子勸佛陀不要在此破落的鄉郊入滅，但佛陀喜歡這開滿紅花的娑羅樹，他吩咐弟

子把僧袍鋪在地上，安詳地躺下，當時末羅族有個苦行者看見佛陀及他的弟子，希望拜佛陀為師，眾弟子知道佛陀不久於人世，示意那苦行者離開，但佛陀抱著虛弱的身體，堅持為他說法，那苦行者便成為佛陀臨終前最後收納的弟子。佛陀臨終前安慰眾弟子不要難過：「有生，便有死，有起，便有滅，有聚，便有散。一切法無常，你們要精進修行，以證得解脫！」之後合上眼睛，安祥地離世。

當時整個樹林遍佈娑羅樹的紅花，灑遍佛陀的身軀及眾弟子身上。風聞佛陀死訊的人接二連三地趕到來，漸漸地整個樹林佈滿了五百個佛弟子（比丘）和三百個在家信眾，他們圍著佛陀身軀沉默禪坐。之後，弟子們沉痛地用鮮花和香料灑在佛陀身上，然後堆起乾柴火化。這是印度傳統以來的一貫做法，此後佛教也承習了此葬儀。末羅國的周邊鄰國要求分得佛陀火化後的遺骨回國供奉，但遭到拘夷竭城人的拒絕，於是這些國家派兵圍攻拘夷竭城，後來經過多番調解後，最終達成協議，將佛陀的遺骨(亦稱舍利)分為八份，由各國建塔供奉。今日考古學家在釋迦族的故地比波拉赫瓦發現舍利壺，在毗舍離發現舍利瓶，其中裝的舍利極有可能是佛陀的遺骨。

佛教拜佛也可以說從此而來，但拜佛成風還是後來佛教發展出來的事情，佛陀在生時從來沒有吩咐眾弟子及信眾崇拜任何神明或偶像，也不會要求任何人崇拜自己。佛陀一生講解人生脫離痛苦，達到彼岸的解脫之道，佛陀要求人們實踐正覺之道，而不是透過崇拜神明或偶像，以求得福樂。崇拜神明、偶像或婆羅門尊者在當時印度社會十分普遍，佛陀正是反其道而行，相信佛陀沒有想到佛教後來的發展變得極其婆羅門教化，把婆羅門教的眾神明、偶像用佛教的名稱代替而崇拜之，佛教變成婆羅門教，這是導致佛教在印度本土衰微的主要原因。

佛教的變遷

　　佛陀傳教是口頭宣講的，隨行的弟子默記下來後再口耳相傳，沒有留下文字資料。佛陀逝世後，為了防止教義的誤傳，眾弟子在王舍城舉行結集，憶誦佛陀所說的教理，確定教義的內容，這是佛教史上的第一次結集。這次結集得到摩揭陀王阿闍世的支持，結集由佛陀大弟子迦葉尊者主持，由記憶力最強，號稱「多聞第一」的阿難陀尊者憶誦教法，由號稱「持律第一」的優波離尊者憶誦戒律。對他們記憶的內容，眾弟子認為符合原意的就定下來，有錯誤或遺漏則做糾正或補充。這樣就結集出佛教的經、律兩藏，經藏記載佛陀的說教和事蹟，律藏則記載有關佛教僧團的戒律。這一次結集其實已出現分歧，佛教日後的分裂勢在必然。

　　第一次結集後，又舉行了三次結集。第二次結集在佛陀入滅後一百年，在吠舍離舉行。第二次結集後，佛教已出現分裂。在阿育王時期，約西元前 218 年，舉行了第三次結集。第四次結集有南傳佛教和北傳佛教之分，北傳佛教的第四次結集是在西元 70 年，在迦濕彌羅（今譯克什米爾）舉行。南傳佛教的第四次結集約在西元前 100 年末葉，在斯里蘭卡瑪杜勒的阿盧迦寺舉行。經過四次結集，佛教經典基本結集完備。佛教第一、二次結集主要為會誦，沒有筆錄，以後才用文字加以記載，所用的語言為巴厘語和梵語。南傳佛教的第四次結集首次以巴厘語輯錄佛典。巴厘語是古印度的一種語言，流行於摩竭陀國一帶，據說佛陀是用巴厘語說法的，故弟子們也用巴厘語記誦佛陀說的經教。梵語是古印度上層社會的語言，只有婆羅門祭司通曉，一般平民百姓不懂梵語，北傳佛教多用梵語佛典。

　　佛陀死後一、二百年間，佛教獲得迅速發展，西元前 3 世紀，印度出現了第一個統一的大帝國——孔雀王朝。孔雀王朝的第三任君主阿育王大力推動佛教，阿育王帝國（西元前 250 年）的版圖幾乎包括整個古

印度，他一方面用武力擴展疆域，另一方面大力支持佛教，以宗教的「正法」進行統治，把佛教作為實現自己政治理想的工具。他派使者四出傳教，使佛教從地域性宗教向世界性宗教邁進。自阿育王時代開始，佛教漸向印度次大陸外的地區傳播，大體分為兩方面，一是由南印度傳入錫蘭（即斯里蘭卡）、緬甸、柬埔寨、老撾、泰國、中國雲南一些地區，史稱南傳佛教，多用巴厘語佛典；另一是由北印度向北傳入西域、西藏和中國內地，再由中國內地傳入朝鮮和日本，稱為北傳佛教，多用梵語佛典。

在佛教歷史上，一般把佛陀創立的佛教至西元前 3 世紀教團分裂之前的時期，稱為早期佛教。早期佛教在教義大體上表現為佛陀本人的思想，南傳佛教保留了早期佛教的思想，北傳佛教與早期佛教思想則變化十分大。由於印度疆域遼闊，各地發展不平衡，風土民情各異，佛教在向四面八方傳播的過程中，不免因各地條件的不同而發生變化，加上佛教沒有像基督宗教有一個統一的權威領導機構，所以各地佛教徒在遵守戒律和理解教義方面均存在著差異，這導致了佛教的分裂。

佛教的第一次分裂發生在佛陀死後一、二百年間，不同的佛教派別對這次分裂的原因說法不一。根據南傳佛教典籍記載，當時東印度跋耆族比丘提出了十條有關戒律的新主張，一般稱為「十事」，認為在遵守戒律方面可適當放寬尺度。例如可以將鹽等調味品貯藏以備他日使用；無須嚴格遵守「過午不食」的規條，當日晷之影自日中推移至二指寬時仍可進食；在一處聚落進食後，仍可到他處再進食；食足後可飲用未去酪的精乳；可以飲用未酵的椰子汁；可以縫製不用貼邊且大小隨意的坐具；可以接受金銀和允許儲蓄。但以耶舍為首的西印度比丘提出反對，他召集了 700 名比丘在毗舍離舉行了一次結集，審定律藏，宣佈跋耆族比丘的「十事」為非法，佛教史上稱這一次結集為第二次結集。雖然會議決定「十事」為非法，很多比丘仍然不服，由此引起分裂。同意耶舍觀點的大都為上座長老，故稱「上座部」；堅持「十事」可行的比丘人

數較多,故稱「大眾部」。佛教最先分裂為「上座部」和「大眾部」,歷史上把佛教的第一次分裂稱為「根本分派」。

　　根本分派後,隨著佛教教義研究的深入,佛教內部對宇宙萬物的實有假有、靈魂與輪迴、釋迦牟尼的人性與神性,以及比丘的修行與解脫等一系列理論問題,產生了廣泛的分歧,因而導致佛教進一步的分裂,佛教史上稱為枝末分派。據南傳佛教的說法,枝末分派共計出現 18 個部派;據北傳佛教的說法,枝末分派共計出現 20 個部派。佛教雖然分裂成這麼多部派,但各部派互相均承認為佛教徒,佛教沒有基督宗教所謂的異端邪說之見之爭,佛經也沒有所謂正典、非正典、次經或偽經之分,雖然有很多佛經都是後期的著作,假借佛陀之名說法,或將佛教義理極度神話化。

　　西元前 1 至 2 世紀左右,佛教部派分裂方興未艾之際,大乘佛教開始萌芽。大乘佛教運動最初是由一些以佛塔崇拜為中心而團結起來的在家信徒和部分要求改革的出家僧人所掀起。他們認為傳統的佛教只探求自我解脫,不講求普度眾生,猶如一艘只能運載少數人的小船,故貶之為「小乘」(「乘」即運載工具如車、船等),自稱能把一切眾生救出苦海為「大乘」。

　　大乘佛教的發展,產生出《般若經》、《法華經》和《華嚴經》等大批經典。西元 2 至 3 世紀,佛教理論家龍樹綜合了初期大乘的學說,再發揮創新,提出影響深遠的「中道」理論,即在「俗諦」與「真諦」,「有」與「空」之間提出一個中庸的想法。龍樹的弟子提婆繼承與發展龍樹的思想,推動中觀理論的傳播。大乘佛教開始對佛陀本人不談論的事情作深入詳盡的探索,令佛教的理論開始走入極度繁瑣複雜的地部。

　　西元 4 世紀,印度笈多王朝成立,笈多王朝統治者信奉婆羅門教,令佛教失去了統治者的支持。佛教必須在理論上力圖創新,才能獲得新的發展,唯識學就在此段時期形成。其奠基人是無著、世親兩兄弟,他們認為世界萬物都是心識的變化,強調超世間的佛性真理——「真如實

相」的實在性和永恆性，這與中觀派的徹底空論形成了分歧。唯識宗的主要經典有《瑜伽師地論》、《顯揚聖教論》和《唯識二十論》等。世親之後，唯識學派曾長期以印度著名佛教寺院爛陀寺為中心進行活動，形成一股強大的力量。

笈多王朝以來，佛教開始趨向衰落。當時佛教團體擁有大量土地與財產，僧侶沉緬於繁瑣的經院式研究。佛教內部鬥爭也很激烈，小乘部派大多衰亡，較有勢力的還有上座部、一切有部、經量部和正量部等。不少小乘部派不承認大乘佛教的理論，斥為「非佛說」。事實上，認識印度宗教文化的人會發現，大乘佛教的理論百分百建基於婆羅門教，例如對世界本質的探討、「有」與「空」的關係、把印度瑜伽滲入佛教禪坐理論、對天界與神通的詳細描述等等，大乘佛教只是用佛教的詞彙套入婆羅門教的思想。由於小乘佛教衰落，大乘佛教大幅抄襲婆羅門教，令大乘佛教失去佛陀時期的獨特之處，佛教在印度本土消亡是早已預定的結果。

西元 6 世紀，佛護、清辯兩人標榜恢復龍樹、提婆的學說，與唯識學展開「空有之爭」。大乘佛教分裂成為主張中觀學說的中觀派與主張唯識學說的瑜伽行派，中觀派後來又分裂成「應成派」和「自續派」，而瑜伽行派也因見解不同而分為「有相唯識派」與「無相唯識派」。西元 8 世紀，中觀、瑜伽兩派又趨向合流，形成瑜伽行中觀派，最後都融合在密教中。

密教的佛學思想完全建立在大乘佛教的基礎上。印度密乘佛教還有一套主要借用於印度教的秘密傳授的修行方法，其目的在於轉變整個人的生理和心理狀態，以達到精神昇華的最高目標。印度密乘佛教在西元 8 世紀以後大規模傳播到中國的西藏地區，與西藏本土的宗教文化包容結合，形成富有特色和神秘色彩的藏傳佛教。西藏的密教有古波斯祆教的天葬儀式（註 1），又有印度怛特羅 (Tantras)（註 2）教派的修煉方法，西藏密教是揉合了多種宗教文化與本土巫術（苯教）的產物。

密教階段的印度佛教已處於內外交困的局面之中,在外部,印度佛教已失去統治階層的支持,且受異族侵略者的暴力迫害,這對主張和平的佛教構成毀滅性的威脅。在內部方面,大乘佛教大幅抄襲婆羅門教,而且在密教時期已罕有大師出現,相反,婆羅門教卻出現聖人及大師,印度宗教改革家商揭羅(Sankara,西元後788年至820年)就在印度佛教最式微時出現,他揉合佛教的精髓改革婆羅門教的思想,把婆羅門教改革成流傳至今的印度教,商揭羅被後世學者稱為「假面的佛教徒」,正因為商揭羅把醒覺之道放在印度教思想的首要中心。

印度佛教嚴重地後繼無人,在外部勢力的排斥和摧毀下,於西元10世紀前後逐步走向消亡。大約在西元10世紀,印度佛教正值衰敗之際,伊斯蘭教的外族入侵使印度佛教受到嚴重打擊,大量佛教寺廟和佛像被摧毀,佛典也隨之亡佚,但巴厘語佛典由於南傳至東南亞一帶,故得以保存下來。而梵語佛典多數已有由印度和中國的高僧譯為漢文,稱為漢譯大藏經,此外還有藏文大藏經。藏文大藏經大部分從梵文譯出,小部分據漢譯本轉譯。可以說,現在最多保存了佛教文獻的,就是中國佛教漢譯和藏譯佛經。

儘管佛教在印度基本上消失,但印度佛教在其興盛的一千多年中對印度的思想文化曾產生過深遠的影響,佛教許多思想被印度教吸收和容納,從而發展成為今日的印度教。佛教在印度本土歸於沉寂,但其信仰在世界各地得到廣泛傳播,形成印度境外佛教的三大系:原始佛教傳到錫蘭(即斯里蘭卡),再由錫蘭傳到緬甸、泰國和柬埔寨等地,形成巴厘語系佛教;大乘佛教在中國漢地找到新居,再由中國傳到朝鮮和日本等地,形成漢語系佛教。密教在中國西藏地區傳播,再由西藏傳到蒙古等地,形成藏語系佛教。

印度大乘佛教最早在中國漢朝時(約西元前121年)傳入,經歷了不同朝代的變遷,成為民間及統治者所尊崇的宗教,出現了不少從印度遠道而來和中國本土的佛經翻譯家和高僧,例如印度的鳩摩羅什(西元

後 344 至 413 年)、達摩(西元 520 年從印度來到中國)、中國的法顯(約西元後 339 至 420 年)、玄奘(西元後 602 年至 664 年)和惠能(西元後 638 至 713 年)等。中國的大乘佛教根據歷代高僧對於佛教教理的不同見解和所側重的不同佛典而發展出不同派別,大體分為八大宗派,即三論宗、法相宗(又稱瑜伽宗、唯識宗)、天臺宗、華嚴宗、十玄門、禪宗、律宗、淨土宗和密宗。

此八大宗派在今日中國大多已衰微,唯一能一枝獨秀就是淨土宗,信眾人數比其他七個宗派信徒之總和還要多。淨土宗不探求佛教任何深奧的義理,也不鑽研覺醒與悟道的精進修行,這本是佛陀說教的重中之重,信眾著重念經、念佛和拜佛,祈求諸佛扶持和寄望死後能往生西方淨土,即極樂世界,深受現今中國廣大群眾接受。他們大多數人都不認識,甚至不知道其他佛教宗派的存在,只把淨土宗看作是唯一的佛教,而淨土宗的念經、念佛與拜佛,正正就是印度婆羅門教念經、念誦諸神與拜祭諸神的一貫做法,他們所信仰的正是佛教版的通俗婆羅門教,但他們也不會知道,不少佛教徒在精神知覺上近乎文盲。

佛教的精髓——苦與空

佛陀所開創的佛教,強調實證經驗,直接體驗實相(即真理)。「佛」即「覺醒」的意思,而「佛陀」即「覺醒了的人」,任何人只要能夠覺悟真理,並且能夠親身體驗及實踐真理,皆可稱為「佛陀」。佛陀並不是一個專有的神明給世人敬拜,佛祖釋迦牟尼在生親自教導世人解脫與開悟之道時,並沒有主張信眾念佛拜佛,相反這正是佛陀所不認同的做法,當佛陀初次弘揚佛法時,他遇到印度拜祭火神 (Agni) 教派的大師迦葉,那時迦葉大師已五十出頭,有五百名弟子跟隨他,而佛陀只是三十出頭,弟子未過百。佛陀欣然接受迦葉大師對他的款待,佛陀十分低調、寧靜地伴隨迦葉大師,以瞭解迦葉大師及其教派的信仰禮儀,他

們著重念誦火神的名號及祭火。有一次，迦葉大師與佛陀二人私自交談的時候，迦葉大師問佛陀：

「你說解脫是從精進禪定以洞悉事物的真相而獲得，那你是否認為所有的禮儀、拜祭和誦經是沒用的？」

佛陀指著河的對面對迦葉大師說：「如果一個人想到達彼岸，他必須親自渡河。如果水淺，他可以一步一步涉水而過。如果水深，他必須用木筏或坐船划槳而過。如果他只是看著對岸，祈求對岸就在他跟前，你對此人有什麼看法？你認為他能否對達彼岸？」

迦葉大師說：「我會說他十分愚蠢。」

佛陀說：「正是如此，如果一個人不能消除無明和知見的障礙，他過不了河到達解脫的彼岸。就是他一生祈禱，也是徒然！」

迦葉大師聽到了後，突然大哭，跪在佛陀跟前說：「喬達摩，我已荒廢了大半生，請你現在收我為徒，跟你修學解脫之道。」（註3）

後來迦葉大師及其五百個弟子都皈依佛陀。起初，迦葉大師與佛陀同坐的時候，初來學佛的信眾甚至搞不清誰是導師，誰是弟子，因為佛陀比迦葉大師年青得多。後來迦葉大師成為佛陀近身大弟子之一，著名的佛陀故事「拈花傳佛」，就是說有一次佛陀拿著一朵蓮花凝視著，那時身邊的弟子只有迦葉向佛陀微笑，佛陀說他已將真實法眼、妙慧之寶藏傳承給迦葉了。而佛陀死後，眾佛弟子第一次結集訂定佛陀的說教，正是大弟子迦葉作主持。毫無疑問，迦葉是佛陀時期一個重要的弟子。他正正是因為佛陀而放棄他已建立了一翻成就的念經拜祭的修行之法，但今日卻被佛教淨土宗所推崇，佛陀在世不知有何話可說？

今日佛教主流——念佛拜佛，並不是佛教的精髓，佛教應是智慧的宗教，強調「般若」，即「智慧」，佛教的智慧是什麼？

佛教的智慧源自佛陀，佛陀在世傳授了什麼教法？佛陀所開創的宗

林楚菊的《漫談世界各宗教》

教,並不是天啟宗教,不像瑣羅亞斯德教、猶太教、基督宗教和伊斯蘭教,有大能的神向不同的宗教開創者揭示真理與教導。佛陀是 2500 多年前最早探究真理的智者,也是最具科學精神的智者。佛陀要人們破除迷信,教導人們有關超感官事物的真理知識,佛陀要求人們不要盲目相信任何事情,即使是世人已經公認的權威,甚至佛陀本人的說話也不要盲目相信。佛陀要求人們要像試金石測試黃金的純度那樣,批判地驗證佛陀的話語。今日庸俗到不堪的基督宗教強調「信者得救」,最好不用懷疑,也不須任何驗證,但在 2500 多年前,佛陀強調人們只有親證才能得救,才能到達彼岸。

佛教在初期佛陀教導的時代,對當時主流認同的聖人言教和《吠陀》經典,佛陀認為並不可信。佛陀倡導親自修行,驗證所有知識及信仰能否讓人在愚昧中得到覺醒,遠離黑暗無明,離苦得樂。南傳佛教巴厘經典《增支部》中佛陀教導弟子十項不可隨便相信的守則:

1. 不要因聽聞就相信;
2. 不要因傳統習俗就相信;
3. 不要因流傳的消息就相信;
4. 不要因宗教經典就相信;
5. 不要因合乎邏輯就相信;
6. 不要因合乎推理就相信;
7. 不要因外表的觀察就相信;
8. 不要因深思熟慮就相信;
9. 不要因有可能就相信;
10. 不要因沙門是我們的導師就相信。

今日社會的文明進步,道德教化的提高,很大程度上是由於科學精神那不偏不倚的態度所推進。佛陀所倡導追求真理的科學精神可說是走

向時代的尖端,但在今日,佛陀所倡導的科學精神在宗教層面上已消聲匿跡,即使在佛教內部也如是。後期大乘佛教出現一大批明顯不是佛陀親自說法的經典,甚至比《吠陀》經典更值得懷疑,因為當中有很多屬虛構的神話,也被百分百供奉為佛教的真理。

要瞭解佛教的精髓,一些學者把小乘佛教(即早期佛教)的教導歸納為一個「苦」字,而大乘佛教則歸納為一個「空」字。早期佛教「苦」字的由來是因為佛陀創立的佛教教義,把重點放在探討人生問題上,把其他教派感興趣的問題,例如萬物的起源、靈魂與肉體的關係,一一不作深入探討。佛陀看見人世間充滿苦痛,解脫之道就是脫離人世間痛苦的方法,他認為這正是人類最急切需要解決的問題。當有人向佛陀請教宇宙的起源與靈魂不朽的問題時,他均以「無記」(即不做解釋)作答,這就是佛陀著名的含意深遠的「沉默」。有一次,佛陀其中一個弟子向佛陀請教有關宇宙的起源,以及是否有一個永恆不朽的靈魂(即印度教所稱的神我或真我)存在於每個人之內,他更聲言,若佛陀不為他解答這些問題,他就會離開佛陀。佛陀向他說了一個比喻,如果一個人被毒箭射中,醫生不立即替他拔出毒箭,而是先問誰射的箭、製箭的材料是什麼、製箭者是誰等問題,那麼問題還未得到解答,中箭者早就死了。聽完佛陀的解說,那個弟子覺得值得留在佛陀身邊。佛陀又有一次向弟子解說,人生可能有一些痛苦無法避免,就好像射來的箭誰也逃避不了,但若此傷口受到同樣的箭在同樣部位不斷射擊,那個人傷口的受創會比只受一枝箭傷害的人痛苦百倍,佛陀的教導就是不再讓傷口受到第二、第三或更多枝箭的傷害。

四聖諦與八正道

佛陀研究的重點是人生問題,對人生價值、人生的解脫途徑及結果均有深刻和獨到的認識。佛陀認為人生最需要解決的問題,就是苦的問

題，佛陀對苦的探討十分透徹。而早期佛教的主要教義就是四諦說，這是佛陀把苦的問題作系統化的說明，並提出他的解決方案。四諦意為人生的四大真理，就是苦諦、集諦、滅諦和道諦，簡稱苦、集、滅、道。

苦諦就是指痛苦的存在。佛陀認為人世間的一切都是變遷不息，生滅無常，這種沒有常住與安定性的生活，決定了人世是一種持續不斷的幻滅，一種根本的苦惱，所以人生是一個無邊的苦海。對人生的痛苦，佛陀歸納為八類：

(1) **生苦**：嬰兒出生時，絕大部分母親都要承受生產之苦，而且產後身體需要一段時間康復過來，同時間要照顧嬰兒，有些嬰兒生下來帶著諸多業障，經常啼哭或難以照顧，甚至患病，這都會令嬰兒自身及家人帶來痛苦。

(2) **老苦**：人步入衰老，身體機能開始衰退，容貌因失去青春而變得不怎麼好看，體力、智力和記憶力也可能會下降，甚至顯得笨拙，需要別人照顧，或因此而遭人厭棄，或帶給別人痛苦。若心理上沒有足夠智慧接受這無可避免的逆轉，其苦會更深。

(3) **病苦**：人身體難以避免患病，輕則帶來些微苦楚，重則令身心帶來極大傷害。

(4) **死苦**：有些人因受病痛折磨而死亡，有些人或遭遇意外事故而死亡，死亡的過程可能會令身體帶來短暫痛楚，而死者的親人可能會受到影響或感到十分悲痛。

(5) **怨憎會苦**：與自己所怨憎的人相會，或處於自己所憎恨的環境之中，或對自己所厭惡之事無法迴避等等，都會令人感到痛苦。

(6) **愛別離苦**：這與怨憎會苦剛剛相反，人的一生也常生愛心，但往往與相愛的人離別，或不得久處於自己所喜歡的環境，或離別自己所珍愛的時光歲月，也會給人帶來痛苦。

(7) **求不得苦**：人的一生會生起種種欲望，拼力求得滿足，但往往求而不能得之，因而感到痛苦。

(8) **五取蘊苦**：指人因不良的心理活動而產生的痛苦，例如悲傷、憤怒、嫉妒、擔憂、疑慮、恐懼、癡迷等等。

以上八種苦只是說明苦的現象，但並不是痛苦的原因，有些人同樣面對生、老、病、死，他可以不覺得怎麼苦。佛陀把產生痛苦的原因稱為**集諦**，集諦之集，意為集合，佛陀認為造成人生痛苦的原因有很多，但集合起來，最重要的就是渴求，一個人在睡夢中，在黑暗無明中產生渴求的欲念，此種渴求必會帶來痛苦。人們渴求生存，導致生而又生，伴隨著慾念和貪求，不斷尋找滿足，渴求歡樂，渴求生存，渴求青春，渴求財富，渴求權力。在佛經中，渴求也叫作「貪愛」，人們貪愛太多不是對自己最重要的東西，但卻以為這些東西最重要。人類的精神世界仍是漆黑一片，但卻不斷向外索求，索求無果便會帶來痛苦。即使能夠成功索求眾多身外物，但所得的快樂不會持久，因為內在的精神層面沒有覺醒，看不到生命的真相，對自身的存在沒有正確和真實的瞭解。

知道痛苦的原因，便要把它消滅，**滅諦**就是斷滅人生苦痛的道理。當痛苦破滅，一個人才能產生平和與喜悅，這是真正發自內在的精神世界，不會伴隨外物的變幻而消失。佛陀指出，既然外在的渴求是人生痛苦的根本原因，那麼便要徹底斷滅之，從而得到解脫，進入愛欲斷盡，一切煩惱皆盡的超脫境界，這種理想的境界，不生不滅，佛陀稱之為涅槃。佛教徒進入涅槃，就是人生解脫的最終結果。首先他們必須斷除一切慾念，然後再精進修行，直至能達到涅槃。佛陀所說的涅槃，是一種達到最高境界的精神狀態，而不是指死後往生西方淨土，或天堂，或極樂世界。

要達到斷除一切慾念，從而脫離痛苦，進入涅槃，便必須要有正確的修行方法。**道諦**講的是獲得解脫的途徑。佛陀從思想、言語和行動，規定了佛教徒應遵循的八條原則，稱之為**八正道**，即：（一）**正見**：正確的見解；（二）**正思**：正確的思維；（三）**正語**：正確的語言；（四）**正業**：正確的行為；（五）**正命**：正確的工作；（六）**正精進**：

正確的精勤；（七）**正念**：正確的念頭；（八）**正定**：正確的定力。

　　佛陀提出的八正道，其實就是古波斯瑣羅亞斯德教所提出的善思、善言和善行，也和與佛陀同時代的耆那教教主大雄尊者（Mahavira，西元前599至527年）所提出的自我解脫的真實之路十分接近，即正知、正見和正行（包括言語和行為），只是佛陀把思想、言語和行為三個主要層面以八種概念分述之。筆者在認識佛教的學說時，總是感到佛教傾向把一些簡單的概念複雜化或嚴重細分再細分，這在佛陀的說教中已看到端倪，例如在一行禪師所著的《佛陀傳》中，佛陀教導廣大弟子以呼吸和意念幫助禪坐入靜的方法，竟有16個步驟，如此繁瑣的呼吸入靜方法，非要別人帶領不可，否則你必須先記熟此16個步驟，才可親自進行，而且每個呼吸步驟所配合的意念都十分相近，只有些微的差別。相反，印度《瑜伽經》提出呼吸入靜的方法卻十分簡單，大致上只有三個步驟，任何人要記下來都沒有困難。佛陀這種化簡為繁的傾向，在後期大乘佛教的說理中更是有過之而無不及，這容易使佛教出現文字障礙，有時看到大乘佛教一大堆過百以上的細分概念及術語，不知是可悲還是可笑，故此大乘佛教禪宗反璞歸真的做法——不立文字，直指本心，是佛教的唯一出路及正路。

　　佛陀提出八正道說明正確的思想、言語和行為，或善良的思想、言語和行為是人生的解脫之道，這與普世的宗教和聖人的言行完全一致，人們需要有強大的精神力量去控制自己的思想、言語和行為走上正道。傳統印度的瑜伽修行冥想就是要提升內在的精神力量，而佛教也十分重視禪定修行，也是要訓練及提升自己內在的精神力量，故此後期大乘佛教的禪坐修行正是引入了印度的瑜伽修行方法。不過，除了禪坐外，八正道的修行之法是要去實踐出來，佛教是一個重視實踐的宗教，八正道正指導人們應如何生活，如何處世做人，故此佛陀時代和後來佛教對於思想、言語和行為的善惡描述，非常仔細，以指導廣大出家與在家的佛教徒什麼該做、什麼不該做，例如佛陀提出五戒（註4）、八戒（註

5)、十戒（註6）、五欲（註7）、五種妨礙解脫的障礙（註8）、四無量心（註9）、七種導致正覺的因素（註10）和聖人（指佛陀本人）的八種覺證（註11）等等，這些都是與八正道相關的修行及生活指導。

十二因緣說

　　除了四聖諦和八正道外，**十二因緣說**也是佛教的重要思想，是佛陀對眾生生成過程的解釋。對於萬物起源的問題，佛陀無意深入研究，但對事物的生滅、生死輪迴等印度人深信的問題，又不能不作一些解釋，因此佛陀提出了一種因緣說。緣，意即條件，因緣是指依條件而產生。佛陀認為世界上的事物和現象都是依緣（即互為條件）而生，所謂「諸法從緣生，諸法從緣滅」，這裡的法是指事物和現象，《中阿含經》（卷20）說：「若有此即有彼，若無此則無彼，若此生則彼生，若此滅則彼滅。」佛陀的因緣說並不是要解釋宇宙的起源，而是要指出宇宙生成變化的過程。佛陀不談論神，但不等於否定神，今日不少佛教徒執著於認為宇宙並無一個獨一的主宰，因為佛陀指出世界萬事萬物依條件互相依存而生，但他們又相信有眾神，又認為佛祖就在最高的境界。若佛教有所謂至高者，其實就是將宇宙獨一的主宰以佛之名稱呼之。佛陀正要解釋世間萬物的變化過程，而不是肯定或否定宇宙有沒有一個終極的源頭或創造者，就好像佛陀指出世間萬事萬物的法則，此法則背後可能有一個終極主宰去定訂，只是佛陀不想對此作任何探索。即使因緣說是真理，這也不能肯定或否定宇宙是否有一個終極主宰，今日佛教執著於否定的立場，其實背後並沒有什麼理據作堅實的支持。

　　佛陀所提出的十二因緣說，目的不是要解釋宇宙的生成，而是用來說明人生現象，即一個人由未出生至出生，乃至死而又生的12個階段之間的關係，此12階段具體內容如下：

　　(1) 無明：即漆黑一片，沒有光明。這是指心的迷暗無知，執著於各

種事物，在短暫的快樂與長久的煩惱中跌跌盪盪，不明白萬事萬物的真理、生命的真正意義和實相。

(2) **行**：指意志活動，即個體依過去世煩惱而作種種善與惡的行為；印度信仰稱之為業 (Karma)，佛教沿用之。

(3) **識**：依過去世的業而在現世受胎之念，即意識。

(4) **名色**：指在胎中身心漸次發育。名為心，即精神，色為肉體；名色是指胎兒的精神和肉體。

(5) **六處**：指胎兒的感覺器官，即六根：眼、耳、鼻、舌、身（指皮膚觸覺）、意（指心理及思想），在母胎中形成。

(6) **觸**：指胎兒出生後感覺器官與外界接觸，處於幼年階段，即兩至三歲時尚不能識別苦與樂，但觸物之欲已產生。

(7) **受**：指對外界事物的情緒感受，有苦與樂，或不苦不樂；指兒童階段逐漸對事物的苦與樂能識別且能感受。

(8) **愛**：指感受外界事物後，產生貪愛、貪欲，為青年階段。

(9) **取**：指成年時追求自己所貪愛的事物。

(10) **有**：由於意欲佔有而產生種種思想行為，因而作種種之業。

(11) **生**：依現世所作之業決定未來的受生。

(12) **老死**：身體漸次衰弱而死亡，然後又是下一個生命的循環。

佛陀的十二因緣說可見其把概念細分再細分的高超技巧，因為當中有些概念十分相近，可以不用分出十二階段那麼多。這是佛教經常出現的毛病，佛陀之後的大乘佛教更變本加厲。我認為，只要瞭解佛教的精髓已十分足夠，佛陀親自說法以外的浩瀚佛經，即使窮盡畢生精力也看不完，當中層出不窮的概念和術語，容易令人迷失了真正追求真理的本意，變成鑽研佛學知識。

在十二因緣中，識是一種不具體的精神活動，與名色具體結合而形成人的生命。眾生的再生，表現為識的投生。佛陀所謂的「識」是一種精神的東西，並非靈魂，佛陀不承認靈魂的存在，然而投生的「識」到

底是什麼，他沒有解釋。這是原始佛教教義中的一個矛盾，後來興起的部派佛教，對此問題作出激烈的爭論，促使佛學進一步發展和分化。

佛陀所謂十二因緣的聯繫，無明是人生過程的起點，是種種產生痛苦的思想和行為的原因，也是造成眾生生死輪迴的根本原因。佛陀指出要克服無明必須信仰佛教，通過佛教教義覺悟人生來去皆空的真諦，從而追求真實的「涅槃寂靜」。

佛陀所說的「空」

佛陀所說的空，有兩層意思：第一個意思即世間萬事萬物沒有永恆不變的常態，例如好會變壞，壞會變好，好與壞不會恆常不變；第二個意思是世間沒有一個恆常不變的自性，即「我」。人們所執著的「我」其實是一個不斷變動，沒有固定實相的東西，因為這個「我」是受到不同條件（即因緣）互相依存而形成，沒有永恆不變的自性，故此人應該「無我」，即不執著於自我，才能從這個「我」中解脫出來，脫離痛苦的網羅，而且只有「無我」，才能以海闊天空的視野看到生命的實相。

佛陀指出世間沒有一個所謂永恆不變的「我」存在，古希臘哲人蘇格拉底（Socrates，西元前469至399年）也曾提出相似的觀念，他與佛陀是同時代的人，只是生活在不同的地域與文化中，但卻瞭解相同，蘇格拉底可算是佛陀的知音。

蘇格拉底說：

「我們通常以為每一個動物在他的一生中前後只是同一個東西，比如說：一個人從小到老，都只是他那一個人。可是他雖然始終用同一個名字，在性格中，他在任何一個時刻裡都不是他原來那個人。他繼續不斷地變成新人，也繼續不斷地在讓他原來那個人死滅，比如他的髮、肉、骨、血，乃至全身都常在變化中。不僅是身體，心靈也是如此。他的心

情、見解、欲望、快樂、痛苦和恐懼也都不是常住不變的，有些在生，有些在滅。還有一個更奇怪的事實：就是我們的知識全部也不但有些在生，有些在滅，使我們在知識方面前後從來不是同樣的人，而且其中每一種知識也常在生滅流轉中。」（註12）

空並不是什麼都沒有，當一個人悟出空，他便可進入佛陀所指的真實境界——涅槃寂靜。這個境界，佛陀教導佛弟子要親自體驗，親自覺證。破除無明，是一切證道的關鍵。當他對世間事物有深切和正確的瞭解，便可以破除十二因緣中循環不息的受、愛、取、有和生死。凡夫俗子的出生，註定一生都要受或多或少的苦，且輪轉不息。聖人的出生，則可以破除世間的無明，一個得到覺醒的人的生命與一個未得到覺醒的人的生命，是兩個完全不同的性質。

五蘊說與業報輪迴說

除了十二因緣說外，佛陀還提出**五蘊說**。五蘊說是講述有關眾生生命的構成。「蘊」的意思是積聚，五蘊即五種因素的聚積，佛陀認為眾生是由色、受、想、行、識五種因素積聚而成。色是指物質因素，包括地、水、火、風四大元素和由四大元素構成的感覺器官。受（感受）、想（思想）、行（行念）、識（意識）是精神因素，常合稱為「名」。這五種因素具有變異無常的特點，即是說，五蘊在時間（過去、現在、未來）、空間（內外、遠近）和形態（粗、細、好、壞），都是變化無常的，世界不存在任何獨立存在、恆常不變的人、事和物。

佛陀指出五蘊變異無常，所以由五蘊構成的眾生也處於變動之中，死而再生，生而再死，然而世人卻企求「常」（不死）。眾生由無常的五蘊結合而成，沒有恆常不變的自體和自性，而世人卻追求個我的身體或靈魂的永恆，這樣就使人感到痛苦。佛陀的五蘊說是從人生構成方面

進一步說明人生「苦」的原因和一切皆「空」的意思。

除了五蘊說外，**業報輪迴說**是佛教教義的一項重要內容。業報輪迴說是印度傳統以來固有的信仰，佛陀沿襲此思想，並加上個人的演繹，否認神意和命運的作用，從人的行為和道德責任說明輪迴轉生的原因。佛陀認為，眾生輪迴轉生是由於前世的「業」在起作用。業分為兩類：口業和身業，即由思想引發的說話和行動。人之業的產生是由於無明，因無明而作種種惡業。人在世之業，死後並不消失，而是聚合為果報。果報驅使眾生轉生，即驅使十二因緣中的「識」投胎，至於眾生轉生為何種東西，則按其業的善惡而定。積善累德者，將往美好的境地轉生，否則轉往更壞的境地。

佛陀把轉生之處分為六類，即（一）地獄：在地獄受火燒或寒冷之苦；（二）鬼：靠子孫祭祀或拾人間遺物而生存；（三）畜生：各種動物；（四）魔（註13）：原居天界，因失去德性而被攆出天界，這相等於伊斯蘭教所指的邪惡精靈；（五）人；（六）天，指眾天神。此六種轉生之處，稱為「六道」，六道中地獄最低，天最高。原始佛教雖然沒有否定神的存在，但把眾天神列於轉生於六道的眾生之列，相當於伊斯蘭教所指沒有受真主差使的眾天神（註14）。佛教指出，眾生依其所作之業在六道中輾轉而生，積德行善者上升，積惡業者下墮。如此上升下墮，輪迴流轉，永無了期。即使升到天界也並不幸福，因為積有惡業又會下墮。在佛教教義中，天神並不是完美的境界，佛才是完美的境界。只有皈依佛教，得到覺醒，虔誠修持，才能解脫生死輪迴。

三法印——諸行無常、諸法無我、涅槃寂靜

以上闡述的種種佛教思想，即四聖諦、八正道、十二因緣說、五蘊說和業報輪迴說，是早期佛教的信仰核心，而佛教的精髓，可以由佛陀本人提出的**三法印**高度概括之。根據佛經記載，佛陀將入滅之際，弟子

們擔心佛陀離世後,正法會遭到誤解和歪曲,於是急切地問:「佛陀離世後,世人憑什麼判別真佛法與偽裝的佛法?」佛陀回答:「依據『三法印』可以辨別真佛法與偽裝的佛法。凡依據『三法印』則為真佛法,反之則為外道邪說。」因此從古至今,「三法印」被認為是佛教與其他流派的學說相區別的標誌和試金石。「法印」,意為印證、標誌,佛陀所說的三法印就是:「**諸行無常、諸法無我、涅槃寂靜**。」

　　三法印是佛教的三大綱領,早期佛教以及後來的許多教義,實際上都是對三法印的進一步展開,而早期佛教的十二因緣說和五蘊說,可以看成是對「諸行無常、諸法無我」的具體闡明。**諸行無常**,是指世間一切事物和現象都處於遷流轉變之中,佛陀說:「只要有生,就會有滅。世間的一切現象都有生、住、異、滅,成、住、壞、空,生、老、病、死。這種相依變化的法則,誰都不能停止。」(註15)然而人們並不知道此真理,期望人世間好的東西長住不變,變動不居的現實和追求恆常的願望,使人產生痛苦,若有所失。佛陀臨終前,身邊的弟子阿難陀感到異常難過,他是佛陀的親弟,由於記憶力第一,故眾弟子推舉他常在佛陀身邊,好記下佛陀的一切言教,佛陀對阿難陀說:「阿難陀啊!凡是我們所愛的,終將離去;凡是有生命的,終將死亡。所以不必為美好的事物不能常存、變質敗壞而痛苦悲傷啊!」(註16)佛陀教導人們從愛欲的執著中解脫出來,獲得心靈的自在。

　　諸法無我,是指人從出生到死亡,每一刻都在變化之中,沒有一個實質不變的我存在。人們由於對自我的執著,即不能捨,於是一直生活在企盼與欲望之中,產生了好、壞、順、逆的種種起伏,但這個「我」根本不值得太重視,佛陀認為這個我是由五蘊因緣和合所形成,且變動不居。印度教認為這個我並非真我,真我是每個人內裡的神我 (Atma)。佛陀不承認印度教所說的神我,即擺脫輪迴的靈魂,佛陀否認常住不滅的神我和靈魂存在的同時,又強調眾生輪迴轉世,以及出世後入涅槃,那麼,是什麼東西輪迴轉生和進入涅槃呢?這裡存在的矛盾和不明白之

處，激起了後世佛教和派別間激烈的思想討論和交鋒。後來大乘佛教所強調的「佛性」，說人人皆有佛性，其實即是印度教所指的神我，而佛陀十二因緣說的「識」，其實就是印度教所指的靈魂 (Jiva)。

涅槃寂靜，是佛教的理想境界。入此境界，一切情欲、煩惱皆盡，處於寂然常住的和平與寧靜當中，相當於耶穌復活後向門徒顯現時所說的第一句話：「願你們平安。」這平安就是涅槃寂靜。印度文化相信涅槃的境界不是不苦不樂，當中有恆常的喜樂，是淡淡然純潔的寧靜，不會因世俗的變化而動搖，印度文化稱此種喜樂為最高的喜樂 (Ananda)，即精神上或宗教上的喜樂，佛陀的親弟阿難陀尊者，他的名字就是 Ananda。儘管印度經典對涅槃境界有不少描述，但此境界最終要人親自感受和體驗，不是常人的語言和思維所能把握，就可以達到，只有真正信仰佛陀的教導，虔誠修持，真正領悟到人生的真諦，才能入此境界。涅槃是佛教為眾生指明的出路和理想境界，是佛教徒追求的最終目的。

佛陀經常強調，他所教導的一切，只是工具，幫助人們瞭解真理，就如木筏。木筏是用來達到彼岸的工具，當一個人達到彼岸後，就可以放下木筏，自由自在地行走，若仍然拿著木筏不肯放，這是十分愚蠢的行為，因為在陸地上行走，已經不再需要木筏了。佛陀又曾說他的教導就如手指，手指指向月亮的方向，使人看到月亮（即真理），當看見月亮後，應當向月亮作崇拜，而不是向手指作崇拜，若仍然不肯放下那手指，這同樣是愚蠢的行為。佛陀要求人們追求真理，追求世間萬事萬物的本相，當明白真理後，便要去實踐，親自體驗，而不是盲目接受一套思想理念，因為佛陀的一切教導最終都可以全部放棄。

佛陀指示一個解脫之道，但沒有提供答案，他也不承認印度傳統信仰所提供的答案，這是因為佛陀要求世人親自尋找答案。別人所遺留的答案，容易令人盲目接受，而沒有經過親證，盲目的信仰永遠達不到覺醒之道。佛教是一個重視實踐的宗教，佛陀在世時所有弟子都要自己去親自體驗涅槃與解脫之道，當時佛弟子必須遵守四條大戒，即觸犯其中

一條便要離開僧團,這四條大戒是:(一)不淫;(二)不盜;(三)不殺;(四)不可在未證道前妄稱或誇耀自己已證道。第四條大戒說明不是所有佛弟子都已覺醒得道,他們要謙虛地自己親證,不可能人云亦云,或把佛陀的覺醒看作是自己的覺醒。究竟生命的實相是什麼?佛陀要人們自己去尋找、體驗並實踐,不竟涅槃不是一件死後發生的事情,而是一種意識狀態。

佛教與印度教

佛教的精髓在於「苦」與「空」,原始佛教除了有「三法印」之說外,還有**「四法印」**之說,即:「諸行無常、諸法無我、**一切皆苦**、涅槃寂靜。」這個「苦」字,佛陀已解說得淋漓盡致,一般人一生都不會想到的人生問題,佛陀已想得一清二楚,而「一切皆苦」在印度經典也有提及,在《大森林奧義書》第三章中這樣說:「*居於一切中的這個神我就是你的神我,此外的一切都是痛苦。*」(註17)印度整個文化信仰包括佛教在內,都認為世間充滿痛苦,都致力探究脫離生死輪迴的解脫之道。印度教認為解脫之道是人們要發現內在的真我,即神我,生命才會有意義,生命才是一個真正存在的實體,那時苦痛會消除,取而代之的是與神我合一的祥和與寧靜,這就是至上的喜樂。

印度瑜伽是一個歷史比《吠陀》經典還要古老的修行方法,其目的就是讓修行者達到神我合一,即梵我合一的境界。伊斯蘭教和基督宗教相信人類的始祖阿丹(即《舊約聖經》中的亞當),因偷吃禁果被趕出樂園,《舊約聖經》記載亞當有九百多歲的壽命,而伊斯蘭教蘇非主義相信亞當離開樂園後曾在印度修行了三百多年(註18),此訊息反映在遠古時期,印度是一個修行的地方。而佛教是一個著重修行的宗教,佛陀不接受印度傳統婆羅門教的敬拜方法,認為這無助於人生解脫,佛陀本人教導的修行方法,以至後期佛教發展出來的修行方法,有不少地方

與印度瑜伽修行方法相同，甚至佛教借用了不少印度古老的瑜伽修行方法，例如佛教重視禪坐，禪坐在印度信仰稱為「禪那」(dhyana)，意即靜慮、禪定和冥想。佛陀在未得道前，曾向兩位印度大師阿羅邏和優陀羅學習禪定和靜慮方法，禪定和靜慮後來成為佛教修行的重要途徑，佛教主張慈、悲、喜、捨與戒（戒律）、定（定力）、慧（智慧）的修行之道，與印度瑜伽的修行之道完全一致。

佛教所說的「空」，原始佛教和後來的大乘佛教各有不同的演繹。佛陀所說的「空」，其實就是「諸行無常、諸法無我」，即世間一切事物與現象沒有獨立的自性個體，一切都是由不同條件（因緣）互依互存所形成。後來大乘佛教對有關「空」的解說，卻借用了印度教的「幻影說」，即世間的一切事物和現象都是摩耶(Maya)，摩耶即幻相的意思。摩耶把真理遮蓋，使人看不到生命的實相，即看不見梵，因而陶醉於世間苦與樂的生活，生死輪迴永無休止。大乘佛教的「空」就是要人看破世間一切都是幻相，大乘佛教著名的《金剛經》，其中最重要的句子：「一切有為法，如夢如幻如泡影，如露亦如電，應作如是觀。」「有為法」是指世間的一切事物和現象，這裡明顯是借用了印度教的幻影說，佛弟子應把世間的所有事物看作幻相，不要貪愛、追求和執著。

佛陀所說的「空」是指「諸行無常、諸法無我」，而大乘佛教的「空」卻成為覺醒的至上境界。《金剛經》講說佛弟子若生出菩提心，應把這個心安放在哪裡，菩提即智慧，《金剛經》的答案是「應如是生清淨心，不應住色生心，不應住聲、香、味、觸、法生心，應無所住而生其心」，「無所住」就是「空」，是佛教的至上境界，所謂「萬法皆空」。然而印度教的至上境界卻是「有」，梵文稱 Sat，即真理、實在、存在的意思。在大乘佛教發展之初，即對「有」與「無」的思想提出爭論，西元 2 至 3 世紀，佛教理論家龍樹因此而提出「中觀」的思想，認為正確的態度是既不執著有，也不拘泥於空，應「以有觀空，以空解有」（註 19）。其實佛教到此時已成為一門形而上的哲學，而非覺醒之道，

但佛弟子又不能不解決傳統印度思想「有」與佛教至上境界「空」之間的矛盾和衝突。

　　印度哲學自產生以來一直存在著兩種思潮：一種是源自《奧義書》的「有我論」，另一種是佛教的「無我論」。所謂「有我論」，即承認一切事物都有一個永恆不變的主體存在，宇宙的大主體與個體靈魂的小主體是同一的；而「無我論」則不承認這個主體的存在，認為事物是由各種因緣和合而成，或由各種原子和原初物質構成。「有我論」屬於印度主流的正統派，即吠檀多哲學，宗教上就是有神論的婆羅門教，「無我論」則屬於佛教和其他無神論的哲學派別。其實這兩派的觀點最早源自印度最古老經典《吠陀》中「有」與「無」的概念，這可追溯自《梨俱吠陀》的神話。在原始神話中，「有」與「無」尚未分家，而是一個統一的「彼一」概念，是一種既非有，又非無的原始混沌，正是這個彼一實現了宇宙的創造，也是它打破了混沌而造成了有與無的分家。

　　在印度早期的經典中，「無」被看做是一種基本的原則，但後來的《奧義書》哲學不再強調這一觀點，從此「有」的哲學被看作是正統婆羅門教的理論，而「無」的哲學開始逐漸從印度正統哲學世界裡消失。事實上，從開始時，印度哲學有兩種思潮存在，一種承認「有」，一種承認「無」，它們都屬正統的婆羅門教傳統。在世界之初，「有」與「無」作為宇宙的根本原則，彼此並沒有差別，例如在《阿達婆吠陀》中，「有」與「無」被描述為以梵作為它們共同胎藏的「暹羅雙胎」，它們之間彼此關聯著，就像一頁紙的兩面。正統婆羅門哲學看到紙的這一面，而佛教哲學則看到紙的另一面。在《歌者奧義書》，梵可以被瞭解為「空」：

「確實，這梵是人體之外的空。確實，它是人體之外的空。
　確實，它是人體之內的空。確實，它是人體之內的空。
　確實，它是心中的空，它完滿，不動。

知道這樣，它就會獲得完滿、不動的幸福。」（註20）

　　印度教標舉作為世界終極根據的「梵」的實在性，而佛教的中心教義是無物無我，世界沒有任何一個實在的終極，一種沒有任何實相與本質，處於非有非無之間的「空」就是它的終極實相。以上兩者的差別不可否認，但其實都只是印度哲學思想一頁紙的兩面，印度教的幻影說就是指出只有真實地看破世界所有存在物都是摩訶摩耶 (Mahamaya)（註21）所幻化出來的幻相，是騙人的偉大技倆，如此便能看到真實的梵，梵在世間無處不在，只是被摩耶幻相以不同形式所掩蓋。佛教的空其實就是根據幻影說把世間一切幻相去除，物質及心理狀態的一切幻相去除後，就是空，之後佛陀要求佛弟子自己去尋找生命的答案，最後達到涅槃寂靜。而印度教就進一步指出摩耶幻相去除後，梵由於再沒有了任何物質形態的掩蓋，梵看作是空，就好像空氣一樣，無色、無味、無嗅，但卻無處不在，這才是宇宙的實相，梵是第一的存在，其本性是永恆、純潔、覺悟和解脫。

　　大乘佛教的《心經》是佛經中的極品，以短少的文字說出空的至上境界：「是諸法空相，不生不滅，不垢不淨，不增不減。」「諸法」就是指世間的一切事物和現象，用印度教的語言，就是世間萬事萬物的實相就是梵，梵的本質是「不生不滅，不垢不淨，不增不減」。《心經》進一步解說：「是故，空中無色，無受、想、行、識；無眼、耳、鼻、舌、身、意；無色、聲、香、味、觸、法；無眼界，乃至無意識界；無無明，亦無無明盡，乃至無老死，亦無老死盡；無苦、集、滅、道，無智亦無得。」色、受、想、行、識就是五蘊，佛陀早已表明五蘊皆空，而我們所有與感覺器官一切有關的東西都是幻相，只有破除幻相，才能看到「梵」，而佛教卻稱之為「空」。《心經》再進一步說「空」就是「無所得」，由於「無所得」，所以「心無掛礙」，跟著說：「無掛礙故，無有恐怖。遠離顛倒夢想，究竟涅槃。」「顛倒夢想」就是「摩耶

幻相」，「究竟涅槃」就是「梵」。大乘佛教的義理說到最後，其實與印度教沒有任何差別，而且可以用印度教的語言和思想理解。

我們可以看到佛教與印度教在不少地方存在著基本的統一性。佛教的發展一直受著印度教的影響，原始佛教相信輪迴轉世的信條，以及業力的連續性和因果報應的思想，以至慈悲的教義和不殺生的戒律，都與印度教的信仰完全相同，後來大乘佛教對佛教教義思想的不斷爭論和探討，都是為了調和印度教與佛教思想的衝突，而大乘佛教的「空」，與印度教的「梵」，都是指向同一真理。

此外，大乘佛教出現的眾多佛經，對天界以至佛界的詳盡描述，都借用了印度教對天神世界的認識，大量佛經中出現印度教的諸多神明，以及天界的場景，例如帝釋天、那羅延、梵天、須彌山，以至佛教中諸多菩薩的出現，都可以從印度教的神明中找到原型。印度教一般的神話經典都喜歡誇讚該經典有至上的無比功能，凡記憶和念誦這些經典的人都會得到無限福報和果效，而且是在經典的末端表示，而大乘佛教的經典也出現相似的情況，例如著名的《維摩詰經》末後這樣結束：

「不管是現在還是今後，如果有緣聽聞讀誦此經，也能得到很大的利益，更不用說那些聽聞後又能信受奉持宣說實行者。不論是誰，只要能得到這一經典，就是獲得了無價的法寶；如果能夠信受讀誦解經，並按經中所說的去修行，那他一定能得到佛的護佑；而不管是什麼人，如果他們能夠供養那些受佛世尊護佑的人，那他的功德與供養佛世尊是一樣的；如果有人抄寫並持有此經者，其室中即猶如有如來；如果有人聽聞此經而能頌讚並生歡喜心，他便能入一切智慧之門；如果有人信受奉持乃至為人解說此經中的一個四句偈，那麼這人就會得到日後必得無上正等正覺的授記。」（註22）

佛教一直受到印度教的影響而發展，而印度教也吸納了佛教對覺醒

之道的重視。基督宗教是一個喜歡排他的宗教，基督徒認為所有宗教都不正確，只有基督宗教才是正確，而印度教卻是一個喜歡吸納的宗教，任何正規的宗教都可以被吸納到它的信仰體系內。印度教不但吸納佛教對覺醒之道的重視，甚至佛陀本人也被印度教列為神明之列。印度教的毗濕奴派 (Vaisnava) 相信毗濕奴 (Vishnu) 是宇宙永恆獨一的主宰，根據經典記載，他有十次降世人間以匡扶正道，而佛陀就是他第九次的降世，故此佛陀的地位在印度教內相當高，今日佛教禮拜佛陀，與印度教禮拜神明的做法沒有分別。而佛教在某程度上也仿傚了印度教吸納的精神，在中國古籍中，伊斯蘭教的創始人穆罕默德被形容為佛的降世：

「有麻嘉國（即麥加），自麻離拔國西去，陸行八十餘程乃到。此是佛麻霞勿(即穆罕默德)出世之處，有佛所居方丈，以五色玉結甃成牆屋。每歲遇佛忌辰，大食諸國王，皆遣人持寶貝金銀施捨，以錦綺蓋其方丈。每年諸國前來就方丈禮拜，並他國官豪，不拘萬里，皆至瞻禮。方丈後有佛墓，日夜常見霞光，人近不得，往往皆合眼走過。若人臨命終時，取墓上土塗胸，即乘佛力超生云。」（南宋周去非《嶺外代答·大食諸國》）

此外，耶穌也是眾佛之一，在本書第二章基督宗教中已說明在北印度和西藏的佛經中有提及耶穌的事跡，在中國為數極少的寺廟也中有耶穌作為諸佛羅漢之一的造像，當然，基督徒會不高興，因為耶穌不是至大，而是諸佛羅漢菩薩的一員，但至少耶穌超凡入聖的本質，心寬的佛教徒是承認的。

概而言之，佛教與印度教的不同，是一種在共通文明基礎和信念前提下的不同，兩者都屬於豐富的印度文化的表現形態，只不過又各自有自己所突出的側面。

林楚菊的《漫談世界各宗教》

佛教與耆那教

佛教與耆那教可說關係深厚，今日在不少佛教的廟宇中均設有「大雄寶殿」，大雄寶殿不是中國儒、釋、道三教合流的產物，大雄正是指印度耆那教的創始人。耆那教的創始人大雄尊者，梵文是 Mahavira，音譯摩訶維瓦，Maha 就是偉大的意思，而 vira 就是英雄的意思，兩個字在一起就是指「偉大的英雄」，故中譯為大雄。一般的佛教徒雖然不認識大雄尊者，更不知道耆那教是什麼，但佛教的慈悲與不殺生教義正是耆那教教義的重中之重。耆那教是與佛教在印度同時代出現的沙門思潮之一，大雄尊者（西元前 599 至 527 年）與佛陀屬同時代，但比佛陀較早出生，故也比佛陀較早離世，當時佛教稱大雄尊者為尼乾陀若提子，他的追隨者稱為裸體修行者或裸體外道，這是因為耆那教的修行者不穿衣服。

耆那教沒有像佛教那樣曾經在印度盛極一時，或在印度以外產生任何影響，但今日在印度，耆那教的信眾佔印度總人口 0.4%，總數若 400 萬人，比佛教徒還多，而且地位還要高。耆那教能夠在印度歷久不衰，此宗教必然有其深度與智慧，不過卻不是大眾化的宗教。

耆那教起源於古印度的古老宗教之一，源頭難以考究。耆那教有獨立的信仰和哲學，耆那教徒尊奉大雄尊者為第 24 代祖師 (Tirthankar)，也是最後一代祖師，今日所知的耆那教教義就是由大雄尊者所創立。耆那教不崇拜神，但敬拜祖師，他們認為耆那教的所有祖師都是修行完滿的人，而非神。耆那 (Jaina) 的意思就是「勝利者」或「修行完滿的人」。耆那教徒認為理性高於宗教，認為正確的信仰、知識和行為能使人得到解脫，達到靈魂的最理想境界。

耆那教許多方面的思想與原始佛教的思想相當類似。耆那教與原始佛教同屬沙門思潮，耆那教反對祭祀殺生、《吠陀》權威和崇拜偶像，指責婆羅門言行不一，認為所有《吠陀》經典和祭祀都不能使人得到解脫。他們也與佛教一樣不認同印度的種姓制度，聲稱婆羅門、剎帝利、

吠舍和首陀羅的界限是人為的劃分，這思想在一定程度上反映了下層民眾的訴求，在當時產生一定的社會影響力。根據耆那教文獻《聖行經》記載，大雄逝世時已有教徒 52 萬多人，到西元前 3 世紀耆那教和佛教都受到孔雀王朝阿育王的支持和保護。

耆那教與佛教一樣均相信業報輪迴說，大雄尊者這樣解釋：

「無始以來，所有生物（即個體靈魂）都是在業的束縛之中，而業是善行或惡行的積聚，在業的影響下，靈魂習慣於在物質財富中尋找快樂，從而就會有暴力的想法、行為，憤怒、怨恨、貪婪及諸如此類的罪惡在心中紮根。這些結果也導致業的進一步積聚。」

故此大雄尊者教導信徒自我解脫的真實之路就是：正知、正見和正行，這無疑是佛陀提出脫離人生苦痛的八正道的簡化版，大雄尊者提出的正知和正見就是指正確的知識和思想，而正行則包括正確的言語和行為。大雄尊者進一步解釋正行包括以下五方面：

(1) 非暴力 (Ahimsa)：不傷害任何生物，這也是佛教和印度自古以來修行傳統的核心價值。

(2) 誠實語 (Satya)：只說實話且語不傷人。

(3) 不偷竊 (Asteya)：不拿取經由不當方法、途徑得到的東西。

(4) 純潔行 (Brahmacharya)：不沉溺於肉慾的快樂。

(5) 不執著 (Aparigraha)：完全不粘著人、地和物，也即是說對世間一切人、事、物沒有執愛和執取，也就是佛教和印度教所指以平等心或平靜 (Sama)，對待世間一切人、事、物。

此五方面的正行正是耆那教徒皈依的五誓言，其教導與佛陀的教導基本沒有分別，只是分類法的不同。大雄尊者與佛陀一樣，認為人無分男女與階級種姓，在解脫之道上都是平等無差別。耆那教徒也分為在家信徒與出家信徒，大雄尊者將信眾分為四類：男修士 (Sadhu)、女修士

(Sadhvi)、男在家眾 (Shravak) 和女在家眾 (Shravika)。與佛教一樣，被大雄尊者吸引的信眾包括各階層民眾：富戶與貧民、國王與平民、男和女、王子與公主、高貴者與賤民。不過，大雄尊者比佛陀更明確地指出生命的答案，他指出若信眾能忠實地遵循耆那教的原則，將為他們在此世的生命帶來滿足和內在的幸福，死後靈魂將再生到具有更高精神水平的世界，獲得完全的覺悟，達到最後永恆的至福，結束所有生死循環，這也是印度所有修行者的共同願望。

耆那教的教導可說是明門正派，能夠導人向善，沒有蠱惑人心或迷信色彩，不過耆那教的一些行徑卻不是人人皆可接受，例如耆那教對不殺生的要求達到絕對的地步，不單人和動物不殺，甚至各類昆蟲和空氣中的微生物也不可殺害。耆那教徒不但是絕對素食者，甚至在生活上的每個細節都要注意對昆蟲與微生物的不殺害，所以耆那教徒不能從事農業和畜牧業，因為此兩大生產活動可能會傷害到不同種類的生物，例如翻土播種時可能會殺傷了泥土裡的生物。耆那教徒只能從事商業活動，如此便可避免殺生。這看來好像有點自私，因為該教沒有考慮整體社會運作的需要，即使沒有人從事畜牧業，也可以人人吃素，若沒有人從事農業耕種，人類的糧食如何得來？若耆那教徒自身的存在是建基於別人犯上殺戒（即使是殺害泥土裡的昆蟲）而為他們供應糧食，他們的行徑就變得自私了。

不過，正因為耆那教徒奉行絕對不殺生，所以從商，正因為耆那教徒從商，所以致富。耆那教徒絕大部分都是富裕的商人，正因為耆那教徒富裕，所以在印度的社會地位十分高。印度雖然至今仍嚴格執行種姓制度，但印度教徒可以與耆那教徒通婚。耆那教徒被看作是商人階層吠舍，地位僅次於婆羅門和統治階層，但印度教徒卻不可與其他宗教信徒通婚，例如伊斯蘭教。這是不殺生教義為耆那教徒帶來的現世福樂。

耆那教徒另一樣令人難以接受的行徑就是尊崇裸體，這是因為傳說大雄尊者因把衣服報施給別人而裸體從叢林跑回居所，大雄尊者把慈悲

林楚菊的《漫談世界各宗教》

推至極限。《新約聖經》四福音記載耶穌曾說:「別人要拿你的外衣,你就連內衣也拿給他吧!」在《多馬福音》37節中耶穌也曾說:「若你們能脫去衣衫而並不感到羞恥,把你們的衣服放在腳下,像小孩子般踐踏戲耍,這樣你們會看見生命之子,你們不會害怕。」耶穌的話語只有大雄尊者可以遵行,不過,大雄尊者不會是耶穌的弟子,而是祖師,因為大雄尊者至少比耶穌早500年出生!由於祖師曾裸體,故耆那教徒把大雄尊者塑造成裸體的祖師,這是十分偏激的做法。事實上,大雄尊者死後,耆那教隨即分裂,其中分裂成白衣派和空衣派(或稱天衣派)。尊崇裸體者屬空衣派,由於嚴格修行的信徒需要裸體,故此派認為女性不能修行完滿得解脫,因為女性不能裸體,女性要死後再生成為男性才可以修行完滿。而白衣派卻不認同裸體的崇拜與修行,他們認為白衣就是最聖潔的衣服,故信徒多穿著白衣,而女性與男性一樣均可以修行完滿得解脫,這明顯較理性得多。瑣羅亞斯德教也有尊崇穿白衣的教義,而《聖經》的《啟示錄》形容天上的聖者也是身穿白衣。

　　在古印度,耆那教與佛教同時並存,雖然佛教認為佛陀的教導比耆那教的教義更接近真理,但兩教並沒有互相排斥。在一行禪師所著的《佛陀傳》中記述,佛陀與大雄尊者在一些事理上的觀點有所不同,大雄尊者認為幹出來的罪行比心想出來的罪行更大,而佛陀並不是將人類的過犯看作是罪,而是看作是苦,佛陀的八正道是教導世人脫離痛苦的方法,實質上就是脫離罪惡的方法。佛陀認為人們心想出來的惡念比幹出來的罪惡更嚴重,因為若心沒有惡念,就沒有可能會行邪惡。這是對事理的不同看法,不能說某方對或錯。佛陀的看法固然有理,但大雄尊者的看法也沒有錯,因為一個人只要不把心想出來的惡念行出來,心可以回轉,也不會造成無法補救的事情。若把惡念幹出來,就必定會對自己或別人造成實質的傷害。

　　雖然佛陀的觀點與耆那教不同,但佛陀沒有排斥耆那教。有一次,佛陀與一些弟子在路上遇到一些裸體修行者,即耆那教信徒,佛弟子問

佛陀那些裸體外道是否已得到正覺，佛陀的答覆是不能單從外表和短暫的接觸而確定他們是否得到正覺，要和他們作一段時間的相處，才能確定他們是否得到正覺，可見佛陀十分有智慧。還有一次，大雄尊者的近身弟子想到佛陀那裡提問，其他弟子苦勸大雄尊者不要讓他去，因為他很有可能因此而皈依佛陀。大雄尊者笑說並沒有可能，於是就讓那弟子到佛陀那裡，結果是那弟子雖然對佛陀多次提問及挑難，但那弟子其實從第一個提問中已經對佛陀心悅誠服，最後他跪在佛陀面前，希望佛陀收他為弟子。佛陀接納他成為佛弟子，但卻要求他回到大雄尊者那裡，繼續侍奉大雄尊者。那弟子看到佛陀並沒有世間的任何傲慢及虛榮，也從來沒有想過要壓倒耆那教或大雄尊者，故對佛陀更加尊敬，對佛教更加尊重。真理追求者與得道之人的交往應該是這樣，佛陀與大雄尊者都作了極佳的模範。

佛陀與耶穌

　　思考佛陀與耶穌的生平，你會有驚人的發現，你會稀奇他們兩人同具有超凡入聖的特質，但他們的際遇卻截然不同。佛陀比耶穌早至少500年出生，佛陀是一個絕世好命的人，筆者可以說，從來沒有一個宗教聖人如佛陀般好命，佛陀生下來便擁有一般人難求的美滿人生，若他不出家修道，佛陀的生命仍然光輝燦爛，如此幸福之人在世應該高興也來不及，但他竟然說出人生充滿痛苦，他只想為人類尋得解脫痛苦之道。

　　佛陀如何幸福？根據一行禪師所著的《佛陀傳》，佛陀生下來就是淨飯王的兒子，雖然母親自佛陀出生後不久便離世，但繼母待佛陀如親生兒子般愛護。佛陀自小萬千寵愛在一身，佛陀外貌俊美，體格健碩，不但有外在美，而且也有內在美。佛陀富有同情心，智慧超越同時代的人。自小對黎民百姓就表現關愛之情，也常常質疑婆羅門教和《吠陀》所示的祭祀與信仰。王宮內貴族子弟任何文武比試，他都名列前茅，眾

人都期待如此優秀的王子將來繼承王位,成為偉大賢明的君王。

佛陀的妻子耶輸陀羅是一位美麗且賢良的貴族婦女,與佛陀一樣對黎民百姓非常關愛。她知道佛陀有出家修行的心志,她只會默默支持,她的內心雖然捨不得,但卻從來沒有阻攔佛陀的決定。當她為佛陀誕下兒子不久後的一個晚上,佛陀即離開王宮展開他修行的生活,耶輸陀羅卻裝著熟睡,她不想打擾佛陀,令佛陀難堪。

佛陀身邊的女性都好到了不得,繼母從來沒有想為自己親生的兒子與佛陀爭王位,妻子也從來不會為佛陀決意出家之事刻意阻攔,或添煩添亂,即使她內心如何希望與佛陀及他們的兒子過著幸福快樂的生活。雖然權力能使人腐敗,但佛陀的家族卻沒有鉤心鬥角的宮廷鬥爭。人人都喜歡佛陀,都渴望他早日成為帝王,但佛陀卻選擇了修行之路。

佛陀離開王宮,獨自修行,他先後拜師兩位印度大師,學習禪坐與靜慮的方法。兩位大師十分器重他,表明死後必定會把衣缽傳給佛陀,希望佛陀能帶領眾弟子。佛陀完全掌握了第一位大師的禪修方法後,感到還不是真正的證道,便請求離開,繼續尋道,即使那位大師已盡力挽留。佛陀向第二位大師學習,結果也是完全一樣。最後佛陀選擇獨自苦修,期間在森林中遇到摩揭陀國的頻婆娑羅王,年青的國王看到佛陀儀表不凡,談吐舉止都顯示其出眾的特質,於是便邀請他到王宮居住,希望他成為輔手,還以一半的江山利誘他,但佛陀連自己的王位也放棄,怎會稀罕他一半的江山?佛陀婉謝頻婆娑羅王的厚意,他承諾國王若他得道後,必定會前來拜會,把生命之道帶給他。任何人如有佛陀般生命的優勢的其中一項,都已經感到無限滿足,好好安頓下來。

佛陀生命中的幸福還不止於此。佛陀經過六年的自行苦修,幾乎斷送了性命。在飽受饑餓瀕死的一刻,得到路過少女的供食,佛陀重新得回知覺。他說這是他生命之中最美味的其中一餐。佛陀決定放棄苦修,在菩提樹下禪坐,終於完全了悟脫離生命痛苦的解脫之道。自此佛陀漸漸被人認識、仰慕,無數的人前來拜佛陀為師,向他學習修行之道,即

脫離人生痛苦的解脫之道。佛陀直至 80 歲時才鞠躬盡瘁，在廣大信眾的依依不捨與無限景仰之下安祥離世。

　　反觀耶穌的一生非常苦，雖然耶穌是由瑪利亞因聖靈感孕而生，她未生耶穌前已獲得天使報喜，而佛陀的生母只是在睡夢中看到一頭白色大象進入她的肚腹，繼而懷孕生下佛陀。耶穌的超凡脫俗，無人可及，但耶穌只是平民百姓家中的孩子，出生的時候是在馬槽裡。雖然天上有一顆極明亮的伯利恆星照耀著，引領牧羊人和東方三位博士前來朝聖，但隨即遭受當時羅馬傀儡希律王的迫害，要殺死所有剛出生的嬰兒，而瑪利亞便與丈夫帶著剛出生的耶穌逃亡到埃及暫避。耶穌一生的事蹟除了出生和被釘十字架兩件事比較詳細記載外，其餘的事蹟都十分支離破碎，但我們可以知道耶穌的一生沒有任何世俗的快樂日子。若耶穌說人生充滿苦難，他要為人類提供脫離痛苦之道，應該十分順理成章，而不是由絕世好命的佛陀說出來。

　　佛陀與耶穌同是聖人，但卻是兩種不同類別的聖人。印度的聖人基本上可分成兩類，一類是擁有知識的聖人，稱為 Muni，佛陀被尊稱為釋迦牟尼佛，「釋迦」是指佛陀的種族，而「牟尼」即是 Muni，即佛陀是一位擁有超凡知識的聖人。另一類稱為 Rishi，即擁有法力，能施行神蹟奇事的聖人。歷世以來印度有不少聖人都擁有法力，而耶穌肯定是一位擁有法力的聖人。四福音記載耶穌施行眾多神蹟奇事，如果耶穌身處印度，他肯定不會被釘十字架，肯定會被人供奉為神明。佛陀沒有法力，一行禪師所編著的《佛陀傳》是根據原始佛教的經典撰寫而成，在《佛陀傳》中，佛陀只是知道很多人們不知道的事情，例如過去無數前世的因緣際遇，但佛陀沒有呼風喚雨，或行走在水面上的事蹟，即使佛陀曾被人陷害，指控佛陀殺人及姦淫，也是靠佛弟子把事情查過水落石出，而不是施行法力解困。後期大乘佛教有關佛陀種種神通的描述，把佛陀的一生極度神話化，都是虛構的創作，與事實不符。佛陀沒有可能擁有上天堂下地獄的種種神通，佛陀不可能如大乘佛教佛經中所述能幻化不

同的場景、人物，以至眾神明，否則佛陀就不會被稱為 Muni，而是 Rishi。

佛陀雖然沒有法力，但魅力驚人。其如何魅力驚人？佛陀得道後，陸續有很多人前來皈依佛陀，當中除了平民百姓外，還不乏德高望重的婆羅門僧侶、沙門大師、王室貴族和富商，甚至與佛陀同時代的耆那教教主大雄尊者(Mahavira)的近身弟子也皈依佛陀，即使大雄尊者也不敢相信這事實。佛陀的家族除了淨飯王本人要當皇帝未能出家外，佛陀的生母、妻子、兒子、弟弟及妹妹全部放棄榮華富貴的生活而出家皈依佛陀。佛陀的兒子羅睺羅第一次看見父親的時候只有七歲，他已決意跟隨父親出家修行，即使後來他幻想若父親和他沒有出家，他們應在王宮中過著幸福快樂的生活，但羅睺羅至死沒有放棄出家。佛陀的親弟阿難陀放棄王位及心愛的未婚妻，一直跟隨佛陀，起初阿難陀禪坐的時候，不斷想著美麗的未婚妻而不能專注，但佛陀比貌美的未婚妻更具吸引力，阿難陀與羅睺羅一樣至死也沒有放棄出家。佛陀的繼母喬答彌一直都希望跟隨佛陀出家修行，但佛陀認為女子出家受到的阻力會很大，故一直拒絕喬答彌的請求，直到有一次喬答彌帶領50位貴族婦女前來佛陀的禪舍請求出家，佛陀才無可奈何地接受，半年後佛陀的妻子耶輸陀羅也相繼出家。淨飯王臨終前，其王位已無後裔繼承，他只能將王位傳給他弟弟的兒子。

耶穌擁有法力，且非一般的法力，但耶穌肯定沒有佛陀的魅力。耶穌的十二門徒都是平民百姓，無論是在宗教上或政治上的當權者，都沒有一個擁護耶穌，而且宗教上的當權者法利賽人比羅馬政府更渴望剷除耶穌。在四福音中記載那些法利賽人和撒都該人只想挑出耶穌的錯處，從來不會真心誠意地向耶穌求教靈性智慧。耶穌的追隨者也被指都是稅吏、妓女和罪人，稅吏是指那些替羅馬政府收稅的猶太人，等於替日本服務的漢奸，有財但受盡社會歧視。這顯示在宗教上和政治上略為有點尊貴，即未被打落至社會底層，都不會尊崇耶穌。而耶穌的親人，根據

經典相關記載，只有母親瑪利亞和弟弟雅各一直追隨耶穌，瑪利亞成為天主教所稱的「天主之母」，但在耶穌時代，瑪利亞的地位十分卑微。而雅各曾是耶路撒冷教會的領袖，被《新約聖經》以外的多部文獻稱為「正義者」，但今日的地位已被保羅大大掩蓋，很多基督徒都不知道耶穌的親弟是誰，但他們一定認識保羅。今日的基督宗教實際上是保羅的宗教，而不是耶穌的宗教，耶穌只成為掛名在祭壇上代罪的羔羊，嗚呼哀哉！

耶穌是一個不幸的人物，耶穌生下來就好像是一個受迫害者。雖然耶穌施行眾多神蹟奇事，又大量醫治各類病人，但耶穌的魅力遠不及佛陀。佛陀的親人絕大部分都皈依佛陀，即使是要放棄榮華富貴的生活，而耶穌的親人只有母親瑪利亞和弟弟雅各終身伴隨耶穌的教導，其他親屬就沒有任何記載了，而且從四福音及《多馬福音》的記載中可知，耶穌並不受家鄉的歡迎，四福音記載耶穌家鄉的人看不起耶穌，說他只不過是木匠的兒子，而根據一些學者考證，更可信的《聖經》抄本記述，人家說耶穌只不過是一個木匠。耶穌面對家鄉父老對他的不屑，他自己也說：「先知在他的故鄉不會被接受，醫生不能醫治那些認識他的人。」（參考四福音及《多馬福音》31節）

在四福音中記載一個富家青年要求跟隨耶穌，耶穌吩咐他變賣家中所有財產施捨窮人，然後來跟隨他。那個青年便憂憂愁愁地離開，因為他的財產實在太多，於是耶穌說：「富裕的人進入天國比駱駝穿過針孔還要困難。」但這情況在佛陀的身上並沒有困難，佛陀的眾多弟子中不乏王室貴族子弟，這不單只是佛陀的親屬，他們都不惜拋棄王位、美麗的眷屬和極富貴的生活，追隨佛陀學習修行得正覺。在一行禪師的《佛陀傳》中記述，一群貴族青年相約出家皈依佛陀，他們到鄉間的理髮店那裡要求剃髮，並把身上穿戴的所有金銀珠寶和華美服飾全送給那年青的理髮員，那理髮員問他們要跟隨誰人出家及為什麼要這樣做，他們說要跟隨佛陀出家修行，為了得到正覺。那理髮員替他們剃髮以後，手裡

林楚菊的《漫談世界各宗教》

拿著一大袋貴重首飾，看著那群青年身穿素服遠遠地離去，他不期然地追上前來，把那袋首飾掛在樹上，趕快跑上，要求和那群青年一起到佛陀那裡出家修行。似乎佛陀的魅力比財富更甚，但耶穌的魅力卻敵不過世間的財富。

佛陀與耶穌一樣，同樣曾受到自己的弟子所出賣，耶穌被十二門徒中的猶大所出賣，令他被法利賽人所教唆的羅馬官兵順利捉拿，然後對耶穌作一番凌辱，跟著處死耶穌，出賣耶穌的猶大因內疚而上吊自盡。而佛陀的其中一個弟子提婆達多，在佛陀72歲時，勾結摩竭陀國的阿闍世太子和300個比丘，企圖迫令佛陀退位，讓他帶領一眾比丘。佛陀當然即場拒絕，並清楚指出提婆達多沒有資格取代他，因為比提婆達多更好的弟子大有人在，佛陀沒有想過讓位給他們，更何況是提婆達多，但佛陀最終獨自悄悄地離開。佛陀的遭遇與耶穌截然不同，佛陀沒有被人捉拿、凌辱及處決，因為擁護佛陀的弟子還是大有人在。佛陀的近身弟子四出找尋佛陀，王天不負有心人，他們最終找到佛陀，請求年老的佛陀返回禪舍再一次帶領他們。而提婆達多並沒有好下場，原先跟隨他的300個比丘漸漸看到提婆達多並沒有什麼出色之處，他們漸漸離開，重新擁護佛陀，最後提婆達多身邊只剩下幾個弟子，那時提婆達多正貧病交迫，他臨死前與身邊弟子返回佛陀那裡，請求佛陀原諒，佛陀已極大的慈悲原諒他，使他了無牽掛地去世。

雖然佛陀沒有被釘十字架的遭遇，但在《金剛經》中記載佛陀的往世曾受過肢解的酷刑，其痛苦不少於被釘十字架。《金剛經》指出佛陀往世受肢解時的心理狀態，使佛陀完全超脫人間的痛苦萬狀與憤恨。這應該也是耶穌受酷刑時的心理狀況，使耶穌超脫一切的凌辱與酷刑，沒有悲傷、苦痛與仇恨。這也是《古蘭經》中為何說釘耶穌在十字架上只是幻劇，他們沒有成功地把耶穌釘死在十字架上。《金剛經》曾這樣記述：

林楚菊的《漫談世界各宗教》

「如我昔為歌利王割截身體，我於爾時無我相、無人相，無眾生相，無壽者相。何以故？我於往昔節節肢解時，若有我相、人相、眾生相、壽者相，應生嗔恨。」

歌利王是往世一個極度兇殘的國王，他看見在樹林中禪坐的佛陀與使從說法，便憤怒地把佛陀肢解，而佛陀解釋自己在無我的境界，故能超然物外。

耶穌與佛陀同是聖人，但為何耶穌在世的一生會如此不幸，而佛陀卻幸福無邊？最大的原因是他們身處的時空不同，若耶穌在印度出生，即使只是生在平民百姓之家，人們很快會察覺他的神聖，必然奉他為一教之主，至少一定不會受到迫害，因為印度自古以來就有尊敬修行者的傳統，他們稱為梵行者，即致力修行至神我合一的人，耶穌肯定是達到神我合一的聖者。在印度中部馬哈拉斯特拉邦 (Maharashtra)，在古代曾為薩利華漢拿 (Shalivahana) 王朝所統治，在古文獻中記載當時該王朝的國王曾遇到從西方來的一位聖者，稱為爾撒 (Issac)，爾撒正是《古蘭經》中耶穌的名稱，那位國王問爾撒從何處來，爾撒說：「從污穢與黑暗的地方而來。」那位國王說：「你為什麼不返回那地方，把聖潔與光明帶給他們？」於是那聖者離開，返回他的原處。耶穌十分有可能曾在印度修行，因為耶穌的教導更接近印度那慈悲、非暴力、捨棄物質欲望及神我合一的知識。耶穌最後返回故鄉面對污穢與黑暗的猶太人和羅馬人，在短暫的歲月間發放聖潔與光明，可惜人心實在太污穢太黑暗，耶穌不可能有佛陀的際遇。

佛陀願意躺躬盡瘁，到 80 歲年老體力不支才離開他的弟子，而耶穌肯定不想多留在巴勒斯坦這個污穢與黑暗之地，故只逗留了三年便以幻相忽忽離開。

林楚菊的《漫談世界各宗教》

吃素與拜佛

今日在華人社會盛行的佛教,已不是佛陀當年的佛教,吃素與拜佛成為今日佛教信仰的兩大支柱,不少佛教徒以宣揚素食為救世的己任,而參拜佛像及各式各樣的菩薩像也成為人們接觸佛教的門檻。

先談談素食。印度自古以來,婆羅門種姓和沙門思潮下的修行者均奉行素食,例如與佛教同時興起的耆那教信徒均恪守素食主義。今日嚴格的印度婆羅門階層不會沾肉,在他們眼中所有肉類都是不潔,他們只會吃潔淨的食物,即蔬果和穀類作物。佛陀時代的原始佛教其實並沒有規定佛弟子必定要吃素,因為這不是佛陀宣教的重點,佛陀關心的是人們要得到內在的光,去除無明,以達至覺醒的狀態,吃什麼或不吃什麼並不是佛陀所關心的議題,反正佛弟子一日只能吃一餐,而且都是乞食得來,對吃什麼不可能有任何要求。

事實上,早期佛教准許吃肉,這從有關佛陀的兩件事中可以看到。第一件事是佛陀 72 歲時,其弟子提婆達多想取代佛陀領導眾比丘,故在眾比丘聚集的大會上提出了五條新的僧規,認為這有助眾比丘的修行精進,達到無欲無求,這五條僧規是:

(1) 比丘們應該只在森林居住,不准在村中或城裡投宿;

(2) 比丘們應該只靠乞食維生,不准接受信眾在家裡的供食;

(3) 比丘們應該只用別人丟棄的破布縫製衲衣,不准接受在家信眾在這方面的供給;

(4) 比丘們應該只睡在樹下,不准睡在房間或屋內;

(5) 比丘們應該只吃素食。

當時佛陀一口拒絕提婆達多提出的所有新規定,佛陀認為誰人願意住在森林裡,或靠乞食,或穿著破布衣,或睡在樹下,或只吃素食,都可以這樣做,但他們也可選擇住在禪舍、村中或城裡,他們也可以為了弘揚佛教而接受信眾在家供食,可以接受信眾施贈的衲衣,只要每個比

林楚菊的《漫談世界各宗教》

丘不能有多於三件衲衣的一向規定，在雨季時，他們可以睡在房間或屋內，至於吃什麼，只要比丘們知道在家人不是專意為供養他們而殺生，他們可以接受含有肉類的食物。

佛陀的答覆更合乎理性及考慮更周全，而且也可看到佛陀希望佛弟子不用執著吃肉或吃素。事實上，印度一般的平民百姓生活十分簡樸，吃肉的機會不多，這在今日的印度社會仍然是這樣。他們偶然才會一餐裡有肉吃，可能是偶然得來的肉食，不忍浪費。平日都只是吃素，因為蔬果和穀物是最廉價的食物。試想像當年的佛弟子即使沒有戒肉食的要求，他們要過簡樸的出家生活，會不會專找豪門吃肉之家去乞食？吃肉類的機會肯定不多。他們不用面對今日現代人天天吃肉，無肉不歡的飲食習慣，吃肉或吃素並不是他們修行的重要課題。

另一件事情是佛陀臨終前曾吃下的最後一餐，此事記載在巴厘文《長尼迦耶》第16《大般涅槃經》，此經與漢譯《長阿含經》《遊行經第二》相應，記載佛陀最後一年的傳教活動。那時佛陀在薄伽城住了一段日子後，前往波婆城，住在鐵匠之子純陀的芒果林。純陀前來邀請佛陀第二天吃飯，佛陀以沉默表示同意。第二天早上，佛陀手持衣缽，與眾比丘一起前往純陀家裡吃飯。佛陀坐下後，對純陀說：「把你準備好的軟豬肉給我吃，純陀！把你準備好的其他食物給眾比丘吃。」純陀遵命照辦，然後佛陀叫純陀把吃剩的軟豬肉埋在坑裡，因為誰吃了都不能消化，似乎佛陀早已知道將要發生的事情。

佛陀吃了純陀供養的食物，那天晚上，腹部絞痛，整夜不能入睡。第二天早上，佛陀與眾比丘繼續步行上路，沿途佛陀腹部仍然絞痛，且非常口渴。佛陀吩咐眾比丘越過施賴拿伐底河，進入末羅族人的娑羅樹林。佛陀與眾比丘到達娑羅樹林時，已是傍晚時份，眾弟子知道佛陀已身體衰竭，快要進入涅槃。

按巴厘文佛典，佛陀當時吃的是 sukaramaddara，由 sukara（豬）和 maddara（柔軟）兩詞組成。《遊行經第二》在敘述同一事情時說：「時

林楚菊的《漫談世界各宗教》

周那尋設飯食供佛及僧,另煮旃檀樹耳,世所奇珍,獨奉世尊,佛告周那勿以此耳與諸比丘,周那受教不敢。」這裡將佛陀所吃的譯為「旃檀樹耳」,即旃檀樹上的木耳,相信是受了後來素食思想的影響。就筆者所見所知,印度人並沒有吃菇菌類食物的習慣,筆者曾在印度旅居,發現一般印度人大部份日子都是吃素,但在印度家庭、市集,甚至餐館都沒有看見過菇菌類食物及菜色。而印度的天氣除了在雨季外,通常都比東南亞地區乾燥,不適合菇菌類植物的生長,故此筆者很懷疑佛陀當年所吃的最後一餐是旃檀樹耳。

根據一行禪師的《佛陀傳》記述,佛陀臨終前曾對阿難陀尊者說:「阿難陀,我們在周那家裡的一餐,就是『如來』的最後一餐了。一些人可能會指責周那給我吃如此糟糕的一餐,因此我想你讓他知道,我一生中最珍惜的兩頓飯,就是我證道前的一餐和入滅前的一餐。他應該為給我供食了其中一餐而感到高興。」是夜佛陀便離開人世了,在《大般涅槃經》中也有相似的記述。

從以上兩件事情可以知道,佛陀本身沒有完全戒肉食,是以魚與肉在小乘佛教中,各部皆有,並皆列為正食之一。在《四分律》中規定,除了象肉、馬肉、龍肉、人肉不得吃,其餘的肉類皆可吃,但有三個條件,稱為「三淨肉」:

(1) 若不見為我故殺者,可以吃;
(2) 若不聞為我故殺者,可以吃;
(3) 若不懷疑為我故殺者,可以吃;

在《楞嚴會解》中,又有五種淨肉:不見、不聞、不疑、自死、鳥殘。在《涅槃經》中又有九種淨肉:五種同上,第六不為己殺、第七生乾、第八不期遇、第九前已殺。事實上,南傳小乘佛教的比丘仍舊不避魚肉,制斷肉食,皆出於後期發展的大乘佛教。至於現在中國漢族僧尼恪守禁止肉食的規定,是在西元後 500 年南北朝時期梁武帝蕭衍提倡而普遍實行。梁武帝在中國佛教史上十分有名,他醉心佛學,廣修佛寺,

林楚菊的《漫談世界各宗教》

曾三度出家，並著有《涅槃講疏》和《涅槃義疏》等。有一次，他寫了一篇《斷酒肉文》，廣集僧尼於華林殿前宣讀，自此開了中國僧尼素食的先河。在此以前，漢族僧尼仍舊不避魚肉，當然他們不會像今日現代人有經常吃肉的機會。而中國境內其他民族的僧人，如中國傣族，由於屬南傳小乘佛教，與南亞地區僧人一樣，托缽乞食或受人供養，並不排除肉食。

中國的佛教屬印度北傳的大乘佛教，大乘佛教本身就是印度教的海外版，而嚴格實行素食的規條其實更接近於印度教和耆那教的信仰，多於原始佛教的信仰。今日中國的佛教徒宣揚素食主義，他們所持的理由主要是：

(1) 素食能有助保育環境，避免資源被嚴重消耗及造成各方面的環境污染；

(2) 素食比肉食對人類更健康及有益，益處包括身、心、靈三方面；

(3) 素食能夠避免殘害牲畜活物，佛教徒將自己設想為牲畜及各種動物，不忍心看到牠們受殺害，而且他們相信人類會得到他們殺生吃肉的惡報。

筆者其實十分同意佛教徒宣揚素食的第 (1)、(2) 項理由，然而他們若堅持第 (3) 項理由的絕對性，所有中國的佛教徒都應該像印度聖雄甘地 (1869-1948) 一樣。甘地生於印度傳統富裕的婆羅門種姓家族，在母腹中已是一個素胎，甘地的宗教信仰深受正統印度教及耆那教的影響，一生堅守慈悲不殺生，即非暴力 (Ahimsa) 的信念。甘地一生所恪守的素食主義，除了不吃肉，也不會吃蛋和奶，寧可自己氣絕身亡，也不會吃肉、蛋和奶。傳統的婆羅門種姓階層不會吃肉和蛋，認為這是不潔的食物，當然也有寬鬆的婆羅門階層會接受吃蛋，但一定不會吃肉，而印度人則普遍接受奶食，除了喝牛奶，也會用牛奶烹調和製作食品。甘地不喝奶的原因是出於對動物的慈悲，他認為飼養乳牛本身是一個十分殘忍的生產過程，乳牛要不斷生小牛，其小牛成為人們餐桌上的牛仔肉，其奶就

林楚菊的《漫談世界各宗教》

不斷給人們搾取，而且乳牛必定在密集的環境下飼養，即使不殺乳牛，對乳牛都是一種極度的殘害。在甘地自傳中曾講述醫生多次勸諭他喝牛奶，因為甘地的身體因蛋白質攝取不足而變得虛弱，但甘地沒有因此而喝奶。後來醫生勸他喝羊奶，甘地仍然拒絕，因為喝羊奶與喝牛奶一樣是對羊隻的殘害。

至於吃蛋，雖然沒有殺雞，但飼養雞隻取其蛋，必須是在密集的環境下把雞隻困在一起，這也是一種殘害，而且吃蛋哪會不吃雞？生產雞蛋也意味著雞隻最終命運也在人們的餐桌上。不過，就筆者所接觸有關佛教徒出版宣揚素食的贈書，內裡的食譜明顯包括了蛋和奶，但他們又把慈悲不殺生看成是素食的重要原因。其實他們應該再仔細地想清楚，他們所謂的慈悲不殺生，能否做到像甘地那樣絕對與徹底。

中國人的一些素食，對印度人來說，十分可笑，因為印度人不想吃肉，才不吃肉，而中國人卻巧盡心思，製作不同種類的仿肉食品，例如素雞、素鵝、素鴨、素叉燒、素東坡肉、素大腸等等。這明顯是遷就中國人無肉不歡的飲食意欲。其實選擇吃素即意味著對食物色香味的要求不會太高，只要簡單、健康的飲食已感到足夠，這樣的人就可以實行素食。素食也意味著對物質的欲求減至最低，這是一個清心寡欲的人才可以做到，而清心寡欲正是靈性修行者達到精神至上境界的必然結果，他們的精神財富使他們不再眷戀世俗的物質享受。

佛陀時期沒有必要執著素食，因為那時的人吃肉的機會不多，而且無論是肉類或蔬果都是十分珍貴的食物，平民百姓不會隨便浪費，但佛教主張慈悲不殺生，素食很自然成為其信仰發展的必然趨勢，正如耆那教因主張慈悲不殺生而實行素食，甚至只從事商業活動，避免農業耕作會殺害昆蟲或微細生物。

古往今來，不同宗教的修行者都會實行素食，而猶太教的艾賽尼派隱世修行者也是實行素食。在艾賽尼派的經典中，耶穌教導人們素食，其解說的原因我認為是最精妙獨到，在艾賽尼派的《耶穌基督的平安福

音》中，耶穌說：吃死亡的食物使人通向死亡，吃有生命的食物使人充滿生命，即健康與活力。任何肉食都是首先被宰殺，即必須經過死亡才會進入人的肚腹，這些都是死亡的食物，吃下它們也即吃下死亡，而穀物、蔬菜及果實則沒有經過死亡後才進入人體，因為植物自有生生不息的循環過程，人們吃下果實，樹林依然生長，繼續結果實，穀物成熟便會脫落，留下種子延續生命，所有植物都是依循此法則不斷生長，故此它們都是有生命的食物，人們吃下就會有生命。

耶穌的解說甚具哲理，十分玄妙，這比今日佛教徒以殺生將受盡非常可怕的地獄式懲罰或果報高明得多，人們很難想像只是吃一條魚或偶然撲殺一隻昆蟲，下世即要像那條魚及昆蟲一樣受到相同的報應，因為一般人所犯的很多罪惡應該比殺生吃肉嚴重得多，一個一生吃素的婆羅門僧人也可以犯下比殺害動物更大的罪，也可以對貧苦大眾毫不關心，佛陀年幼時就是看到婆羅門僧侶向貧苦家庭索取高昂的祭祀酬金，而使那家庭的父親走上死亡的絕路。

今日的科學已經證明，人類吃素可以比吃肉活得更健康及有活力，吃素而健康長壽的例子比比皆是，相反，因大量吃肉食而導致各種慢性疾病，甚至癌症的例子頻生，已值得現代人去反省及關注。耶穌的說話其實已指出現代人天天吃下死亡的食物，衰老、疾病與死亡必然成為人們的果報。艾賽尼派的耶穌也像主張素食的佛教徒，真理沒有宗教的界限。

現在談談拜佛。 許多人都不知道，佛教早期不設佛像。佛陀屬沙門思潮下反對婆羅門教崇尚拜祭的傳統，佛陀認為人們要先得到覺醒，親身實踐解脫之道，才能使人們真正得到靈性上的好處，即人們要真正達到內在的轉化，而不是拜祭神明，祈求神明的保護，而自己始終身處在無明之中。故此佛經中提到許多印度公認的神明，卻也沒有造像崇拜，因為這不是佛陀所提出的解脫之道。

佛陀死後，遺體火化，只剩下舍利。各地聽聞佛陀進入涅槃，紛紛

派遣使者以求分得一份舍利，建塔供奉。佛陀的舍利結果分為八份，建成八座舍利塔，有兩族來遲，只好分別取去骨灰和裝過舍利的瓶子，建了一座灰塔和一座瓶塔。這些佛塔成為信徒最早的膜拜物。

　　初期的佛教畫像沒有佛陀的本像，只繪一臺座表示佛陀坐在那兒，或畫上一個腳印表示佛陀的存在，稱為「佛足跡」，因為佛陀入滅後，印度本土的正統佛教嚴禁刻畫或塑造佛陀的本像，認為這是對佛陀的褻瀆。史學家認為第一尊佛像是在西印度的犍馱羅建成的。自西元一世紀末到二世紀初，由於佛像之禁已漸被人遺忘，佛像的塑成品不斷湧現，各派信徒根據自己想像塑造出很多不同樣貌的佛像來，這股佛像狂熱也波及正統佛教的發祥地，於是印度全域無不有佛像。

　　當大乘佛教北傳時，已為宗教神偶的佛像也隨之傳到中國，並加入了大量中國文化的特色。由於佛教重視造像，所以在中國又稱為像教。佛像藝術在中國歷史上大放異彩，以致現在要考查佛像的起源，都要在藝術的書籍上去找。

　　佛陀在生時沒有想到死後被人當神偶來崇拜，故此沒有畫像留下。佛像的面貌和形態是根據弟子憶述而來。佛陀的樣貌應該是怎樣？根據佛經記載，佛陀有三十二相，八十種好。對佛陀形貌的描述大概如下：

　　「佛陀身材高大，身體結實。他的皮膚細薄，身體清潔。他的身體潤澤柔軟，脈深不現。他的兩手、兩足、兩肩、脖頸和兩腋都很隆滿。他的肩膊圓好，骨際如鉤鎖。他的上身正直不彎曲，能自持不逶迤，身體持重不傾動，具有獅子的尊嚴，他轉身時具有大象之王那樣的尊嚴。他行走時雙腳離地四寸而現印文。

　　他的頭像摩陀那果，頭髮長而不亂，髮色紺青且捲曲。他的頭頂有髻，頭上的髮鬘，仰之愈高，不見其頂。他有獅子般的面頰，他的面不長，卻很寬闊，白淨如滿月。他的眼睛廣長，眼睛青白分明，他的眼睫毛很長，像牛眼睫。他的眉如初月，眉間有白毛。他的耳輪垂埵，他的

林楚菊的《漫談世界各宗教》

鼻高不現孔,他的唇如頻婆果之色,他的舌頭又大又薄、赤色,他的牙齒潔白,共有四十隻牙齒,自他的口生出無上香氣。

他的手足赤白,如蓮花之色。他的手足柔軟,可如意屈伸。他手足指間如蹼狀,手足上都有卐字相(註23)。他的手很長,正立時能觸摸到膝部。他的手指很長,圓而纖細,指紋藏覆,指甲赤銅色,薄而潤澤。他的手紋很長,明直而不斷。他的股骨如鹿那樣纖好,膝骨堅而圓好。他的足跟廣平,足踝不現,足趺高滿,足下腳心有輪寶。他的腹部細而不現。他的臍部深而不露。他的毛髮紅色而軟淨,他的毛向上生,並向右旋,每一毛孔生出一根毛,並自毛孔生出香氣。」

以上的描述可能有不少神化與誇張的成份,但從常理推斷,佛陀的外表肯定比大部分人優越。佛陀內在的智慧,加上相貌與儀表的非凡,才足以使他有驚人的魅力,吸引廣大的善男信女願意捨棄一切跟隨佛陀出家修行,這不單只是身無一物的低下種姓群眾,還包括尊貴的王室貴族、婆羅門僧侶、沙門導師和富裕的商人。

伊斯蘭教反對偶像崇拜,他們只會崇拜超越所有形相的獨一主宰,故此自西元10世紀伊斯蘭教入侵印度,印度佛教被大肆摧毀,包括佛教的廟宇、經書和造像,此無情的打擊令當時已式微的佛教在印度本土消失。但其實佛陀所開創的原始佛教根本與伊斯蘭教信仰沒有任何衝突,佛陀並沒有主張塑造佛像及向佛像作崇拜,這是佛陀極力反對的做法。若我們仔細分析《古蘭經》有關真主禁止人們崇拜偶像的經文,我們會發現真主所反對的偶像是指古人經猜測假設捏造的神明或邪魔。世人要崇拜真主也總需要一個代表真主的表徵,故麥加的克爾白巨石,稱為天房,是全世界伊斯蘭教徒朝覲的地方。據說這地方正是人類始祖亞當以黑石興建,後來遭到棄置,亞伯拉罕(即易卜拉欣)曾在此築壇敬拜真主,先知穆罕默德曾圍繞天房膜拜,並親吻克爾白巨石,故此伊斯蘭教徒才會照著做,否則他們會認為麥加天房也是偶像。

佛陀是一位偉大的思想家、心理學家和精神導師，是歷史上真實存在的偉大人物，佛陀的造像怎能與《古蘭經》所指虛構的偶像與邪魔相提並論？佛陀高超的智慧與完美的品德足以成為世人的典範，如果人們把佛陀的造像作為紀念以表尊崇，而非膜拜的對象，因為這正是佛陀所反對的做法！這樣佛像的樹立有何不妥？有何不好？伊斯蘭教對外擴張的同時，大肆摧毀在印度及中亞地區大量的佛教遺址及藝術價值極高的佛教造像，這正是一個宗教對另一個宗教沒有嘗試作任何瞭解而加以貶抑的做法，就如千百年來基督宗教沒有對伊斯蘭教作公正客觀的認識而不斷扭曲伊斯蘭教及其信眾，目的只是要把伊斯蘭教妖魔化。伊斯蘭教對佛教的無情摧毀正像基督宗教對伊斯蘭教的妖魔化，佛教所指的因果業報，正在世界宗教的舞臺上表露無遺。

禪宗六祖《壇經》——六祖革命

今日在華人社會普遍盛行的佛教，已非佛陀時代的佛教，而是印度教通俗化下的海外版。佛教由佛陀時代追求覺醒、實踐真理，轉變成求諸佛菩薩的庇佑，大量的大乘佛經渲染諸佛菩薩的神威力量，佛陀由只擁有智慧的牟尼佛 (Muni) 轉變成為帶有諸多神通的至上品位，在滿天神佛的護持下，足以令信眾忘記佛教的真諦。禪宗六祖《壇經》的出現，是大乘佛教的曙光，引導佛教徒返回佛教的真諦，承傳佛陀的真實教導。

禪宗在中國的由來，可從鳩摩羅什（西元後 344 至 413 年）說起，他是中國佛經四大譯家之一，中國佛學史對他作出如此高度評價：「中國之佛教由鳩摩羅什而面目一新。」中國流傳至今的大量佛經，都是由鳩摩羅什及其指導的僧侶團隊所翻譯而成。鳩摩羅什祖籍天竺（即今印度），生於龜茲（即今新疆庫車），七歲隨母出家，博聞強記。他先學小乘佛教，後又遍習大乘經典。他曾遊學印度各國，參訪高僧大德，聆聽教誨，探尋經文妙義。他年輕時期已聲名遠播，由於他精通漢語，所

以受到中國帝王的器重。中國帝王因此攻打龜茲國，於西元 403 年把鳩摩羅什從龜茲國迎接至長安城，以進行大量佛經翻譯的工作。

　　鳩摩羅什翻譯的眾多佛經中，影響中國佛教禪宗最大的就是《坐禪三昧經》。禪，梵文稱為 dhyana，中譯「禪那」、「靜慮」、「禪定」或「冥想」；三昧，梵文稱為 Samadhi，簡言之，可以譯作「境界」，即絕對的專注凝定。西元 479 年北天竺僧人佛陀扇多東來，傳授禪法，弟子有慧光、道房等。佛陀扇多是少林寺第一任主持，是魏孝文帝於西元 493 年為佛陀扇多修建的寺院。而中國禪宗的正式確立，則始於禪宗東土初祖菩提達摩 (?-535)，他的生平不詳，於西元 520 年從天竺東來，泛海至廣州番禺，南朝梁武帝（西元後 464 至 549 年）遣使迎至建業。梁武帝蕭衍在位期間篤信佛教，有「皇帝菩薩」之稱。梁武帝問達摩：「如何是聖諦第一義（即什麼是最高的真理）？」達摩答：「廓然無勝（即沒有最高的真理）。」梁武帝又問：「對朕者誰？」達摩答道：「不識。」梁武帝又問：「朕自做了王帝以來，度人造寺，寫經造像，有何功德？」達摩答曰：「並無功德。」梁武帝又問：「何以無功德？」達摩說：「淨智妙圓，體自空寂。如是功德，不以世求。」意思是功德是要內在修行，親證宇宙的實相，不是從外在那些物質性的事物去追求。梁武帝聽了很不高興，而達摩也離開了他。達摩知道那時的中國對禪修仍毫不瞭解，於是他渡河至嵩山少林寺面壁坐禪，後傳法給弟子慧可，授衣缽及《楞伽經》四卷，入寂後葬於熊耳山上林寺。據說菩提達摩曾在少林寺面壁九年，壁上浮現出達摩的模樣，今日在少林寺達摩當年的面壁上仍可清楚看到。

　　達摩對梁武帝的回答，正點出佛陀教導的精髓，亦即所謂「禪」的意思，禪就是在寧靜中達到覺醒、開悟，這絕對是向內追求而不能向外求。菩提達摩是中國禪宗第一祖，其承傳可以追溯至佛陀身邊的大弟子摩訶迦葉尊者。著名的佛陀故事「拈花微笑」就是指佛陀如何把正覺傳授給摩訶迦葉尊者。那時佛陀拿起一朵蓮花，在眾人面前舉起，沒有說

任何話。眾弟子不明白佛陀的意思，只有摩訶迦葉尊者向佛陀微笑，他的目光一直沒有離開過佛陀和他持著的蓮花。跟著，佛陀淡然一笑，說道：「我具真實法眼，妙慧的寶藏，而我剛已給摩訶迦葉傳承了。」

佛陀妙慧的寶藏不是以文字、說話傳授給弟子，而是心意的相傳，禪宗不講求著書立說，而是要人們參透，繼而進入那覺醒的境界，即所謂「頓悟」。而佛陀的真傳只傳授給摩訶迦葉尊者，故此佛陀是印度禪宗的首傳，摩訶迦葉尊者是承傳第一祖，在《壇經》〈付囑品第十〉中詳細列出禪宗的承傳名單，而在印度曾提出「中道」理論（註24），令已步入式微的大乘佛教振興一時的龍樹尊者，亦在名單之中，他是禪宗的第十四祖，而菩提達摩則是印度禪宗第二十八祖，也是中國禪宗第一祖。在中國，菩提達摩把禪這妙慧寶藏傳授給慧可大師，慧可大師傳授給僧璨大師，僧璨大師傳授給道信大師，道信大師傳授給弘忍大師，弘忍大師傳授給惠能。惠能是中國禪宗第六祖，也是整個印度禪宗承傳的第三十三祖。自六祖惠能，中國的禪宗開始發揚光大，開枝散葉，廣傳至朝鮮及日本。而印度的佛教早已式微，菩提達摩所受到的尊崇，在印度遠不及在中國。

六祖惠能的出現，彷如佛陀在中國再世，將佛教的精髓重現出來。惠能（西元636-713年）屬唐代人，是中國佛教史上一位富傳奇色彩的人物。關於「惠能」一名的由來，據載，惠能出生時，曾有兩個來歷不明的僧人造謁：「上惠下能」，專為之安名。「惠者，以法惠施眾生；能者，能作佛事。」這預示惠能因弘法而來到世間，長大後必大興佛法，惠施眾生。「惠能」也可作「慧能」，二者通用，前者的「惠」代表施予，以法施惠眾生，後者的慧代表智慧，也解作以法慧施眾生。惠能俗姓盧，祖籍範陽(即今河北、北京一帶)，父親盧行瑫，母親李氏。父親原本為官，唐武德三年（西元620年）被貶為新州（今廣東新興）百姓。惠能三歲時，父親逝世，從此家境艱苦貧辛。惠能稍長，即不得不靠每日砍柴賣柴以維持生計。

惠能與伊斯蘭教先知穆罕默德一樣，雖然天賦異常聰慧，但因家道中落，家境貧窮而從來沒有機會讀書識字。如此一個文盲如何令中國廣大出家及在家信眾明瞭禪宗的真諦？這正是惠能的傳奇所在。關於惠能出家的典故，歷來有「聞經悟道」的記載。一日，惠能於市集賣柴，偶然聽到一客誦讀《金剛經》，一聞便悟，經人指點並施贈金錢，惠能先把金錢安頓母親，然後前往鄞州黃梅懸（今湖北省黃梅西北）東山寺參拜五祖弘忍大師，開宗明義聲稱自己遠來：「唯求作佛，不求餘物。」這顯示出惠能不凡的根器和超越常人的智慧，但是惠能得不到弘忍大師的讚許，反而是責難：「汝是嶺南人，又是獦獠（即生番野人），若為堪作佛！」惠能慨然作答：「人雖有南北，佛性本無南北。獦獠身與和尚不同，佛性有何差別？」弘忍大師表面上對惠能沒有多加重視，只是吩咐他到後院幹活，但內心已清楚知道惠能此人非同凡響。惠能在東山寺後院幹活了八個月，一日，弘忍大師忽然前來見惠能，表明他對惠能的賞識，但因恐防上下弟子對惠能加以迫害，故此才安排惠能幹活，惠能也表示完全理解大師的用意，故此也從來沒有親近大師。

禪宗五祖弘忍大師的衣缽如何傳授給六祖惠能？這又是充滿傳奇色彩。一日，弘忍大師對眾弟子說，他們各人可作一偈，誰人所作的偈對佛法瞭解最深，便會把禪宗衣缽傳授給他。當時弘忍大師的一眾弟子中以神秀為首座，他已經是眾弟子的教授師，所有弟子商議只等候神秀上座作偈，然後繼承衣缽，這看來是他們理所當然的事實。神秀上座知道沒有弟子作偈和他比試，他心中誠惶誠恐，他早已作了一謁，但又不敢親自交給弘忍大師，於是把此偈寫在寺院走廊壁上，待弘忍大師看到後伺機行事，此謁即：

「身是菩提樹，心如明鏡台。
時時勤拂拭，勿使惹塵埃。」

弘忍大師看到此偈，心知作此偈之人未達到至上的正覺，但弘忍大師為人不夠率直，且有點奇性子，他知道此偈是神秀上座所作，竟公開讚揚此偈，並命眾弟子念誦學習。於是全寺院弟子上上下下都在念誦此偈，不久此偈也傳到惠能的耳邊。惠能聽了此偈，知道並非上乘之作，於是請求身邊的善信替他書寫一偈在那偈的旁邊，惠能偈曰：

「菩提本無樹，明鏡亦非台。
本來無一物，何處惹塵埃？」

那善信聽到此偈，高下立見，他請求惠能得法後即先渡他到彼岸。比較此兩偈，我們可以看到神秀的偈是未得道之人之作，也是未得道之人應該這樣作，以協助他們終有一天開悟達到正覺，而惠能的偈正是得道之人之作，反映得道之士「無物無我」、「心無掛礙」的境界，這也是佛陀所指「諸法無我」的境界。弘忍大師看到惠能的偈後，清楚知道他應該把衣缽傳授給惠能，但他表面上仍舊對惠能不予讚許，並命人把此偈抹掉，本來對惠能大加讚嘆的弟子及善信，也把此事忘記得一乾二淨。

弘忍大師深夜密召惠能，把菩提達摩祖師東來時所傳的衣缽傳授給惠能，並把自己所作的偈傳授給惠能：

「有情來下種，因地果還生。
無情既無種，無性亦無生。」

弘忍大師的偈也是得道之作，強調不單物質，而是人的情感也不應執取，此偈反映出印度教的哲理，完全可以用印度教的哲理把這首偈解釋得一清二楚。「情」是指人世間偏愛執取的感情，包括親情、愛情和友情，梵文稱為 mamata，「果」是指因果業報。佛教源自印度教，他們

林楚菊的《漫談世界各宗教》

同樣認為人生最終的解脫就是逃出因果業報，不再輪迴轉世，不再生生世世受生、老、病、死，生、住、異、滅的人生循環。要達到此境界，必須要看破世間的虛幻，達到梵文稱為 Samata 的境界，即思想情感處於平靜，對人、事和物都以平等無分別的心去面對，不再有所偏愛執取。這樣任何善業、惡業都與此人脫離關係，他的存在與行動再不會為自己帶來任何果報。

弘忍大師的偈指出人世間的一切有情行動都會帶來果報，此果可以是善果，也可以是惡果，但若能做到無情，即 Samata 的意思，這樣便不會產生任何業力，達到真正的解脫，即「無性」及「無生」。印度教認為「梵」是宇宙的主宰，也是人類獲得解脫的最終境界，而這個「梵」的其中兩個屬性就是「無性」與「無生」。「無性」是指不具世間可接觸到的任何屬性，「無生」是指從來沒有出生過，故此梵是永恆寧靜與喜樂的狀態，不會沾染及感受到人世間的善與惡，以及苦與樂，弘忍大師的偈其實就是指這個梵的至上境界。

弘忍大師所作的偈，實在令人讚嘆不絕！不過，對於他待人處事的手法，筆者不會認同，例如他初次見能惠，便以「獦獠」稱呼惠能，完全沒有佛陀待人平等慈悲的心，這會令他身邊的弟子對卑微的人也如此看待，弘忍大師本人立下極壞的榜樣；其次是他明知神秀的偈不是得道之作，沒有向眾弟子指出此偈的不足之處，就吩咐眾弟子好好學習此偈。繼而明知惠能的偈是得道之作，卻隻字不提，還吩咐把此偈抹掉，這令不少弟子經常處於迷誤之中。一個為人不夠直率的師傅，容易招惹歪斜的弟子。雖然弘忍大師多次向惠能表白，表面上對惠能的貶抑及暗地裡傳授衣缽，都是為了避免惠能受到眾弟子的陷害，弘忍大師身邊有如此多立心不良的弟子，他本人真的需要好好反省，以糾正自己的不足。事實上，弘忍大師的苦心沒有令惠能免受眾弟子的迫害。

夜授衣缽之後，弘忍大師吩咐惠能向南方傳揚禪宗佛法，且不宜速傳，要靜待時機。惠能深夜離開東山寺向南方遠行，兩個月後，隨即遇

林楚菊的《漫談世界各宗教》

到歪斜的弟子以數百計趕上來追殺，誓要把惠能的衣缽搶回來。最先趕到追殺惠能者是一個曾當將軍的弟子陳惠明，由於神力的保護，他未能獲取惠能的衣缽，經惠能開導下，他始明白佛理，於是拜師惠能，惠能命他到袁州蒙山出家修行。

惠能到達曹溪，又被人追迫，於是逃亡四會，隱藏於獵人隊中，度過了 15 年的歲月。此時，惠能感到應該是時候弘揚佛法了，於是他離開獵人隊，抵達廣州法性寺。當時寺院主持印宗法師向弟子講解《涅槃經》，風吹動寺院內的旌旗，兩個僧人爭論這是旌旗動，還是風動，沒完沒了，此時惠能進入寺院說：「不是風動，不是幡動，仁者心動。」惠能的說話道破兩僧爭論的所在，反映印度大乘佛教唯識宗的思想，指出世間萬事萬物都是由心識變化所致，要征服世間事物，則須要降服自己的心。當時寺院內眾僧人都感到惠能並非常人，印宗法師隨即詢問惠能是否從黃梅東山寺繼承弘忍法師衣缽的傳人，並請求把禪宗衣缽給眾人看，惠能把自己的身份表明出來，並展示他繼承的衣缽。印宗法師隨即向惠能請教佛理，惠能一一點化。在中國，很多所謂法師、僧人長期讀經，不下千遍，雖然識字，卻不懂佛理。惠能雖然不識字，但佛經一聽便懂。此後，惠能為很多僧人解釋佛經，令他們即時開悟。

惠能自 25 歲在黃梅東山寺繼承弘忍大師衣缽，經 15 年逃亡生涯，到唐高宗儀鳳元年（西元 676 年）正月十五日，惠能始到廣州法性寺，印宗法師為惠能正式剃髮出家，此時惠能才成為一個真正的僧人。此時惠能 39 歲，正式開始他弘揚禪宗佛法的使命。惠能大師後來到曹溪寶林寺作主持，教授無數慕名前來的僧人、善信及達官貴人，使他們真正明白佛理，從迷誤中得到覺醒，甚至包括黃梅東山寺主持神秀大師的門人。唐中宗時，武則天曾下召請惠能大師上京接受朝廷的供奉，惠能大師以身體有疾病為由推辭，表示自己願意永遠生活於山林之中，直到終老。於是唐中宗賜予惠能大師磨衲袈裟和水晶缽，以表敬意。

唐玄宗先天二年（西元 713 年）八月，惠能大師入寂新州國恩寺，享年 76 歲。同年十一月，惠能大師的遺體被弟子迎回曹溪寶林禪寺，即今日的韶關華南禪寺，寺內六祖殿現供奉六祖惠能肉身像。禪宗六祖惠能大師死後遺體不腐化，證明惠能大師是得道的高人，在他生前及死後都被人清楚認識。

惠能大師沒有再把禪宗衣缽繼續承傳，因為根據達摩祖師的預示，禪宗到第六祖以後，便會開枝散葉，所謂「一華開五葉」。事實上，惠能一生說法 37 年，親授的弟子有 43 人，當中不少能自成一派，繼承傳授禪宗佛法。至唐末五代時期，從惠能弟子青原行思一系之下形成了曹洞宗、雲門宗和法眼宗，從南嶽懷讓一系下形成溈仰宗和臨濟宗，後來禪宗派別更廣傳至朝鮮和日本。反觀中國本土，禪宗卻漸漸沒落，今日的禪宗反呈現出東洋色彩。

惠能大師肉身：惠能去世後肉身不壞，現仍恭奉在南華寺中。

林楚菊的《漫談世界各宗教》

禪宗六祖《壇經》是在云云佛經中，唯一一部由中國人寫的經書。在佛教的典籍分類中，只有記述佛祖釋迦牟尼言教的著作才能稱為「經」，佛弟子及後代佛教徒的著作只能稱為「論」，流傳至今重要的佛經如《金剛經》、《心經》和《維摩詰經》等等都是從印度而來的翻譯。而《壇經》是記載六祖惠能生平和言教的著作，此經的由來是六祖惠能在黃梅繼承衣缽之後回到南方，於曹溪寶林寺作住持期間，應韶州韋刺史的邀請，在韶州大梵寺講堂為僧俗一千餘人說法，門人對其說法內容進行的記錄和整理。《壇經》的主角不是佛祖釋迦牟尼，而是六祖惠能，但此典籍可被稱為「經」，而不是「論」，足見此典籍的地位等同佛祖的言教，也即是說，六祖惠能在中國的地位等同佛祖。若細心閱讀《壇經》，甚至把《壇經》與其他佛經比較，《壇經》稱為「經」，真的是當之無愧。

關於《壇經》中「壇」一名的由來，是指《壇經》作者禪宗六祖惠能於唐儀鳳元年（西元676年），在廣州法性寺出家受戒的戒壇。此戒壇原為南北朝時期，印度僧人求那跋陀羅三藏所創建，並立碑預言：「後當有肉身菩薩，於此受戒。」至梁天監元年（公元502年），又有智藥三藏從印度航海歸來，帶回菩提樹一株種植於戒壇之畔，預言：「後170年，有肉身菩薩，於此樹下開演上乘，度無量眾，真傳佛心印法主也。」其後一如讖語所言，把禪宗發揚光大的六祖惠能於此闡揚佛法，將此「戒壇」賦予了「法壇」的意義。

《壇經》記載了六祖惠能的言教，他所說的佛理，佛教史上稱為「六祖革命」，此因為六祖惠能把中國傳統的佛學作根本性的變革，使佛教信眾重新瞭解佛祖說法的精髓及本相，從文字障中走出來，達到真正的覺醒。六祖惠能的《壇經》與眾多大乘佛教的佛經最不同之處，正是《壇經》只在說法說理，並沒有加上任何神力、神通、眾天神出沒的場景及神話故事。惠能之所以偉大不在於他是否擁有神通神力，而是在於他與原始佛教中的佛陀一樣，是一個具智慧的牟尼 (Muni)，但他不是

釋迦族的牟尼，而是漢族牟尼。惠能的說法使信眾瞭解佛教的真諦，從神通神力的迷誤與幻想中重新覺醒。

六祖惠能大師所弘揚的禪宗，對中國人的偉大之處，在於他把佛教的精髓真正中國化，以中國出家人的身份說法，但惠能大師從來沒有接受過中國文人雅士的正規教育，故他所說的佛理，是純粹的覺醒之道，沒有滲雜任何儒家或道家的思想，或任何世俗的才情。中國的出家人很多都迷失在浩瀚的印度佛經之中，中國人的思維方式與印度人的思維方式不同，印度人習慣把抽象的概念細分再細分，這從原始佛教佛陀的說法中已看到其端倪，往後的印度大乘佛教把這種抽象思維發揮得更淋漓盡致。中國人習慣形象化的思維方式，任何抽象的概念都會以最精簡的方式表達，而不會深究那些抽象概念再微細、再微細的地方，故此中國出家人要真正瞭解印度佛經應該是一件十分吃力的事，即使他們完全懂得佛經的中文翻譯，但他們也無法理解這種抽象式思維。無怪乎惠能大師遇到很多讀經上千遍而不懂佛理的出家人，惠能大師以中國人的思維方式，加上他內在對佛教精髓的真正瞭解，他所解釋的佛理，出家人一聽便懂，故有所謂「頓悟」之說。

六祖《壇經》共分為十卷，每卷稱為「品」。第一卷〈行由品第一〉就是惠能向眾善信憶述他的身世，他如何成為禪宗六祖的始末；從第二卷開始便是惠能大師針對每個重要的佛教概念向迷惘的在家及出家信眾逐一解釋；最後一卷〈付囑品第十〉是惠能大師臨終前對弟子的說教、惠能大師入寂後的重要事件和禪宗各祖師承傳的名單。由於惠能大師對佛教的解釋超越了一般人所認知的佛理，故惠能大師的說法被稱為「六祖革命」，其實惠能大師只是把佛教返本還原，並且把佛教的精髓徹底中國化，這樣中國人才不會迷失在神通、神力和抽象難解的佛理之中。中國人看六祖《壇經》應該會有一種雲霧消散，看見青天的感覺。

六祖《壇經》第二卷〈般若品第二〉就是惠能大師向迷惘的善信解釋什麼是「般若波羅密多」，「般若波羅密多」是梵文的音譯，意思是

什麼是佛教的大智慧，惠能大師解釋這智慧就是指人的佛性，這醒悟的智慧需要向內在追求，而不是從外在的事物中作虛假的求索。惠能大師的說話簡單而直截了當，當中有其精彩之處：

「菩提般若之智，世人本自有之，只緣心迷，不能自悟，須假大善知識，示導見性。當知愚人智人，佛性本無差別，只緣迷悟不同，所以有愚有智。」

「善知識！摩訶般若波羅密是梵語。言大智慧到彼岸。此須心行，不在口念。口念心不行，如幻、如化、如露、如電。口念心行，則心口相應。本性是佛，離性無別佛……世人妙性本空……自性真空。」

「若見一切人惡之與善，盡皆不取不捨，亦不染著，心如虛空，名之為大，故曰『摩訶』。」（註25）

「三世（指過去、現在和未來）諸佛，十二部經，在人性中本自具有……若自悟者，不假外求……自心內有知識自悟……若識本心，即本解脫。」

六祖《壇經》〈疑問品第三〉正是六祖惠能大師解答善信的疑問：為何梁武帝大興佛教，禪宗初祖達摩大師竟說梁武帝並無功德？惠能大師指出，真正的功德是指一個人的內在修行，從內在而表現於外在，若虛有外表的善行而沒有內在的相應，此人只能得到世間的福樂，所謂「福德」，但他的內心可以仍然是一個愚人、癡人，被世間的苦與樂所控制。惠能大師的說話是這樣：

「見性是功，平等是德。念念無滯，常見本性，真實妙用，名為功德。內心謙下是功，外行於禮是德……心常輕人，吾我不斷，即自無功……自修性是功，自修身是德……功德須自性內見，不是布施供養之所求也，是以福德與功德別。」

林楚菊的《漫談世界各宗教》

六祖惠能又解答信眾疑問：佛教的西方極樂世界距離中國有十萬八千里，如此遙遠，一般人如何到達？惠能大師解釋天堂與地獄的概念，人的意識可以製造天堂，也可以製造地獄，就如耶穌所指「天國就在你們的心中。」惠能大師這樣說：

「有十萬八千，即身中十惡八邪……迷人念佛求生於彼，悟人自淨其心。所以佛言：『隨其心淨即佛土淨。』……先除十惡，即行十萬；後除八邪，乃過八千。……邪心是海水，煩惱是波浪，毒害是惡龍，虛妄是鬼神，塵勞是魚鱉，貪嗔是地獄，愚癡是畜生。……善知識！常行十善，天堂便至……。」

禪宗六祖《壇經》每卷都記錄了六祖惠能大師對佛理的看法，有些地方甚至有如佛祖再世，重新把佛理演繹得更清楚，其重點都是教導世人無上正覺不能向外求取，也不能靠外在偽裝出來。在〈定慧品第四〉中，惠能大師指出禪宗宗旨是以定慧為本：「若心口俱善，內外一如，定慧即等。」佛教有所謂「戒」、「定」、「慧」，「戒」是指戒律；「定」是指禪定，即一個人能達到平靜、安定的意思；而「慧」是指般若智慧。禪宗不講求戒律，著重「定」和「慧」，此「定」和「慧」的重點是「自識本心，自見本性……念真如本性……真性常自在……」。故此在〈坐禪品第五〉中，惠能大師解釋禪坐不在乎長時間「坐」這個行為本身，因為禪坐不是「枯坐」，惠能大師這樣說：

「善知識！何名坐禪？此法門中，無障無礙，外於一切善惡境界，心念不起，名為坐；內見自性不動，名為禪。善知識！何名禪定？外離相為禪，內不亂為定。外若著相，內心即亂。外若離相，心即不亂。本性自淨自定，只為見境思境即亂。若見諸境心不亂者，是真定也。」

「善知識！外離相即禪，內不亂即定。外禪內定，是為禪定。……善知識！於念念中，自見本性清淨，自修、自行，自成佛道。」

惠能大師進一步解釋，「成佛」即達到覺醒要靠自己，而不能靠其他人，早在惠能接受弘忍大師傳授衣缽時，惠能與弘忍大師告別時說：「迷時師度，悟了自度。」事實上，弘忍大師沒有可能教授惠能什麼佛理，一切都是惠能自己領悟出來。在〈懺悔品第六〉中，惠能大師更大膽地把以往歸依佛（佛祖）、法（佛理）、僧（僧團）三寶，改為歸依覺、歸依正、歸依淨，力倡歸依自性，而非外力，所謂「自性不歸，無歸依處」。其實惠能大師這樣解釋更貼近佛陀真正的教導，在一行禪師所著的《佛陀傳》中，佛陀晚年最後的教導是叫佛弟子歸依自己，以自己為彼岸，不依賴他人他物。

惠能大師這樣說：

「各須自性自度，是名真度。……邪來正度，迷來悟度，愚來智度，惡來善度。如是度者，名為真度！」

惠能大師把歸依佛、法、僧三寶的入教儀式，創新地改為「四弘誓願」，即：

「自心眾生無邊誓願度，
　自心煩惱無邊誓願斷，
　自性法門無盡誓願學，
　自性無上佛道誓願成。」

中國人一向十分保守，做學問只會繼承而不敢有大膽創新的見解。在宗教領域更是森嚴，在西方，基督宗教幾千年來僵化的教義至今日仍

然一成不變，還動輒稱別人為異端。目不識丁的六祖惠能大師作為中國人，卻能將佛理創新解說而不失其精髓，且不用借助神通神力，惠能大師所弘揚的禪宗，可說是佛教在中國的真正光芒。作為中國佛教徒，實在不可錯過，因為只有達到正覺，吃素與拜佛才會變得有意義。

註釋

註1：古波斯祆教是距今3000年前由古波斯先知瑣羅亞斯德開創的宗教（參看本書第一章），其教徒葬禮的儀式稱為天葬，簡言之，把死者的屍體清潔後，祭司對屍體進行祈禱，之後屍體在狗的注視下放置山上，讓禿鷹把屍體不淨的肉吃掉，骨頭讓太陽曬乾和風吹乾變白，然後才把屍骨放在納骨器內埋葬。這有別於佛教的葬禮，佛教沿襲印度傳統的火葬儀式，屍體火化後，可能會出現一些細小的結晶物，佛教稱為舍利，佛教認為只有得道高僧的屍體火化後才會出現舍利。學者認為藏傳佛教的天葬儀式顯然不是佛教的產物。

註2：怛特羅 (Tantras) 是指使人正確使用每個感官，從感官追求的層次提升至神聖的技巧，怛特羅經典就是傳授這類祭祀技巧的經典，而根據這些怛特羅經典所作的宗教祭儀被稱為怛特羅派，即「密教」的意思，即此支派是把知識秘密傳授給虔敬者。由於該支派曾以錯誤的儀式崇拜和修行，即以性力作為修行的方法，造成該支派有段時間由盛轉衰，也被人錯誤地把怛特羅 (Tantras) 等同性力修行。藏傳佛教的蔓荼羅 (Mandala) 神秘圖案、咒語、神秘手印和修行方法，均出自印度密教怛特羅 (Tantras)。今日在佛教界內有批評藏傳佛教是喇嘛教，而非佛教，因為藏傳佛教許多教義與早期佛教和大乘佛教相距甚遠，而佛教由始至終均主張戒欲，而且以戒淫為首，但藏傳佛教到現在還有性力修行的陋習。

註3：參看《佛陀傳》，一行禪師著，何蕙儀譯，河南文藝出版社，2014年。

註4：五戒是指不殺、不偷盜、不淫、不妄語、不飲酒。
註5：八戒是指除以上五戒外，還加上三戒：不穿戴華衣寶飾、不坐臥高軟大床、不用金錢，這三戒明顯是指導出家信徒。
註6：除以上八戒外，還加上兩戒：不參與世俗歌舞宴會、過午不食。這也是特別針對出家信徒，其中過午不食是指出家信徒在上午出外乞食一餐，之後便不再進食。由於當時的出家信徒沒有世俗事務，不用幹活，一般的生活只是行禪、坐禪和簡單的個人清潔和乞食，加上有修行的根基，日吃一餐絕對沒有問題，但兒童出家的信徒（即沙彌），由於成長發育的需要，就可以每日吃兩餐。有關沙彌可以日吃兩餐的規定，在一行禪師著的《佛陀傳》中有這樣一個小插曲：有一天晚上佛陀聽到一群小沙彌在哭泣，於是便問過究竟，才知道他們晚上感到太饑餓，故此佛陀規定所有沙彌都可以日吃兩餐。
註7：五欲是指財、色、名、食、睡，這是佛弟子應該要控制的慾念。
註8：五種妨礙解脫的障礙是指慾念、嗔慮、渴睡、激動和懷疑。
註9：四無量心是指慈、悲、喜、捨，慈是替別人帶來歡樂，悲是幫助別人解除痛苦，喜是因獲得真理而快樂，捨就是捨棄世間的欲念。此四無量心與印度瑜伽修行者的戒律一致。
註10：七種導致正覺的因素是指專念觀想、審察正法、勇猛精進、喜獲法益、心輕自在、集中正定、捨離妄法。
註11：聖人的八種覺證是指：(1) 一切世法無常與無自性，即觀照世法無常無我（後部分會作解釋）；(2) 愈多欲念產生愈多痛苦；(3) 少欲簡樸的生活才會帶來平和、喜悅與安寧；(4) 努力精進，怠惰與沉迷欲樂為修行障礙；(5) 無明乃了無止境生死輪轉的起因；(6) 以平等心對待所有人；(7) 不為世務所纏；(8) 貢獻自己幫助他人入覺悟之道。
註12：蘇格拉底這段話出自柏拉圖《會飲篇》，見《蘇格拉底也是大禪師》，William Bodri 著，王雷泉主譯，古老文化事業公司，1999年。
註13：這裡的魔，佛教稱為阿修羅，但筆者不想用此名詞，原因是早期

印度神話經典把阿修羅用作正神的稱呼，後來用作惡魔的稱呼，而阿修羅 (Asura) 屬於《吠陀》經典的梵文用語，即古波斯文阿胡拉 (Ahura) 的稱呼，而阿胡拉是古波斯瑣羅亞斯德教神主的稱呼，他是至善的主宰，何來會變成惡魔？這是因為西元 3000 年前，印歐種族雅利安人入主印度大陸，把《吠陀》經典帶到印度，發展成吠陀教，即婆羅門教的前身。同屬印歐種族的古波斯人所創立的瑣羅亞斯德教指雅利安人是邪魔，而雅利安人所創的吠陀教也指瑣羅亞斯德教是邪教，故此才會出現此兩教把神魔稱呼顛倒使用的情況，有關此方面的詳情會在往後第五章印度教部分再論述。

註 14：見本書第三章伊斯蘭教：「神」、「人」與「精靈」的觀念。

註 15：此段話出自《佛陀說》，蔡志忠佛經漫畫，三聯書店，1997 年。

註 16：同上。

註 17：見《奧義書》，黃寶生譯，商務印書館，2012 年。此書譯者把「神我」譯為「自我」，筆者認為容易與個體的自我 (Ego) 混淆，故在此處改為「神我」。

註 18：見《蘇非之道——伊斯蘭教神秘主義研究》，王俊榮等著，中國社會科學出版社，2012 年。

註 19：參見《佛地梵天——印度宗教文明》，歐東明著，四川人民出版社，2002 年。

註 20：見《奧義書》，黃寶生譯，商務印書館，2012 年。

註 21：印度教的摩訶摩耶 (Mahamaya)，有時被描繪為創造天地萬物的女神，就如中國神話中的女媧，有時又被描繪成女魔，以達迷惑人心的目的。但無論是神還是魔，其幻化出來的幻相所作的功能就是要把真理掩蓋，遮蔽梵的實相，令人把虛幻的事情當作真實，其最後的目的就是用來分辨善人與惡人，聰明人與愚蠢人，或《古蘭經》所指信道的人和不信道的人。

註 22：《維摩詰經》（語譯部分），賴永海主編，中華書局，2012 年重

印。

註23：卐字原是印度自古以來代表神聖與吉祥的符號，佛教與耆那教均同時使用這符號來代表自己信仰的神聖與吉祥。後來佛教把這符號變成反時針方向的卍字，這是佛教誤傳所致。

註24：印度教與佛教的思想一直在「有」與「空」中爭論不休，龍樹尊者主張世界萬物從世俗人一般觀點（俗諦）來說是「有」的，但這種「有」只是一種假借的名相（即概念），從佛教的真諦來說，則是「空」。正確的態度應該不執著於「有」或「空」，而是把兩者融會貫通，以有觀空，以空解有，這才合乎萬法的真如實相。以這觀點看待事物，就是中道。（有關「有」與「空」的討論，可參看本章佛教與印度教章節。）

註25：「摩訶」，梵音 Maha，偉大的意思。佛教的最高境界是「空」，此空甚至脫離了善與惡的桎梏，故不會有「好心做壞事」的情況出現。

第五章　印度教

　　印度，一般人的印象，是個古老、神秘和落後的地方，崇尚西方物質文明的人士，絕對不會對印度感到任何興趣。不過，不少厭倦物質主義之膚淺的西方學者卻對印度深邃且豐富的精神文明而感到震驚，他們從認識印度的宗教、哲學與文化中，思維得到無限的啟發。眾所周知，佛教是今日世界三大宗教之一，源自於印度，且與印度教的信仰關係密切，但一般人對印度這地方依然陌生，從香港新聞資訊所知道的印度，總是與貧窮、愚昧、落後和罪惡扯上關係。印度的絕妙，難以從表面上看出來，人們要先正確且深入認識印度的精神文化，才能瞭解當中的底蘊，揭開人類精神的巨大財富。

印度歷史的起源

印度聖河克理希納河 (Krishna River)

　　從地理上認知，印度是一個半島國家，呈三角形狀，但印度全境實質呈不規則四角形，四方皆以山海圍之，西北方以斯利曼連峰，鄰於阿富汗斯坦和俾路芝斯坦，東北方與雪山系接於西藏，西南方可望阿拉伯海，東南方可望孟加拉灣，與他國全然隔絕，這令印度在長遠的歷史發展中，保留其文化特質，外來文化的滲入並不容易。印度文明，初興於印度河的五河 (Panjab) 地方，即今日位於印度西部旁遮普邦的五條河流，即印度河及其支流拉維河、比亞斯河、杰納布河和薩特萊杰河，它們是印度文明的最早發源地。印度河文明最早可以追溯自公元前 3000 年，當時印度的土著達羅毗荼人已發展了一種高度文明，以農業為依托的城市文化，他們已有瑜伽修行、地母崇拜和男女生殖器官崇拜等宗教信仰。約公元前 2000 年後，居住在中亞的古代波斯人的分支雅利安人經由斯利

曼山西北山道入侵，他們將印度河 (Indus) 所流經的區域稱為「信度」(Sindhu)，意即海或水，蓋他們感嘆印度河水勢的雄大，而「興度」(Hindu) 則只是「信度」一語的轉訛。

英語把印度教稱為 Hinduism，意即居住於印度河之地人們的信仰，但印度人自古以來並不是如此看法，在古代，印度人稱自己的信仰為 sanatana dharma（意即永恆的宗教）及 vaidika dharma（意即吠陀的宗教），而這種信仰更廣傳至南亞一帶國家，包括斯里蘭卡、爪哇、馬來西亞及婆羅洲。蓋印度文明，先發源於五河 (Panjab) 地方，東漸而移入恆河 (Ganga) 地方達於全盛，終乃由半島地方移殖於斯里蘭卡。印度人自身也不是以印度來稱呼自己的國家，他們稱之為婆羅多 (Bharata)，婆羅多的梵文意為「月亮」，是古代北印度一個雅利安部落的名稱。這個部落曾統治拉維河山（今旁遮普）一帶，並在一次大戰中勝利，印度著名的史詩《摩訶婆羅多》(Mahabharata)，就是記載古代這國度的一段重要歷史，而摩訶 (Maha) 即偉大的意思。婆羅多的名稱，有「此為婆羅多族繁衍生息之地」的意思。印度 (India) 之名，源自古代波斯人呼對岸地方之總名，其後希臘人襲用之而成為國際用語。

印度古代的歷史，並不容易認識和瞭解，因為印度人對時間的觀念並不在意，古代印度重要的歷史人物及事件，完全沒有確實的年份，今日的學者只能靠不同的歷史資料推斷、猜測，當中難以避免有不同的看法。由於近代考古學的發現，學者一般認為印度的文明始於公元前三、四千年前。在印度河流域一帶的最早文明是由土著達羅毗荼人所創造，達羅毗荼人現在主要生活在南印度。不少學者認為，正是由於雅利安人的入侵與壓迫，達羅毗荼人不得不逐步南遷，重建家園。達羅毗荼人所開創的印度河文明於公元前 1700 年開始衰亡，繼之而興起的是雅利安人所開創的早期吠陀文明。約公元前 2000 年後，雅利安人開始大規模進駐印度，在印度開發文明，建立宗教信仰，成為印度的統治階層。雅利安人原是居於中東亞細亞一帶的印歐人種，後來該人種分別向東西兩方移

居。大約在公元前三、四千年前，向西面進發的一團移入歐洲，為大部分歐洲人祖先，其東向者為波斯人（即今日伊朗）及印度人（即雅利安人）。向東進發的一團曾聚居於五河之地，後來因為宗教上的分歧，一方再返於西，再南轉而在伊朗高原開拓波斯文明，成為伊朗人種，另一方繼續向東南進發，以五河地方全境開拓文明，成為印度雅利安人種。學者發現，歐洲的希臘和羅馬的神話與雅利安人的神話有不少相似的地方，蓋他們原出於同一人種。

雅利安人進駐印度後，印度歷史的發展大致可分為三階段：

第一階段是雅利安人自從與波斯人分離後，開始發展印度的獨特文明，其年代雖不能判明，但一般共識是在公元前 1500 年至 1000 年前。

第二階段為公元前 1000 年至 500 年前，雅利安人先居於閻牟那河 (Yamuna) 上流拘羅 (Kuruksetra) 之地，此地為婆羅門教的發源地，後漸次南下而至恆河 (Ganga) 下流地方。此階段雅利安人已成功征服先住民族，歸順者成為奴隸，未歸順者則驅逐於南方。此階段為婆羅門文明時代，印度特有的制度、儀式和思想等，大致確立於此階段。雅利安人的吠陀宗教發展成為婆羅門教，正是吠陀教揉合了土著的宗教信仰發展而成，例如婆羅門教大神希瓦 (Shiva)、毗濕奴 (Vishnu)，以及女神杜爾伽 (Durga) 等，均可從土著的崇拜中找到原型。

第三階段為公元前 500 年至今，此階段雅利安人種不單涉足恆河流域，而且已征服印度全境。此時期的歷史發展，印度曾出現沙門思潮，挑戰婆羅門教不可懷疑的權威。印度教正統的六大哲學派別，以及非正統的佛教和耆那教的產生，都是在此時期出現。

佛教曾在印度盛極一時，且長達 1500 年之久。自公元 8 世紀，印度教復興而排斥佛教，且吸收佛教的義理而改革成為今日的印度教。到公元 10 世紀至 11 世紀，阿富汗王馬默德 (Mahmud) 攻略印度至 17 次，伊斯蘭教徒的勢力次第盛大，在印度建立了德里王朝 (1206-1526)。至 16 世紀，亞格伯大帝建立莫臥兒帝國 (Mogul empire, 1526-1859)，全印度始歸

其管轄。此兩大王朝合共統治印度長達 650 年，促使伊斯蘭教成為印度第二大宗教，同時，佛教遭伊斯蘭教大肆摧毀而在印度本土徹底消亡。但莫臥兒帝國又不能久持其勢力，至 15 世紀以來，歐洲人逐漸殖民於印度，葡萄牙人、荷蘭人、法國人和英國人等陸續而來，至 18 世紀之初，莫臥兒帝國遂瓦解，大部分歸英國人之手。基督宗教因而在印度植根，雖然在印度的基督徒屬於少數，但印度教的信仰並沒有排斥基督宗教，而是把基督宗教的信仰吸納在自己的體系之內，他們同樣尊崇耶穌為聖者。印度人十分重視保存自身的傳統文化，故在印度的伊斯蘭教徒和基督徒仍然重視印度傳統的文化生活。

二次大戰前後，印度在聖雄甘地的帶領下，以非暴力手段持續進行抗爭，最後在 1948 年成功脫離了英國人的統治而獨立。印度獨立後隨即分裂，成為西北面的巴基斯坦，以伊斯蘭教為國教，以及其餘的印度全境。印度國內大部分人雖然仍然信奉印度教，但仍然存在不少伊斯蘭教信徒。千百年來伊斯蘭教信徒與印度教信徒水火不容，但在印度卻出現一些聖人，揉合此兩教的真理，以消除教派的對立和衝突，例如 15 世紀末聖人伽比爾 (Kabir, 1440-1518) 所創立的宗派，以及印度西北部旁遮普 (Punjab) 由聖人拿納克 (Guru Nanak, 1469-1539) 所創立的錫克教。

錫克教反對印度教種姓制度和繁瑣的教規，不拜偶像，信奉永生和不可言說的上帝，且主張各宗教之間和睦親善。在已有的印度教、伊斯蘭教和當時正在傳入的基督宗教勢力面前，錫克教的傳播受限，信徒大多集中在旁遮普一帶。錫克教徒大多是為保衛信仰而獻出生命的武士，雖然人數不多，但勢力卻很強大，曾在 1765 年至 1859 年間一度建立了獨立的錫克國家。

今日的印度教，其精神文明體現在宗教信仰的豐富與深邃，除了正統的印度教信仰外，此信仰還包括了不同的派別，在印度境內還存在伊斯蘭教、錫克教、耆那教、瑣羅亞斯德教、猶太教、佛教，以及對個別聖者的導師崇拜。印度人一般不會對這些多元化的信仰互相排斥，而是

各取所長,互相協調,印度人的精神生活可以極其充實、燦爛,且多采多姿。

傳統印度畫作:騎牛的希瓦

《吠陀》與《奧義書》

今日的印度教,在古代稱為婆羅門教,始於雅利安人建立的吠陀宗教,同時也可說是雅利安人與印度河流域原始居民達羅毗荼人,兩者宗教信仰結合而形成。吠陀宗教出自《吠陀》。《吠陀》是印度最古老、有可解讀文字的聖典,是印度哲學和宗教的根源。所謂「吠陀」(Veda),意思是指知識或智慧。《吠陀》被稱為天啟經 (Sruti),乃古代聖人 (Risi) 受神的啟示而誦出,皆為神智、聖智的發現,代表古代聖者的精神上的直接經驗。

《吠陀》共有四種,即《梨俱吠陀》(Rg-veda)、《夜柔吠陀》(Yajur-veda)、《沙磨吠陀》(Sama-veda) 和《阿達婆吠陀》(Atharva-veda),世稱四吠陀,是不可分離的聖典。四吠陀並不是一時之作,最原始的是《梨

俱吠陀》，其大部分為印度雅利安詩人居住在五河地方時對大自然而歌出的詩句，其後編集而成，是世界上最古老的詩篇，不單單是印度的寶典，學者更認為它是全人類的珍寶，是研究宗教學和神話學上不可缺乏的史料。

雅利安人所建立的吠陀宗教，是一個極度重視祭祀神明的宗教，四吠陀的功用就是作為祭祀的聖典。《沙磨吠陀》是祭祀時詠歌者所用之讚歌加以編輯而成，大部分內容與《梨俱吠陀》相同。而《夜柔吠陀》與《沙磨吠陀》同為祭祀用的聖典，所不同者是大部分為《梨俱吠陀》所未有的獨創祭詞。《夜柔吠陀》是印度人由五河地方逐漸移居至閻牟那河間拘羅地方以後之作，屬於印度歷史第二階段之作，其年代大致為公元前1000年至800年之間。而《阿達婆吠陀》則專以關於個人直接利害，招福禳災的咒文為主題，其產生年代應與《夜柔吠陀》相同。

四吠陀的用途，也可根據古印度婆羅門教祭官的劃分而定。古印度祭祀的婆羅門分為四種：（一）請神之官，名勸請者(Hotr)，誦一定之讚歌，勸請所祭之神來至祭壇，所用為《梨俱吠陀》；（二）讚神德之官(Udgatr)，名詠歌者，唱歌而讚嘆，所用為《沙磨吠陀》；（三）供奉神之官，名祭供者(Adhavaryu)，以低聲唱祭詞(yajus)而奉供物，所用為《夜柔吠陀》；（四）司祈念之官，名祈禱者(Brahman)，統監祭祀之全體，整理祭祀的形式，所用為《阿達婆吠陀》。此劃分說明婆羅門教的祭祀制度已發展完備，這應該是第二歷史階段的產物。

印度上古時代也稱為吠陀時代，狹義的吠陀是指四吠陀本集，皆以詩頌(mantras)為主。而廣義的吠陀則是指每部吠陀均由四部分組成：《詩頌》(mantra)、《梵書》(Brahmana)、《森林書》(Aranyaka)和《奧義書》(Upanisad)。《詩頌》是關於吠陀諸神的讚頌，這些讚詞的目的是為了在此世獲得繁榮及在來世獲得幸福，最早成書。《梵書》是舉行祭祀儀式的指引書，這些儀式是取悅諸神的主要祭祀模式，是吠陀時代後期出現的婆羅門「祭祀學」著作。「梵」在早期吠陀文獻中常用於指稱

吠陀頌詩，念誦吠陀頌詩的人稱為婆羅門（Brahmana，陽性詞），解釋吠陀頌詩的著作則叫做《梵書》（Brahmana，中性詞）。

《梵書》之後出現的就是各種《森林書》和《奧義書》，兩者性質十分相近。《森林書》是在遠離城鎮和鄉村的森林裡秘密傳授的，主要探討祭祀的神秘意義。《森林書》的作者隱居森林，不僅捨棄世俗生活方式，也捨棄世俗祭祀方式，他們強調內在的、精神的祭祀。《奧義書》是吠陀的最後部分，梵文稱為 Vedanta，音譯「吠檀多」，意即「吠陀的終結」，是今日印度教正統主流的哲理依據。《奧義書》雖然列在《梵書》之後，但其主題思想卻不是《梵書》的繼續或總結，而是展現對於祭祀和人生的另一種思路，以神秘主義的方式啟示出極為深奧的精神上的真理。《森林書》標誌著由《梵書》的「祭祀之路」轉向《奧義書》的「知識之路」。

西方學者對《奧義書》思想家的深邃、崇高思想大為驚嘆。德國文學家和東方學家馬克斯・穆勒 (Max Muller, 1823-1900) 將《奧義書》哲學比喻為早晨的曙光及高山中純淨的空氣，他認為一旦明瞭《奧義書》，即可體會它是如此淨化和真實。德國著名哲學家叔本華 (Schopenhauer, 1788-1860) 認為《奧義書》是世界上最有價值的書，他在就寢前有一特殊習慣，就是在《奧義書》前表達敬虔之意，且謂：

「在這整個世界，沒有比研讀《奧義書》更令人受益和振奮的了。余得是書，生前可以安慰，死後亦可以安慰。」（註1）

《奧義書》，梵文 Upanisad 一詞表示書名，也表示「奧義」或「奧秘」，這名稱的原意是「坐在某人身旁」，蘊含「秘傳」的意思，《奧義書》中經常強調這種奧義不能傳給「非兒子或非弟子」。留存於世的《奧義書》有很多，甚至超過 200 種，不過，大部分為後世的著作，並非出自吠陀時代。真正在吠陀時代成書的《奧義書》，一般公認只有 13

種，其中有 5 部《奧義書》產生於佛陀（公元前 566 年至 486 年）出生之前，其餘的《奧義書》均產生在佛陀出生之後。

《奧義書》的內容繁雜，但其核心主旨是探討世界的終極和人的本質。《奧義書》有兩個基本概念，就是梵 (Brahman) 和真我 (Atman)。古印度的信仰不是一個一成不變的婆羅門教，而是一個不斷探究和演化的思想，在《詩頌》中，最早期的雅利安人確認眾天神主宰一切，神祇分成天上諸神、空中諸神和地上諸神。許多天神由自然現象轉化而成，例如太陽神、火神、風神、大地女神和黎明女神，他們認為人間一切事業的成功都依靠天神的庇佑。在《梵書》中則確認生主是世界創造主，這是他們在信仰探索中認為這個世界應由一個主宰神去創造一切，眾天神只是聽候主宰神的差遣。而在《奧義書》中，則確認「梵」是世界的本質，「梵」才是永恆獨一的主宰。在《奧義書》中，「梵」與「真我」經常表達相同的意思。梵是宇宙的自我、本原和本質。而真我 (Atman) 既指宇宙的自我，也指人的個體自我，即人的本質或靈魂。梵是宇宙的本質，自然也是人個體自我的本質，正如《歌者奧義書》中所說：「這是我內心的真我 (Atman)，它是梵。」按照《奧義書》的種種描述，梵創造一切，存在於一切之中，又超越一切。由於梵超越一切，要瞭解梵的本質，只能用否定的方式，即「遮詮法」，也就是《大森林奧義書》中所說的「不是這個，不是那個」(neti neti) 的認知和表達方式。

《大森林奧義書》這樣描述：「這個不滅者（梵）不粗、不細、不短、不長、不紅、不濕、無影、無暗、無風、無空間、無接觸、無味、無香、無眼、無耳、無語、無思想、無火熱、無氣息、無嘴、無量、無內、無外。」(3.8.8)

《剃髮奧義書》這樣描述：「它不可目睹，不可把握，無族姓，無種姓，無手無腳，永恆，遍及一切，微妙，不變，萬物的泉源。」(1.1.6)

《蛙氏奧義書》這樣描述：「不可目睹，不可言說，不可執取，無

特徵，不可思議，不可名狀，惟以確信唯一真我為本質，滅寂戲論，平靜，吉祥，不二。」(7)

大乘佛教《心經》所描述的「空」，實質就是《奧義書》對梵的描述，也即是知梵者，能「遠離巔倒夢想，究竟涅槃」（《心經》）。在《泰帝利耶奧義書》中指出，任何人「如果知道梵的歡喜，他就無所畏懼」(2.9.1)。在《歌者奧義書》中，生主指出：「這個真我擺脫罪惡、無老、無死、無憂、不饑、不渴，以真實為欲望，以真實為意願。」(8.7.1)

《奧義書》對梵和真我，對宇宙和人的探討，最終結論就是「宇宙即梵，梵即真我」。《歌者奧義書》說：「這是我內心的真我，小於米粒，小於麥粒，小於芥子，小於黍粒，小於黍籽。這是我內心的真我，大於地，大於空，大於天，大於這些世界。包括一切行動，一切願望，一切香，一切味，涵蓋這一切，不說話，不旁騖。這是我內心的真我，它是梵。死後離開這裡，我將進入它。信仰它，就不再有疑惑。」(3.14.4)

《奧義書》將梵與真我視為最高的知識，最高的真實，認識到梵我同一的人，就能得到生命的解脫，解脫的意思就是脫離世間一切束縛，得到解脫的人在精神上可以達到「平靜、隨和、冷靜、寬容、沉靜」，能「擺脫罪惡、擺脫污垢、擺脫疑惑」。（《大森林奧義書》4.4.23）

《奧義書》的哲理超越《吠陀》其他的經典，突破《梵書》祭祀主義的樊籬，可說是婆羅門教在內部發生的一場思想革命，把婆羅門教從崇拜神明，推崇祭祀主義，轉變為對永恆真理的探索和實踐。《奧義書》的哲理成為印度自古至今各派宗教哲學思想的指導及權威，在《奧義書》中能找到印度教的精髓所在。

多神教、單一神教與交換神教

一般人認為印度教是一個主張多神的宗教，蓋最早期的《吠陀》本集中已把大自然的種種現象人格化，成為人們祈福的眾神明。事實上，印度人的宗教信仰又不是如此簡單。在《吠陀》本集的不斷變遷中，印度的眾神並不是互相沒有關係、獨立的個體。眾神之間就好像是一個龐大家族，彼此有親屬關係，儼如一個相互協作的個體，而且有時同一神明在不同地方及時代可以有不同稱謂，甚至可以有不同的形相。加上印度人自古至今均有一種宗教文化特質，就是無論何事，皆有不至極端不能滿足之風。學者指出自吠陀時代開始，詩人讚美一神，必盡全力以最上等的美辭，好像不知道有其他神明存在一般，及對他神的讚美又以同樣的態度對待。從客觀方面看，印度教好像是一個多神的宗教，但從信仰者的主觀態度看，則帶有單一神教的意味。

從《奧義書》時代開始，天、空、地界的眾神明重整為永恆獨一主宰的三個面相，即負責創造的梵天 (Brahma)，負責維持進化的毗濕奴 (Visnhu)，以及負責最終毀滅一切的希瓦 (Shiva)。此三大主神可看成為同一神明，他們的名稱其實代表了其特質，梵天 (Brahma) 的名稱，梵文的原意為「祈禱主」，意指世界的創造是由宇宙獨一的主宰以祈禱，即願望的力量創造出來；毗濕奴 (Visnhu) 的名稱是指「遍在者」，指出宇宙獨一的主宰無處不在；而希瓦 (Shiva) 名稱的意思是「至善」和「吉祥」，此也正是宇宙獨一主宰的特質。在印度從來沒有形成一個宗派專門崇拜梵天，但卻形成專侍崇拜毗濕奴的毗濕奴派 (Vaisnava) 和專侍崇拜希瓦的希瓦派 (Saiva)。毗濕奴派認為毗濕奴是宇宙最高的主宰，其他所有神明都從屬於他；而希瓦派則認為希瓦才是宇宙最高的主宰，其他所有神明都要聽從於他。

在印度，除此兩大宗教派別外，還存在其他派別均視自己所信奉的神明為宇宙最偉大者，例如崇拜希瓦之子格涅沙 (Ganesha) 的迦那帕提耶

派 (Ganapatya)，以及崇拜希瓦之妻的沙克塔派 (Sakta)，而神明格涅沙名稱的意思即「群仙之主」，沙克塔的意思即「存在」、「真理」，所有這些神明，其名稱的意思都是指向美好的屬性，印度教沒有可能被歸類為邪教。印度人當選定一個神明以後，便會終身崇拜此神明，並視此神明為最偉大者，以表達對此神明的忠誠和絕對信賴，故學者稱此信仰之風為單一神教 (Henotheism)，即只崇拜多神中某一神之宗教，或稱為交換神教 (Kathenotheism)，即主神之主體交換的宗教。

　　印度教是一個擁有不同觀點，多雜並陳的宗教，不像基督宗教、佛教或伊斯蘭教有一位單一的開創者。印度人稱自己的宗教為永恆的宗教 (sanatana-dharma) 或吠陀的宗教 (vaidika-dharma)，而不是印度教 (Hinduism)，它是由一群古代的聖者在探究宇宙的奧秘和真理時，出於理智的探索且不斷受到天啟而發展出來的宗教。在印度最早時代，理性思維已被認為是探究宗教信仰的重要手段。印度的宗教即印度的哲學，兩者不可能分割開來。哲學的目的就是要探索永恆的真理，而永恆的真理正是宗教的所在，理智與啟示的結合充分反映印度哲學與宗教的密切關係。哲學在印度稱為 darsana，意指「直觀」，即是方法，而稱宗教為 mata，意指「被思維的對象」，即是目的，印度的哲學是通往宗教之道。印度教的思想家與西方思想家不同，他們致力使哲學避免成為無用的空談，同時也使宗教避免成為盲目的信仰。

業報、輪迴與解脫

　　印度教的信仰是通過探求真理以達到解脫或精神上絕對的自由，印度教的思想家認為，消除悲苦，使人獲得精神上和諧自在，這是人類至上終極的目標。印度教的最終目的是精神上的解脫，解脫就是脫離世間的一切束縛，與永恆獨一的主宰和諧地融合。印度教的解脫觀離不開業報與輪迴的觀念，這種業報、輪迴和解脫的觀念最早在《奧義書》中產

生，不僅為婆羅門教所接受，也為後來的佛教和耆那教所接受，成為印度古代宗教思想中的重要基石。

　　印度教的業 (Karma) 認為人的行為，包括身、口、意三方面聚合成或善或惡的業，形成一個連續的因果鏈條，影響著人今生與來生的命運。蓋在《奧義書》時代，印度思想家已觀察到即使人們有相同的出生、家庭、教育，甚至一切環境，但他們生下來卻有不同性格、特質和取向。他們彼此的不同不能以今世的一切因素解釋，故必有前生的因素影響今生的個人特質、性格和命運。同理，今生的業也會影響來生，形成一種因果業報的關係，一方面產生相應的報酬，另一方面也影響人的性格。這種因果業報，每個人在今生已能清楚看到，所謂種善因得善果，種惡因得惡果。而今生的善果和惡果若不能以今生的任何因素解釋時，這就是前生種下的因所致。《奧義書》清楚指出：「人因善行而成為善，人因惡行而成為惡。」（《布列哈德森林奧義書》4.4.5）

　　印度教的因果業報觀念並沒有否定神的存在或對人類的重要性，相反這種因果業報是永恆獨一主宰對一切眾生所施行最公平的法則。一切眾生都要對自己的言語、思想和行為負上責任，上帝並沒有對任何人特別偏愛或憎惡，人的禍福及對一切事物的取向是由自己的業所決定，即使上帝也不會去改變，沒有任何人可以在上帝面前以任何形式賄賂上帝而免遭自己不當行為的果報，這一點其實在《古蘭經》中，真主反覆地說得十分清楚，印度教的思想家也有同一觀點。雖然印度教徒對神明極度虔誠，可以說是瘋狂地崇拜他們所選定的獨一的神明，但他們應清楚知道真正決定上帝施福或降禍的關鍵就在乎自己的業力，即自己思想、言語和行為的一切活動。

　　印度教的輪迴觀念也是從這種過去、今生和來生的因果鏈條發展出來，因為一個人的行為並不完全在此生產生結果，必然有另一生享用今生沒有嘗到的果報，所謂剩餘活動的結果。印度教聖典《薄伽梵歌》(2:22) 這樣說：「如同人丟棄舊衣而穿上新衣服，靈魂在死後離棄已老朽

的身體而進入另一新肉體。」人死後靈魂遷移至另一肉體稱為輪迴(Samsara)，靈魂要受制於生死不斷輪轉，如車輪轉動般不斷循環，人依其善業與惡業不斷經歷生生死死、快樂與痛苦。印度教認為乘載靈魂的身體分為粗身和細身，粗身是我們感觀所接觸到的身體，而細身則是「乘載著心靈和性格的車乘」，死後脫離肉體（粗身）再進入另一新的肉體，靈魂如此地輪轉著，直至靈魂覺醒，淨化至脫離一切善與惡，與永恆獨一的主宰和諧地融和在一起，即《奧義書》指的「梵我合一」，這就是靈魂的真正解脫，即停止輪迴，再不用經歷世間的善惡、生死苦樂。

　　印度教認為人們可以透過精神的修煉而達到解脫，即整個人常處於寧靜之中，擁有內在的平安，對世間一切的人和事再沒有任何欲求，而且不單不會作惡，更超越善良，如太陽般發出光芒，能施惠萬物，卻沒有刻意去作。由於超越善與惡的左右，對世間又一無所求，故此人便可超越輪迴，即不用再經歷生而又死、死而又生的循環過程，他已與永恆的主宰合一同在。印度教認為人類可以在生時達到此解脫的精神狀態，不用等待死後才得到解脫，故此，精神修煉並不是要去騙人相信什麼，而是一種真實的經歷，此經歷由自己驗證，而不是要去索取任何官方證明文件。儘管那人在生時已得到解脫，來生不會再輪迴，但他不會即時死亡，因為他還要親嘗剩餘業力的果報，當中可能有悲有喜，但他內在對世間的悲與喜已能以平靜的心態面對，也不會再造新業，即對自己的正當行為無所執取，故不會再有新的果報影響來世。待此生剩餘業力的果報嘗盡後，他便可以脫離肉身，逃出輪迴的桎梏，成為大梵，即梵我合一。沒有肉身的我就是永恆的真我，印度教認為這是一種存在意識，真實而喜樂，梵文稱 Sat-Chit-Ananda，Sat 是真實，Chit 是意識，Ananda 是妙樂，即恆常最高的喜樂！此三者是一個整體，亦即三者為一，即 Sat=Chit=Ananda。

　　在《吠陀》世代，雅利安人的思想比較樂天，積極入世，他們重視

崇拜神明和祭祀，目的就是祈求現世的一切福樂，業報、輪迴與解脫的思想並不明顯，但在《奧義書》時代，印度教的思想卻帶有強烈的厭世傾向，《奧義書》的思想家不再重視肉體即感觀的快樂，他們看到更多世間無法擺脫的悲苦，看到更多肉體的醜陋，在《彌勒奧義書》中，巨車王對聖人夏迦耶尼耶這樣說：

「聖者乎！由骨、皮、筋、髓、肉、精液、血、唾液、淚、痰、糞、尿、膽汁、脂肪而成的身體，有何樂耶？欲望、憤怒、貪婪、癡迷、恐懼、沮喪、妒忌、愛別離、怨憎會、饑、渴、老、病、死和憂傷等等充滿的身體，有何樂耶？」

巨車王不願獲得世間任何福樂，只希望聖者指示他解脫之道。《奧義書》思想家所欲探討的問題，也是佛教和耆那教所欲解決的問題，佛陀出家的動機，耆那求道的目的，皆在離苦得脫。自《奧義書》時代，業報、輪迴與解脫的學說已圓熟，成為印度信仰的普遍真理。

種姓制度

印度社會所流傳的種姓制度，經歷數千年社會的變遷而歷久不衰，雖然此制度曾被主張眾生平等的佛陀所否定，曾被耆那教創教者大雄尊者所否定，曾被錫克教創始人拿納克所否定，更曾被印度眾多聖人所否定，其中包括國際社會廣泛認識的偉人聖雄甘地 (1869-1948)。19 世紀振興印度教的聖人辨喜 (Vivekananda, 1863-1902) 曾間接地否定印度的種姓制度，他說：「除非那些處於上層社會的人士願意提升貧苦無依者，印度將只能成為一個墳墓。」

印度社會的種姓制度與印度教的信仰緊密相連，中國內地學者歐東明曾在他的著作《佛地梵天——印度宗教文明》中這樣描述：

林楚菊的《漫談世界各宗教》

「印度教像一根堅韌而又具有巨大彈性的鏈條,既把人們牢牢地捆綁成不同的社會集團,又為他們提供了一定範圍內的活動餘地,從而使種姓制度僵而不死,硬而不脆,經歷千年而不衰落。」

種姓制度源自雅利安人所建立的吠陀宗教。雅利安人於公元前1200年左右大規模地分批翻過西北印度興都庫什山的山口,逐漸進入印度。當時他們以遊牧為主,經歷與當地居民達羅毗荼人長期的激烈鬥爭,雅利安人終於占居上風,把達羅毗荼人驅逐為奴隸,稱他們為「達薩」,由此出現印度最初的種姓區別。種姓的梵文為 Varna,原意為「色」,主要是指皮膚的顏色。雅利安人皮膚白皙,自視為高等種姓;被征服的達羅毗荼人膚色黝黑,被視作卑賤種姓。其後,婆羅門教逐漸形成,雅利安人的內部出現種姓分化,雅利安人自身分為三等:掌管宗教事務的僧侶貴族,稱為婆羅門 (Brahmin),社會地位最高;掌握統治與軍事大權的世俗貴族,稱作剎帝利 (Ksatriya),社會地位次於婆羅門;第三等是從事各種生產活動的平民,稱為吠舍 (Vaisya)。在這三個種姓以外,就是第四等被征服的達薩,稱為首陀羅 (Sudra),即奴隸階層。在這四種姓中,前三個種姓均屬雅利安人,均信奉同一宗教,他們的孩子到達一定年齡時便舉行一定的宗教儀式,稱為「再生禮」,即獲得精神意義上的再生,因此頭三個種姓又稱為「再生族」。第四等首陀羅屬於被征服的異族,被排除在再生族以外,他們不能學習《吠陀》經典,是在宗教上不得救的人,他們只能從事低下的勞動工作,為頭三個種姓的雅利安人提供服務。至於那些違反宗教規定的人,最大的懲罰就是淪為最下等的賤民,即不可接觸階層,他們只能從事最卑賤的工作,例如與殺生有關的職業、與死亡有關的職業和接觸人畜排泄物的職業。

以上的種姓制度是最粗略的劃分,在每一個種姓間還會依其不同性質而再細分。起初種姓制度的出現並不是十分嚴密,階級的流動性並不

是完全沒有可能，例如在《摩奴法典》中，創下種種宗教規範的摩奴 (Manu) 說道：「不研讀《吠陀》而從事勞工的婆羅門，將成為首陀羅，其子嗣也成為首陀羅。」又說：「以行為之故，首陀羅成為婆羅門，婆羅門成為首陀羅。依行為而生為剎帝利或吠舍。」在史詩《摩訶婆羅多》中，喻提帝羅 (Yudhisthira) 提出這樣教誨：「凡遵行真理、布施、堅忍、善行、溫和、苦行及慈悲之人即是婆羅門。若這些特徵存在於某首陀羅身上，而不發現於第二生，則首陀羅不是首陀羅，而婆羅門也非婆羅門。」這種說法比較隱晦，在《薄伽梵歌》中，神主克里希納 (Lord Krishna) 則清楚說出：「人依其行為而成為婆羅門，不因其家庭或出身而成為婆羅門。若他具有純淨的性格，甚至旃陀羅（Candala，屬於賤民）也是婆羅門。」

在《旃得格耶奧義書》還有一則記述：沙提耶迦摩 (Satyakama) 是一位少年，他很想拜師學習《吠陀》知識，過梵行期的學生生活。按照規定，他必須向老師說出自己的家系，然後由老師決定是否接納他，但他不知道自己的父親是誰，因為其母告訴他，她為人奴僕時曾侍奉不同的主人，因而受孕生下他，他只能知道母親是誰。沙提耶迦摩坦白地將母親的說話告訴喬達摩 (Gautama) 老師，喬達摩老師隨即說，此少年有如此誠實的品格，他必定屬於尊貴的婆羅門，於是便接納他為弟子。

從以上經典的種種記述可知，最早期制定的種姓制度是關乎人格的問題，一個人的種姓不由其家系所決定，而是取決於其人格。這就好像現代社會可以個人的能力去取得社會地位及財富，種姓制度只是一種社會的分工制度，在現代社會也依然將人分成高貴與卑賤，總是有些職業高薪厚祿，優哉悠哉，總是有些職業卑賤得難以溫飽糊口，問題是社會有否給每個人機會去自由流動，或讓人在信念上不會打消向上流動的努力。印度的種姓制度起初是一種社會分工，建基於統治部族對被征服部族的剝削，在宗教信仰上既保障雅利安人的優越地位，也給予一定的彈性給優秀的首陀羅有提升的機會。但後來印度的種姓制度變得愈來愈嚴

密，規限了一個人一生的職責、生活模式，甚至信念。他們若想提升自己的種姓，只能在今生克盡本份，然後寄望來生可以在高種姓的家庭中出生。印度的種姓制度，不僅令高種姓階層極力讚美和維護，就連處於極低階層的賤民也心甘情願地接受這種制度的安排。

這種嚴密的種姓制度是為了抗衡佛教的影響，佛教在印度曾流傳了1500年之久，其中有數百年全盛時期，但印度教從來沒有在印度本土消失過，印度在早期歷史上曾多次受到外族入侵，包括大夏 (Bactria) 的希臘人、安息人 (Parthians)、沙伽人 (Sakas)、貴霜人 (Kushanas) 和匈奴 (Huns)，他們多在印度建立以佛教為國教的王朝，於是佛教就成為外族人選擇的宗教，印度本土的民族為了保護自己的文化生活和信仰，於是對種姓制度的規限就愈來愈強烈，種姓制度成為印度信仰中不可分割的部分。種姓間不能通婚，否則必受到社會制裁，淪為低下的種姓，高貴的種姓也不會與低下的種姓共餐，否則會受到沾污。印度人這種信念上的虛榮感及卑賤感，即使到今日還沒有消失。

一些研究印度歷史的學者認為，印度國力最強大的時候，正是佛教最盛行時的孔雀王朝，因而推論種姓制度的消失有助印度國力的發展。在印度歷史上，儘管曾有宗教改革者試圖剷除種姓制度，但均未成功。到今日，印度的憲法只是禁止賤民階層的存在，以及對他們作任何形式的歧視對待，種姓制度的合法性，仍然沒有人可以打破或希望打破，因為種姓制度已成為他們傳統信仰與生活文化的一部分。絕大部分的印度人都十分尊重和恪守傳統文化信仰，筆者在印度旅居時認識一位有為青年，那時他正在大學讀法律，他與同系的女同學談戀愛，但此女同學屬婆羅門種姓，他卻屬首陀羅。相方家長從子女口中知道對方的種姓後，不單婆羅門家那方的家長告知女兒再不要和此青年交往，甚至那青年的家長也勸告兒子不要和此女子交往。

在印度，筆者曾認識屬婆羅門種姓的人和屬首陀羅種姓的人，筆者只看到貧窮與富有的分別，卻看不到不同種姓的人其人格操守的分別。

那些末落及墮落的婆羅門在和他們交往上可以令你蒙受損失，而那些首陀羅也可以十分善良誠實，並不會作奸犯科。有時一個人那份無知的虛榮感才是最可怕的東西，它能令人對別人犯下罪過而不自知，也永遠不會反省。

不過，印度是一個宗教信仰十分多元化的地方。早在佛陀時期，已有沙門思潮反對社會上任何形式的歧視與剝削，印度的伊斯蘭教、耆那教、錫克教，甚至基督宗教也反對種姓制度，而印度教信仰的最深層次也反對任何階級、種姓的歧視，在印度歷史上有全球比例最多的聖人出現，均勸勉世人平等友愛，善待眾生。印度人要擺脫種姓制度的束縛，不是完全沒有選擇的餘地。問題是，印度至今有八成的人口均屬不同形式的印度教徒，他們是否有這緣份及覺醒去接觸那些反對種姓制度的宗派，這才是最大的難處。

人生四大目的和四大階段

印度教的信仰指導印度人一生整個生命，這是自《吠陀》時期以來集合了眾多聖者與精神修煉者的智慧而得到的成果。自古以來，印度思想家思考人生在世的目的，因而發展出一套人生計劃，這包括人生在世的目的，以及實現這些目的的不同階段。在印度教的信仰中，人生在世有四大目的：

(1) 財富，梵文稱為 artha，即利；

(2) 歡愉，梵文稱為 kama，即愛慾；

(3) 正義，梵文稱為 dharma，即正確的行為、正確的法則；

(4) 解脫，梵文稱為 moksha，即脫離生死輪迴，得與最高的梵合一同在，這是人生至上的精神境界。

印度教與佛教不同，它不是鼓勵所有人生下來最好是出家做和尚或尼姑。佛教否定世間一切的財富與歡愉，佛陀的親生兒子羅侯羅七歲便

林楚菊的《漫談世界各宗教》

跟隨佛陀出家修行做小沙彌，他沒有嘗過世俗的財富與歡愉，當時跟隨佛陀者還有不少這樣的小孩子。佛教是一個重視修行的宗教，也是一個集千百年來修行成果的宗教，可說是專為修行者而設的宗教。印度教雖然有很多關於修行的信仰和知識，但印度教是一個指導人生的宗教。印度教並不是一個強烈厭世的宗教，印度教的信仰承認人生在世財富與歡愉的重要性，但必須在正當的範圍內獲取，以維護個人與社會的正確法則 (Dharma)，而且財富與歡愉不是人生的最大目的，正法比財富與歡愉更為重要，但做一個大好人也不是人生的最終目的，人生最大的目的就是解脫。

不過，實現解脫的大前提必須要看破世間一切的財富、利益、欲望與享受。一個能洞悉世間虛幻的人，對物質世界再沒有任何想望，這樣他便可以過修行的生活，實現他人生最大的目的，即解脫。那時即使有任何人、物或事對他作出誘惑，讓他眷戀世間的榮華富貴與美色，也不會成功。印度教的婆羅門僧侶與佛教的和尚、尼姑，或天主教的神父、修女不同，婆羅門僧侶可以選擇結婚生育的在家生活，也可以選擇禁欲獨身的生活，而他們仍然可以履行事奉神明的職責。因此婆羅門僧侶不會有佛教和尚犯下色戒的可能，也不會像心理病變的天主教神父去性侵犯弱小的信徒，因為他們的愛欲可在正法下進行。日本的和尚可以結婚生育，這是仿效印度的婆羅門僧侶。

古印度的思想家早已發現追求財富及感官歡愉並不能令人獲得真正的快樂，相反卻使人增加悲苦，心靈不可能得到平靜。財富和歡愉是人生的目的，只因為它們能有助提升一個人的美德。一個達於至善的人不是靠壓抑自己的欲望便能成就，而是靠真心真意摒棄自己的欲望。若一個人對世間仍有欲求，他便不能脫離輪迴的束縛，即使今生達不到此欲望，來生也要達到。人對世間的欲望使人永不休止地墮入輪迴之網羅，而向善是一種方法，使人摒棄不正當的欲望，最後對世間再沒有任何欲望。在《卡陀奧義書》中這樣描述善與歡愉：

林楚菊的《漫談世界各宗教》

「不同的是善，的確，不同的是歡愉。這兩者以其不同的目的束縛著人。接受善之人成為善，而選擇歡愉的人則遠離善的目的。善及歡愉都迎向人，但智者深知這兩者並加以區別。智者擇善而棄歡愉；愚者因其欲求為求財富而選擇歡愉。」

所有印度教經典都勸戒世人遠離邪惡，趨向善良，善是人生獲得解脫的方法。道德之所以重要，正是因為它是通往宗教之道。一個人正當的欲望得到滿足後，他漸漸發覺到這些世間的欲望並不能持久地令人滿足快樂，也無法令人達到心靈的平靜，於是他們漸漸發覺到人生更高的目的，就是走向宗教之道，獲得心靈的真正解脫。

印度教是一個具智慧的宗教，它不是認為所有人生下來便應該或最好立刻出家修行，雖然印度教的修行傳統比佛教還要久遠。印度教把人生分成四個階段，透過此四大階段實現人生的四大目的。此四階段為：

(1) 梵行期 (Brahmacarya)，即學生期，在古代主要是指男子在 8 至 20 歲期間，拜師學習《吠陀》知識，以及世俗的知識；

(2) 家庭期 (Grihasthashram)，即學習期滿後，結婚，生兒育女，組織家庭生活，履行對家庭和社會的責任；

(3) 森林期 (Vanaprastashram)，當兒女長大成人，可以獨立維生時，父母應該隱居森林，專心追求精神生活。在《摩奴法典》中，摩奴說：「當家長身上皮膚已生皺紋，頭髮已灰白，其子已有後嗣，這是他隱居於森林之時。」

(4) 遊方期 (Sanyasashram)，即人生最後的棄世階段，梵文 sannyasa，即棄世者，他捨棄世俗，專心獲取至上目標，即人生解脫。他唯一要做的就是冥想生命的奧秘，體現至上的主宰，並盡可能四處遠行遊化，不為名譽、詆毀或成敗所動。他慈愛一切，心中毫無怨恨，也無所欲求。

印度教信仰認為每個人生於世上，都帶有一些債務需要償還，這包

括對祖宗的債務、對父母的債務,對他人的債務,甚至對整個社會、國家的債務,故此學生期是一個準備,學習如何處世,建立正確的思想和行為。而家庭期就是一個人償還債務的時期,他要結婚,生兒育女,履行傳宗接代、種族繁衍的責任,他須要培養良好的兒女,撫養父母,友愛鄰舍,按能力施捨有需要的人,以償還他對社會及國家的債務。債務償還以後,即已到達我們所謂的退休年齡,那是他專心追求精神修養的時期,也是他為人生最後階段棄世的準備。他隱居森林便可以專心思考生命的奧秘,事實上,印度教的信仰又稱為「森林文化」,《奧義書》的思想家都是從隱居森林的修行生活中而悟出真理。隱居的生活使人們不再評論別人的是非長短,專心追求內在心靈的恬靜與安祥。今日印度教的信仰仍認為,即使一個人退休後仍與子女同住而沒有到森林隱居,他的內在精神應該是隱居於世,即他不應該熱衷於娛樂及享受,更不會好談人家的是非曲直,他應該多閱讀宗教經典,冥想獨一的主宰,追求精神的修煉,這是有學識的印度人會做的事。最後他捨棄一切,甚至是自己一個小小的安樂窩,成為遊方的棄世者,尋訪聖地,向獨一的主宰朝拜,直到生命結束。

此人生四大階段只是理想的模型。事實上,自古以來,只有非常少數的印度人會一一經歷此四大階段,絕大部分的印度人只會經歷第一和第二階段,而經歷第三階段者已幾乎鳳毛麟角,他們大部分年老退休後與親人同住,或居住在親人的附近,過著簡單純樸的生活,專注精神修煉,或專注敬拜他們的上帝。至於經歷第四階段者更是種族的奇葩,萬中無一。印度人一般認為,此四大階段是有選擇性的做法。在印度歷史上,一些受印度人尊崇的聖者有不少均拒絕經歷人生第二階段家庭期,例如改革印度宗教的聖者商揭羅(Sankara,公元 788-820 年),他經歷學生期以後,便立即進入第四期遊方期。那時他才是一個少年,他的母親希望他結婚,生兒育女,之後才出家修行。商揭羅不願意,他多次請求母親准許他離開家庭,遊方修行,但母親總不答應。最後他站在滿布

鱷魚的河邊，向母親說：「若我跳進河裡而不受鱷魚所傷，那表示上天也同意我出家，你就讓我出家吧！」他的母親痛哭大呼，她知道她的兒子一定一命嗚呼，她大叫：「不要這樣！不要這樣！」商揭羅已跳進河裡，奇怪的是那些鱷魚只在商揭羅身旁游過，沒有襲擊商揭羅。看見這樣，他的母親不能再阻止他出家遊方遠行。商揭羅只得32歲的生命，在這短暫的一生，他忙於改革印度人的信仰，遊說各方修行者，並到處建立印度教寺院，他沒有多餘時間去經歷結婚生育的在家生活。

除了商揭羅以外，也不乏其他例子，例如復興印度教的聖人羅達斯（Ramdas，公元1608-1681年），他天資聰敏，未滿12歲已經再沒有老師可以教授他什麼。他曾請求自己的親哥哥收他為弟子，因為他的哥哥已經收納了幾名弟子，但他的哥哥認為他應找尋一位更好的師傅。就在他12歲那年，母親為他安排婚禮，羅達斯曾多次拒絕母親的安排，但他的母親仍沒有改變主意，他的哥哥曾向母親說這樣做必鑄成大錯。就在婚禮那天晚上，羅達斯離家出走，獨自在一個僻靜的村落修行12年。到他24歲的時候開始受人注目，他到處遊方遠行，拜訪聖地，廣收弟子，並建立印度教寺院，更扶助印度皇族對抗伊斯蘭教莫臥兒王朝的控制。他的一生不算短暫，享年73歲，但他只經歷了第一、第三和第四階段，同樣沒有經歷第二階段家庭期。印度一般的凡夫俗子只會經歷第一和第二階段，至於第三和第四階段，森林期和遊方期，只有極少數超凡的聖者和有強烈追求之人才會這樣選擇。

印度教所指的人生四大目的：利、欲、法和解脫，是配合不同的人以及不同的人生階段，也結合了業報與輪迴的思想。一生只求利與欲而沒有守法者，輪迴轉世的生命會受到惡報。只有償還一切果報者，才可以開展更美好的生命。而一個人一生在守法的原則下追求利與欲，守法即尊敬神明及多行善事，他最大的成就，不單在人間享樂，更高者更可在天界如眾神明般享福，但即使此天界也是在輪迴生死之列。在天界享樂以後，他還是會不斷轉世在人間或行善或作惡，只要他仍然執取利與

欲，他便永遠無法擺脫生死輪迴。每一生皆按其因果業報，生而又死，死而又生。只有追求人生解脫者，才可以有機會走出生死輪迴，得享永遠完美的生命，即與永恆獨一的主宰同在，即使在天界中許多神明也未能達到。要達到人生解脫，便需要在家庭期以後專注精神修煉。當一個人年老體弱時，年青時代重視的利與欲，對一個步向死亡的人來說，即使得到也無福消受。故此印度教所構思的人生四大階段，就是提醒人們在中年以後，應專注精神修養，把人生的目的放得更高，就是生命的解脫。印度教所提出的人生四大階段，正配合人生的四大目的，而讓人有所選擇。

對於世俗的香港社會，一般人生下來已被引導只求取利與欲，一般的宗教信仰也只能提供法，即導人向善。何謂生命的解脫，如此重要的問題，一般人從來都沒有興趣過問。一般人認為年老退休後，最理想的生活就是享樂，或把自己盡量變得年青，打扮和言行思想盡量表現自己還是年青，彷彿沒有衰老，盡量保持青春就是人生的目的嗎？他們若認識印度教對人生的看法，對自己永遠保持幼稚的思想會否感到汗顏？

六大哲學宗派

日本學者木村泰賢在他的著作《印度哲學宗教史》中指出：「印度為世界無類（筆者按：即沒有同類）之宗教國，又為世界稀有之哲學國。」（註2）在印度，未嘗有脫離哲學要素的宗教，也未嘗有脫離宗教要素的哲學。要瞭解印度的思想，就不能將宗教與哲學嚴格區分。西方的文化思想把哲學和宗教嚴格區分，認為哲學不能解釋宗教，宗教也不能解釋哲學，筆者甚至看過一部西洋哲學書說不能用任何哲學方法去證明或解釋上帝是否存在，因為上帝是否存在是人們的宗教信仰，與哲學無關。但印度古往今來，正是力圖以不同的哲學觀點去解釋宗教，認識上帝、宇宙、人生奧秘與真理。

林楚菊的《漫談世界各宗教》

　　日本學者木村泰賢指出：「由吾人觀之，此為印度思想最有絕妙的特色，至少在其形式上，亦為一切宗教哲學之理想典型。何者？人苟以統一知識與情意，充實全人格為理想，則向此理想前進之哲學，在根底上不可不與宗教一致故也。」說得非常精彩！

　　印度的哲學體系可區分為兩類：正統 (astika) 與非正統 (nastika)。所謂正統 (astika) 意指具備以下的涵義：
(1) 相信死後生命存在的人；
(2) 相信上帝存在的人；
(3) 相信《吠陀》權威的人（註3）。
　　而非正統 (nastik)，其意則相反於此三者。自沙門思潮發展以來，印度非正統哲學計有順世論 (Carvaka)、佛教學派 (Buddha) 和耆那教學派 (Jaina)。佛教與耆那教在印度同時代產生，其始創者佛祖釋迦牟尼和大雄尊者均反對《吠陀》的權威。印度的佛教最終被印度教所吸收，並在印度本土消亡。耆那教在印度卻一直流傳下來，而且耆那教徒在印度的地位一直受到重視。雖然說耆那教屬非正統，即所謂異端，但印度教徒視耆那教徒為吠舍階層，因為他們大多是富裕的商人，印度教徒可以與耆那教徒通婚，但不可與其他教徒通婚。
　　而順世論派是印度早期的唯物論派，屬印度早期沙門思潮之一，曾在大眾中廣為流傳。該派認為世界的基礎是物質，根據感覺經驗認為世界的基本元素是地、水、火和風，意識也由這四種元素在人體中形成。順世論認為感覺經驗是認識的唯一來源，承認感覺內容和對象的客觀實在性。心和身是統一的，並沒有靈魂存在。身體死亡以後，一切便會消亡，世間並沒有超自然的實體或神的存在。順世論派就像今日現代社會的無神論派和唯物主義，這是西方社會經過科學與理性主義發展出來的思潮，屬於現代西方文明的世界觀，但在印度卻屬於一個古老的非正統

思想，至少距今日 2500 多年前已經出現，現代人唯物主義的思想其實是十分古老的思考方式。

自沙門思潮發展以來，印度的正統哲學共計有六派，即數論派 (Sankhya)、勝論派 (Vaisesika)、正理派 (Nyaya)、瑜伽派 (Yoga)、彌曼沙派 (Mimamsa) 和吠檀多派 (Vedanta)。

數論派

數論派 (Sankhya) 是婆羅門教正統派中歷史最悠久的一派，傳說創始於公元前 4 至 3 世紀，到公元 3 至 4 世紀達到全盛，是當時佛教的最大論敵。「數」，梵文稱為「數數」、「考察」，故漢譯為數論。數論派的理論基礎為「因中有果論」，目的是探求世界的起源，他們邏輯地認為世界萬物有一個終極的原因，稱為原初物質，由喜、憂、暗三種性質（稱為三德）（註 4）構成。此三德本屬靜止的狀態，即處於勢力均衡。當三德失去平衡時，原初物質開始顯現，並演變為世界萬物。三德怎樣會喪失平衡？數論派認為那是因為存在著另一個最高的精神性實體——神我。神我是無始無終的絕對純粹的精神，它既不被創造，也不會去創造。當它觀照原初物質，即與原初物質相結合時，原初物質的三德平衡被打破，萬物便開始顯現。

神我觀照原初物質 (Prakrti) 後，從原初物質產生統覺 (buddhi)，統覺由原初物質產生，故屬物質性，但具有精神作用。從統覺又演化出自我意識 (Ahamkara)，即區別主體、客體，區別自己和他人的意識。數論派認為一般人自以為的「我」，其實並不是真正的我，更不能代表宇宙精神的神我。我們所稱的「我」只是從自我意識進一步演化出 11 個器官，即五個感覺器官（嗅覺、味覺、視覺、觸覺、聽覺），和五個活動器官（口、手、足、排泄、生殖），以及心。另一方面，從自我意識產生五個細微元素（色、聲、香、味、觸），從五個細微元素又產生五個粗大

元素（地、水、火、風、空）。世界萬物就是這樣產生，人本身和世界萬物都是由自我意識所產生，所以人與世界萬物本質是同等。

數論派認為人之所以在世界上不斷經歷生死輪迴，就是他們不認識世界演化的道路，把身心環境的物質性的自我意識誤作為真正的自我，追求不放，從而使神我（或真我）被物質束縛，不得解脫。這樣，當人的身體（即粗身）死亡後，作為原初物質個體化的細身（即靈魂）便在天道、人道及獸道中不斷輪迴。如果人能夠明白世界演化的道理，不再執著於自我意識，認識到神我本來是獨然自存，並借助修行方法，例如瑜伽禪定，使神我脫離原初物質的束縛，回歸其寂然獨存的狀態，這就是解脫。

數論派的哲學是要為人生解脫的宗教信仰提供理論依據。中國大乘佛教的思想也受到數論派哲學所影響，《數論頌》(Sankhya-karika) 是數論派最早的經典，約產生於公元 4 世紀，作者為自在黑 (Isvarakrsna)，佛教僧侶真諦 (Paramartha) 在公元 546 年（即南北朝末期）將它帶至中國，並譯成中文《金七十論》，當中提出很多有關修行的理論和知識，可見大乘佛教的思想與印度教的哲學早已水乳相溶。

勝論派

勝論 (Vaiseska)，原意為差別、分析，傳說始創人是公元前 2 至 1 世紀的迦那陀 (Kanada)。勝論與數論相反，以「因中無果論」為理論基礎，主張世界是由各種要素聚合而成，幾個要素聚合在一起而產生一個新的事物，而要素（原因）與新的事物（結果）是性質迥然不同的兩回事，故此稱為「因中無果論」，即結果不能沒有原因而存在，而原因可以沒有結果而存在，例如沒有麥種、泥土、陽光與水份，就不會有麥苗，但沒有麥苗，仍然可以有麥種、泥土、陽光與水份。

勝論派主張只有直接知覺與推論才是認識事物的依據，強調一切知

識都來源於經驗知識。勝論派認為世界上最基本的要素有六種,世界萬物就是由這六種要素聚合而成。這六種要素稱為「六句義」:

(1) 實體,即真實存在的物質,包括地、水、火、風、空(天空、空間)、時、方(方向)、我(個體靈魂)、意(即心,靈魂與身體器官的聯絡者),共 9 種。

(2) 性質,即實體的本質,有些是物質性的,有些與心智有關,包括顏色 (rupa)、嗅 (gandha)、味 (rasa)、觸 (sparsa)、聲 (sabda)、數 (sankhya)、大小 (parimana)、個別 (prthakiva)、連結 (samyoga)、分離 (vibhaga)、遠 (paratva)、近 (aparatva)、認知 (buddhi)、快樂 (sukha)、痛苦 (dukha)、欲求 (iccha)、憎惡 (dvesa)、努力 (prayatna)、重量 (gurutva)、流動 (dravatva)、黏性 (sneha)、機能 (samskara)、善 (dharma)、惡 (adharma),共 24 種。

(3) 活動,指物質的動態特徵,包括向上、向下、收縮、擴張、移動,共 5 種。

(4) 共相,指屬於某一種類的所有事物所存在的普遍特性,例如動物性、人類性。

(5) 殊性,指區別於某個體不同於另一個體的特性。

(6) 內屬,指不可分割者之間的一種密切關係,不同於連結 (samyoga),連結是兩個實體的暫時關係,內屬則是不可分割的關係,例如:實體與性質、實體與活動、殊相與共相、恆常實體與共相、全體與部分。在印度教的信仰中,宇宙獨一的主宰與每個個體的神我所存在的關係就是全體與部分的關係。

有關世界的創造,勝論派主張原子論,認為原子是世界最終的物質基礎,是永恆不滅的最小微粒,最基本的形式是地、水、火、風,它們由於「不可見力」的作用而產生運動。他們認為存在著無數性質相異的原子,由這些原子的結合產生物質世界,結果是由無數原因聚合而成。「因中無果」說從根本上認為原因和結果是不同,原子與由它形成的現

象世界是不同質的，結果是一種全新的存在。

原子是依靠「不可見力」組合起來，而「不可見力」也操縱人的生死輪迴，只有斷滅這「不可見力」，才能獲得解脫。他們主張學習「六句義」、修習瑜伽冥想和遵行《吠陀》經典，藉此斷滅「不可見力」，達到解脫。中國的大乘佛教也有保存印度勝論派的經典，唐朝時佛教僧侶玄奘大師翻譯了《勝宗十句義論》。

正理派

正理派 (Nyaya)，意為「正確地推論」，屬邏輯實在主義，最早產生於公元 1 世紀。該派認為獲取知識的方法有四種：知覺 (pratyaksa)、推理 (anumana)、類比 (upamna)，以及可信賴的言論，即聖言 (sabda)。西方的邏輯思維不會解答宗教問題，甚至認為兩者互相衝突，宗教信仰不能以邏輯思維去認識，故此荒天下之大謬的信仰教條人們也要接受，如此即稱為堅信。但印度的正理派卻以邏輯思維去證明上帝的存在，他們相信有一種永恆世界的存在，獨立於所有思維的心靈，須透過邏輯推論建立此信念。正理派的經典《正理花束》(Nyaya Kusumanjali)，其主旨就是要論證上帝的存在，所提出的論證有以下四點：

(1) 世界是一個結果，此一結果需要一個有效的原因，包括知識和力量，而上帝即是此有效的原因。

(2) 自然現象有其一定之規律而不紊亂，呈現一種有智能的設計，由此世界的設計和自然秩序的控制可知上帝必然存在。

(3) 如同一種自然秩序存在著，一種道德的規律也同樣存在。此道德規律在於根據善行而給予善果，必然存在著某種道德主宰者負責賞善懲惡，而上帝即是道德規律的主宰者。

(4) 另有一種反面的證明，至今為止，無神論者不能以任何有效的方法證明上帝並不存在。

正理派追求的目標是人生的解脫，正理派認為每個靈魂皆受其過去的活動所限制而輪迴不已，直至解脫。靈魂經由獲取知識而得到解脫。真實知識能去除無明，或稱無知。一旦具有真實知識，靈魂中的缺點，包括欲求、憎惡、錯誤等皆不存在。靈魂中的缺點去除後，行為活動自然終止，出生與憂悲隨之終止，即不用再經歷生死輪迴。痛苦完全停止 (apavarga) 是正理派追求的目標，它不是一種快樂的積極狀態，而是一種完全無苦的消極經驗，因為世間一切的快樂均混合不同程度的痛苦。我們可以比對公元前 5 世紀佛陀所說的「一切皆苦」與「涅槃寂靜」，正理派對人生解脫的思想必定受到佛教學說所啟發。

瑜伽派

瑜伽 (Yoga)，意為「聯繫」，指用特定的修行方法，使個體靈魂達到與宇宙本源——梵的神秘結合。印度的瑜伽修行法歷史十分久遠，甚至比吠陀宗教的出現還早。據印度古老傳說，大概距今 7000 年前，在岡底斯山脈的神山岡仁波齊峰 (Kailash)，就有希瓦神 (Shiva) 修煉的秘密瑜伽 (tantra)，此瑜伽流傳於喜瑪拉雅山區。

在雅利安人還未進入印度時，即早在公元前 3000 年左右印度原住民所開發的印度河文明時代，瑜伽已廣為流傳。20 世紀考古隊從印度河文明遺址中挖掘出一枚印章，該印章出現印度教三大主神之一希瓦修煉瑜伽的形象，此考古發現不但證明瑜伽早在印度河文明時已經出現，而且也證明婆羅門教的希瓦原是印度原住民達羅毗荼人的土著神。雅利安人進入印度次大陸以後，與當地原住民的信仰結合，婆羅門教吸收了瑜伽修行法作為他們宗教實踐的補充。印度的瑜伽修行法為各宗各派所接受及重視，是達到人生解脫的實踐方法，甚至印度教非正統的佛教和耆那教都說自己的教主佛祖釋迦牟尼和大雄尊者是在瑜伽中悟道。在大乘佛教的世界模式中，最高境界「無色界」分作四禪天，即冥想入靜的四個

層次，這與他們的瑜伽實踐分不開。

瑜伽在印度從極古老的年代開始已是一種控制心靈的方法，在《奧義書》及《薄伽梵歌》（註 5）均記載有關控制心靈的瑜伽技巧，而瑜伽作為一個哲學派別，則出現於公元 3 至 5 世紀。瑜伽派在理論上主要接受數論派的觀點，主要貢獻在對瑜伽修持的研究上。缽顛闍梨 (Patanjali) 所著的《瑜伽經》(Yoga-sutra)，約在公元前 2 世紀至公元 2 世紀出現，到公元 4 至 5 世紀成型，是瑜伽派的根本經典。

瑜伽派認為精神透過心靈 (citta) 的作用而活動、享樂及受苦，心靈往往受到世俗的欲求所擾動，為使心靈脫離物質的箝制，必須提升個人的精神境界，使心靈平靜，以精神力量去除痛苦及煩惱。如何去除痛苦並克制心智活動？這必須透過精神持續的精進和平靜，唯有長期的實踐才可以達到。在《瑜伽經》中提出的實踐方法分為八支，即八個步驟：

(1) **禁制** (yama)，即必須禁止的行為，包括：不殺生 (ahimsa)、不妄語（即誠實語 Satya）、不偷盜 (asteya)、不淫（即獨身 brahmacarya）、不貪（即捨離一切所有 aparigraha）。等同於佛陀時代僧侶所遵守的五戒。

(2) **勸制** (niyama)，即必須奉行的規定，包括：清靜 (sauca)、知足 (santosa)、苦行 (tapas)、研讀《吠陀》經典 (svadhyaya)、敬拜自在天 (isvara-pranidhana)。自在天即上帝，宇宙獨一的主宰，《瑜伽經》認為敬拜自在天能去除修行者的煩惱孽障，有助心靈精進，而修行者進行沉思冥想，就是以精神去崇拜上帝。故此，印度的瑜伽修行不能脫離敬拜上帝，絕對是有神論者，而大乘佛教則以拜佛作為修行的助力。

(3) **坐姿** (asana)，即冥想時的坐法，後世的瑜伽學者曾舉出不同坐姿並加以敘述，但《瑜伽經》的作者只將坐姿定義為「凡穩固且可導致快樂者」，穩固的坐姿主要有助心靈達到專一，當心靈專一時，身體自然固定不動且鬆弛。

(4) **調息** (pranayama)，即呼吸控制法。心靈沉靜專注的人，呼吸不但有規律，而且緩慢。若使呼吸既有規律且緩慢，甚至可中止一段時間，

這有助於心靈的自制。瑜伽的呼吸控制法，目的是使入息和出息可更細長，且延長中止呼吸的時間。

(5) **制感** (pratyahara)，即收斂感官，把身體各感官的對外作用內斂不用，使其處於沒有感受與思慮的「空」的狀態，其目的是透過馴服一向外馳的感官以馴服擾動的心靈。

(6) **專注** (dharana)，即將浮動的心靈專注於某個對象，使心靈靜止，安定不動。

(7) **禪定** (dhyana)，這是進一步的境界，即使思維沉靜而不為其他所影響。

(8) **凝定** (Samadhi)，又稱三摩地、三昧，指心靈最終不動的狀態，是瑜伽的最高境界，神我從心與物的束縛中獨立出來，即《瑜伽經》所謂的獨存，使人達到解脫的境地。

上述瑜伽最後三階段：專注、禪定、凝定，代表靜心專一的不同階段，精神達到最高境界可產生超自然力量，即稱為神通 (vibhutis) 或完美成就 (siddhis)，這是瑜伽修習自然發生的力量，不由修行者決定有與無，也不應追求，因為瑜伽的最終目的是與至上的精神（即上帝）結合，使精神脫離物質而獨存，即印度教各宗各派追求人生解脫的一貫目的。追求神通者，必然會著魔。故此在《瑜伽經》中甚至指出，占卜算命，對外是成就，對內是障礙。占卜算命為求世間福樂，趨吉避凶，這是對世間有所求之故。瑜伽修行者應對世間一無所求，專心內在的心靈恬靜、祥和。這種達到對世間一無所求的解脫境界絕對不容易達到，不過瑜伽修習者即使達不到人生解脫，但最低程度可以達到身心健康。

彌曼沙派

彌曼沙 (Mimansa)，原意為「考察」，主要是指考察祭祀的意義。相傳其創始人為堵彌尼 (Jaimini)（約公元前 400 年），他所著的《彌曼沙

經》(Mimansa-sutra) 是該派最早期的經典。彌曼沙派把《吠陀》祭祀禮儀作為探索對象，他們把按《吠陀》規定所進行的祭祀稱作「法」，認為由此而產生一種稱為「無前」的力量，即在祭祀前並不存在的力量。這種力量可使人實現願生，即隨緣選擇出生環境，乃至帶來解脫。按最早期產生的《吠陀詩頌》——〈梨俱吠陀〉，當時雅利安人的信仰比較樂觀入世，人生最大目標就是死後進入天國 (svarga)，得享天國的福樂。早期的彌曼沙派也以此為目標，他們認為通過祭祀可使人得到現世和後世的福樂，但後來的彌曼沙派放棄此看法，與其他印度哲學宗派同樣主張解脫 (Moksha) 為人類的終極目標。他們認為解脫是真實自我的純淨狀態，在此狀態中，靈魂無善惡之別。正如禪宗六祖惠能在《壇經》中所說：「不思善，不思惡，正與麼時（即正在此時），那個是明上座（即佛性、本性）本來面目。」

如何達到解脫？他們認為就是要克盡人生的職責和義務，其中一項最重要的義務就是舉行祭祀，而祭祀本身有其神秘的力量及目的。

有關祭祀的神秘力量，他們提出聲常住說，他們認為既然《吠陀》的聖言就是真理，那麼裡面必有永住的神秘力量，這種力量就是與語言相伴的聲音，也即是祭祀咒語 (Mantras) 中所發揮的常住不變的聲音。他們認為一切概念和語言都是梵通過人們發出的聲音而產生，因此都是梵各種屬性的表現。人們在祭祀時，通過祈禱可以使《吠陀》聖言產生左右一切的力量。普通人的聲音，可以是《吠陀》聖言的顯現，帶來神奇的力量。

彌曼沙派的聲常住說，是對印度古代關於聲音的神秘觀念的繼承和發展。在《吠陀》的《梵書》中，「唵」(Aum) 字真言具有無限神秘的力量，後來的《歌者奧義書》更直接把「唵」字等同於梵。數論派認為 Aum 是三德 (three gunas) 即喜、憂和暗三種原始屬性的組合，是宇宙創始的第一聲音。印度的其他哲學宗派對「唵」(Aum) 字的神聖意義同樣堅信不移，這與印度極度重視祭祀和咒語的傳統有密切的關係。

吠檀多派——印度教正統主流

　　吠檀多 (Vedanta)，梵文的意思為「吠陀的終結」，它由 Veda 及 anta 兩字組合而成，Veda 即吠陀，而 anta 即如英語的 end，即終結之意。《奧義書》被稱為吠檀多，因為它是組成《吠陀》的結尾部分（請參看本章《吠陀》與《奧義書》），同時指出《奧義書》闡述的內容是全部《吠陀》思想的最高精華，即《吠陀》的目的可見於《奧義書》，將《奧義書》視為其根本經典的哲學宗派稱為吠檀多。

　　彌曼沙派和吠檀多派皆忠於《吠陀》的權威，認為《吠陀》為至上的知識，所不同者是彌曼沙派認為《吠陀》中祭祀儀式是最為重要的部分，吠檀多派則尋求《吠陀》的哲理部分。吠檀多作為一個哲學派別，約出現於公元 1 世紀左右，當時一位名叫跋達羅衍那 (Badarayana) 的哲學家編寫一部《吠檀多經》(Vedanta-sutra)，闡述並發揮《奧義書》的中心思想——梵我合一的理論。《吠檀多經》後來又被稱為《梵經》(Brahma-sutra)，成為吠檀多派的基本經典，現存的《梵經》滲雜了後人增補的成份，約成型於公元 4 世紀。

　　吠檀多派的根本經典有三部，即《奧義書》、《梵經》和《薄伽梵歌》，合稱吠檀多的「三經」。「三經」闡述同一哲理，分別代表吠檀多哲學思想的不同發展階段。《奧義書》提出「梵我一如」的理論，是形成階段；《薄伽梵歌》繼承這一理論，同時吸收其他派別的哲學觀點來表述，是發展階段；最後《梵經》發揮這一理論，完善吠檀多學說，標示著成熟階段。

　　《薄伽梵歌》又譯《世尊歌》，此書原屬史詩《摩訶婆羅多》(Mahabharata) 第六篇〈毗濕摩篇〉(Bheeshma Parva)，分為 18 章，共 700 頌，大約成書於公元前 5 世紀，作者是廣博仙人，又稱毗耶沙 (Vyasa)，也就是史詩的作者。《薄伽梵歌》繼承《奧義書》關於最高梵的學說，

最高梵是絕對的真理、惟一無二，與內在的真我同一，只能從內心去體會，不能用語言文字去描述。《薄伽梵歌》認為絕對的梵既有非人格化的一面，也有其人格化的一面，即作為人格化的神和自在天。梵、神、自在天，三者是同一真理的異名。人格化的神即最高我，既與梵同體，又住在人們的心中作為一個靜觀者的意識。

《梵經》由 555 條格言式的短句組成，共分四章。第一章指出梵是至上的實在，所有《吠陀》典籍皆以梵為其目的；第二章提出批評者的反對意見，並指出其批評站不住腳；第三章教導獲取梵的方法，即破除無明，達到梵我合一；第四章討論梵知識的成果。該經書本身十分晦澀難懂，以致後代大多數吠檀多哲學家各按各自的理解對它進行注釋，商揭羅（公元 788-820 年）的注釋是這些注釋中最權威的作品。

公元 8 世紀的商揭羅是吠檀多派的集大成者，他是印度至今最受重視的宗教改革者及思想家，也可堪稱在世界上最偉大的思想家之一，這是學術界對商揭羅的高度評價。他繼承了吠檀多派學者喬荼波陀 (Gaudapada) 的「不二論」傳統。印度在傳統上認為喬荼波陀是商揭羅的祖師，是商揭羅的老師喬頻陀 (Govinda) 的老師。喬荼波陀的生平不詳，只有一些傳說留存。「不二論」認為梵是世界的最高原理，超越時間、空間、一切概念與範疇，不可見、不可聞、不可觸，也是不可思議的絕對實在，而「我」則是一種相對的、經驗的實在。「梵」與「我」在形相上雖然不同，但本質上完全一致，猶如瓶中的小虛空與瓶外的大虛空本質上完全相同。由於吠檀多派特別強調「梵」、「我」同一不二，故稱此學說為「不二論」。

吠檀多派的哲學理論影響深遠，流傳廣泛，其主要理論至今還影響著佔印度總人口 70% 的印度教徒，是印度教的正統主流思想，而商揭羅正是吠檀多派最具權威的思想家。商揭羅與佛陀一樣，所關心的是人類解脫的問題，而不是宗教上的儀式崇拜，他所探討的是絕對觀念的梵與個體靈魂我之間的關係。其祖師喬荼波陀為了把吠檀多哲學完善化，借

用了很多佛教的術語和概念，到了商揭羅就更甚，以致他被後世評為「假面的佛教徒」。究竟是佛教影響印度教，還是印度教影響佛教，正確的是兩者互相影響，即使早期佛教時代佛陀本人的哲理，也可從《奧義書》中找到相似的地方。筆者甚至感到震驚的是印度教所尊崇的遠古聖賢羅摩 (Sri Rama)，在史詩《羅摩衍那》(Ramayana) 中記述羅摩有關人生哲理的說話，竟與佛陀的說話十分相似，而聖賢羅摩──此歷史人物與神話人物，應該出生於印度歷史發展的第二階段，即公元前 1000 年至公元前 500 年，必定早於佛陀至少 500 年，但他們在不同時空卻說出相似的人生哲理。

　　商揭羅是首位確立不二論的偉大思想家，不二論的哲學源頭來自《奧義書》梵我同一的思想。在《奧義書》中早已有一些名句指出此思想，例如：

「此我即是梵」(ayam atma brahma)
「那個即是你」(tat tvam asi)
「這是它」(Etad vai Tat)
「我是梵」(Aham Brahmasmi)

　　商揭羅認為梵通過一種幻力，梵文稱為摩耶 (Maya)，創造了世界，此幻力是現實世界的真正「種子」。摩耶的意思即是：不是 (ma) 那個 (ya)，它是宇宙獨一主宰即梵不可思議力量的呈現，它遮蔽了真實並投射出非真實。遮蔽的力量稱為 avarana，而投射的力量稱為 viksepa，例如一個苦力誤以為自己是皇帝，那是因為他真正的身分被摩耶所遮蔽，而被摩耶投射出皇帝這虛假的身分。此世界是摩耶以遮蔽的力量及投射的力量創造出來，一方面摩耶遮蔽了宇宙無所不在的梵在萬事萬物中，另一方面摩耶投射出萬事萬物的不同形相與特質，此世界在本質來說是虛幻不真實，只有梵才是真實的存在，但人們被「無明」即無知或摩耶所蒙

蔽，他們不能覺知梵的存在，誤以為自己所接觸的世界是真實的。

商羯羅從而提出，梵看上去有兩個：即上梵與下梵。上梵是真實的存在，下梵則是人們受摩耶所影響而對上梵的觀察，似乎有屬性、有差別、有男有女，還有神靈、天界。實際上，這一切全都是虛幻。此即《奧義書》認為梵與我是同一的，因為梵有真假之分，所以我也有真假之分。真梵不可知、無形無相、絕對同一，它通過幻力（摩耶）變現出眾多不同的形相，從而由不可知、不可見、不可觸，變為無數幻相的宇宙萬有，即假梵。同樣，我也有分真假，真我是不變之我，稱為阿特曼(Atma)，它等同於真梵，即不變之我、宇宙的本體，也稱大我，為自在之體。假我即世間小我、個體靈魂，為大我之幻相。

商羯羅繼承《奧義書》的傳統，他認為所謂解脫就是要消除無明，認識到下梵的虛幻性，真正的我就是上梵，上梵或稱真梵與真我是同一的。商羯羅認為要悟證「梵我同一」的真理，必須要獲得真正的知識，即真實的智慧 (jnana)，從而獲得解脫 (moksa)，尋回自我的恆常本質。商羯羅認為真實的知識可使人在生前即獲得解脫，這種生前解脫者稱為有身解脫者 (jivan-mukta)，對他來說，他的存在只因肉體仍然存活著。當肉體死亡時，他稱為無身解脫者 (videha-mukta)。當獲得解脫之時，靈魂不再受苦，因為靈魂從此明瞭它與梵無所差別，《奧義書》這樣描述：

「當棲止於心中的一切欲求消失之時，朽則將成為不朽，且於此達到梵。」

梵文稱「解脫」為 moksa，意即解放或釋放，在印度哲學中代表「寂靜」、「安祥」、「和平」的境界，也代表「不死」，根據商羯羅的意思，解脫就是從反覆生死的輪迴中脫離出來。商羯羅在他的著作《示教千則》這樣描述輪迴的本質：

林楚菊的《漫談世界各宗教》

「業與身體結合時，
喜愛討厭兩相起；
隨之貪欲憎惡生，
諸種行為也引發。」

「善業惡業由此生，
無知之人再結合；
猶如車輪之輪迴，
永久強烈地流輪。」

　　商揭羅認為輪迴的原因是無明，即無知，沒有真正的知識，誤以為阿特曼 (Atma) 就是這個身體，即諸感覺器官與心理活動。人們不知道自己就是阿特曼，就是梵，於是產生欲望，由欲望而產生各種行為，惡業令人受苦，善業令人得到短暫的快樂。若能獲得梵我的知識，便能斷滅一切欲望，悟出阿特曼的本性，即真正的精神根源。

　　商揭羅重視知識，他認為獲取真正的知識才是解脫之道，而不是盲目的崇拜或苦行，故此商揭羅所提出的解脫之道又稱為「智慧瑜伽」或「知識瑜伽」(jnana-yoga)。在他的著作《示教千則》散文篇中，記述了一個用今日醫學術語所謂患上了嚴重抑鬱症的弟子，他無論在清醒時或睡覺作夢時都強烈地感受到做人的痛苦，而他的精神導師如何幫助此弟子？其方法就是向他解說阿特曼（即真我）的知識，阿特曼的本質是解脫，它不會感到痛苦，真正的我是寧靜安祥的本質，而這身體的諸多感官與思維並不是真我。那弟子與導師的一連串對答，正是導師以真正的知識破除弟子的無明。導師要答得好，但更重要的是弟子要懂得發問，否則無從受教。

　　商揭羅最關心的是人生解脫的問題，他重視獲取真正的知識，不接受未經自己親證的盲目信仰，這正是佛陀所關心的和所重視的，難怪後

世學者稱商揭羅為「假面的佛教徒」。

佛教《心經》與商揭羅的六段頌文 (Nirvana Shatkam)
——印度教《心經》

大乘佛教的《心經》描述了一個「空」的境界，此境界脫離一切感官、欲望與思維，即遠離一切煩惱、惡業的根源。能悟出此「空」的境界，便能脫離苦厄，到達彼岸。短短兩百多字的《心經》能將大乘佛教的精髓表達得淋漓盡致：

「觀自在菩薩（註6），行深般若波羅密多時（註7），照見五蘊（註8）皆空，度一切苦厄。舍利子（註9），色不異空，空不異色，色即是空，空即是色，受、想、行、識，亦復如是。舍利子，是諸法空相，不生不滅，不垢不淨，不增不減。

「是故，空中無色，無受、想、行、識；無眼、耳、鼻、舌、身、意；無色、聲、香、味、觸、法；無眼界，乃至無意識界；無無明，亦無無明盡，乃至無老死，亦無老死盡；無苦、集、滅、道（註10），無智亦無得。

「以無所得故，菩提薩埵（註11），依般若波羅密多故，心無掛礙。無掛礙故，無有恐怖。遠離顛倒夢想，究竟涅槃（註12）。三世諸佛（註13），依般若波羅密多故，得阿耨多羅三藐三菩提（註14）。故知般若波羅密多，是大神咒（註15），是大明咒，是無上咒，是無等等咒，能除一切苦，真實不虛。故說般若波羅密多咒，即說咒曰：『揭諦，揭諦，波羅揭諦，波羅僧揭諦，菩提薩婆訶。』（註16）」

大乘佛教的《心經》描述此「空」的境界就是涅槃，也即是禪宗所謂的佛性，這是佛教徒應該追求的境界，此境界其實相等於吠檀多派所

指的梵，同樣是印度教徒應該追求的終極解脫狀態。

　　大乘佛教與印度教很多哲理、用語都有互相影響的痕跡，不過大乘佛教所抄襲和所自創的術語可以說比印度教更甚，造成大乘佛教的哲理變得十分深奧難懂，非佛學專才難以清楚理解。佛教的文字障礙其實已達到非常厲害的地步，無怪乎禪宗六祖惠能遇到一些僧人讀經上千遍，但其實不知道佛經的意思是什麼。印度教即吠檀多派的哲理是為了探求真理，解說《奧義書》的意義，其表達的真理比大乘佛教更簡單直接，但一點也不膚淺，而是非常深邃。大乘佛教的《心經》已經是最精短的佛經，但若沒有任何注釋解說，也並不是容易理解。而印度教的經文若翻譯成英語，卻容易理解得多，因為沒有太多非必要的術語及概念。

　　商揭羅的六段頌文 (Nirvana Shatkam) 就像大乘佛教的《心經》，他指出「梵我合一」的境界是什麼，真正的我是什麼。達到此境界就是解脫，此境界就是佛教所謂的「空」或「佛性」，但佛教從來不會直接與正面說出此境界，只能用否定的方式說明，印度教不但用否定的方式表達，也會正面說出此境界是什麼，即《奧義書》指的 Sat=Chit=Ananda，即 Sat 等於 Chit 等於 Ananda，即真理（或存在）、意識與喜樂三者結合為一，這就是梵，這就是真正的我。早期佛教與大乘佛教不能直接說出的答案，印度教在歷世眾多聖者的探求下卻直接說出答案來！

　　以下請看商揭羅的公段頌文 (Nirvana Shatkam)：

「唵（註17），我不是此思維，
不是此聰明、自我，或注意力，
我不是此耳朵，不是此舌頭，
不是此嗅覺或視覺，
我不是此空（註18），不是此土，不是此火，不是此風。
我是永恆的喜樂和知覺，
我是希瓦（註19）！我是希瓦！

林楚菊的《漫談世界各宗教》

我不是此生命氣息，
也不是此五種呼吸（註20），
我不是身體的元素，
也不是這五層外殼（註21），
我不是這對手，不是這雙腳，也不是這舌頭，
我不是任何行動的器官。
我是永恆的喜樂和知覺，
我是希瓦！我是希瓦！

沒有恐懼，沒有貪婪，也沒有虛妄，
我無不喜，也無所喜，
沒有驕傲，沒有自我，
也無所謂正法與解放，
我沒有思維的欲望，
也沒有欲望的對象。
我是永恆的喜樂和知覺，
我是希瓦！我是希瓦！

我不知何所謂快樂與痛苦，
道德與不道德，
我不知什麼是咒文，什麼是聖地，
什麼是《吠陀》，什麼是獻祭。
我不是吃食物者，
我不是食物，也不是吃的行為。
我是永恆的喜樂和知覺，
我是希瓦！我是希瓦！

林楚菊的《漫談世界各宗教》

我沒有死亡或恐懼，
也沒有階級種姓的差別，
我不是父親，也不是母親，
我甚至無所謂出生，
我無朋友，也無同道，
我非門徒，也非導師。
我是永恆的喜樂和知覺，
我是希瓦！我是希瓦！

我沒有任何形相，也無幻想，
我無所不在，
我存在於每一處。
我超越此感官，
我非救贖，
亦非知識的對象。
我是永恆的喜樂和知覺，
我是希瓦！我是希瓦！」

商揭羅的六段頌文即使沒有任何註釋，也遠比佛教《心經》容易理解，因為六段頌文是現代的翻譯，而《心經》則是中國唐朝以及比唐朝更早年代的翻譯。不過，若對印度教哲理沒有任何認識，也無法欣賞六段頌文的精彩之處，甚至產生錯誤或負面的看法，因為人們很可能認為六段頌文中「我是希瓦！我是希瓦！」，此句誤把自己當作神明，極之不妥當，但是我們要真正明白這個「我」所指的是誰。這個「我」就是真我，就是我們心中的上帝，不是伴隨著喜好與憎惡、善業與惡業的個我靈魂 (Jeeva)，這個上帝就是我們心中的梵，故稱為希瓦 (Shiva)，即吉

祥、至善。商揭羅的六段頌文是要人們認清自己的終極實在是什麼，這就是「永恆的喜樂和知覺」，這就是大梵，這就是真正永恆不變的我，這就是上帝，就是吉祥、至善。我們不是 Jeeva，而是 Shiva。這裡的 Shiva 並不是指天界中的某一個神明，而是指永恆實在的意識狀態，人們要去體驗。凡能經驗此真實者，即獲得解脫，因為真我的本質就是解脫。

　　在《奧義書》中曾提出四位說，即人們可經驗的四種意識狀態，第一位是醒位，即清醒的時候，我們與物質世界所接觸到的一切；第二位是夢位，是睡夢時候的意識，是對內部精神的認識；第三位是熟睡位，即自我停止了對外部世界和內部精神的認識，接近超驗的境界，但還未達到最高的精神狀態；第四位，梵文稱為 Turya，意即第四位，是自我最後和最高的境界，商揭羅的六段頌文就是指第四位的最高精神狀態。梵文「唵」(Om) 是由 A、U、M 三個音所組成，分別代表醒位、夢位和熟睡位的三種意識狀態，前一位屬物質性，後兩位屬精神性，而「唵」的第四音就是無音，即代表第四位的精神狀態。

　　這精神狀態脫離一切短暫甚至錯誤的感官認同，就如大乘佛教《心經》所指的「空」，沒有任何感官上的色、聲、香、味、觸，以及任何一切好與壞或善與惡的幻想。佛陀所指的「涅槃寂靜」，就是大乘佛教在《心經》裡所指的「空」，也就是印度吠檀多派所指的「第四位」，即第四種與大梵真正合一的意識狀態。此意識狀態是什麼？商揭羅在六段頌文中描寫得一清二楚，可貴的是在印度有不少留芳後世的聖人真的親證了此意識狀態，這沒有可能是騙人的文字，可惜願意去經驗，以及真正能夠經歷的人實在十分少，這很可能要經歷多世的修行，而且加上真正精神導師的扶持，才有可能達到。

　　商揭羅的家族屬於崇拜希瓦宗派，而且他也是一位瑜伽修行者，印度人認為商揭羅就是希瓦的降世，但據學者評論，商揭羅本人的著作及學說更接近毗濕奴派，即認為毗濕奴才是宇宙獨一的主宰，而吠檀多派的三經之一《薄伽梵歌》，肯定是毗濕奴派的經典。商揭羅認為，瑜伽

修行並不能令人達到真正最終的解脫,即使一個人長時間靜坐冥想,不斷進行淨化身體和心靈的方法,他也不可能達到「梵我合一」,最關鍵的就是要有真正的知識,即「梵我合一」的知識,即有關「真我」的知識。世間一切的知識都是短暫,甚至虛假,只有真我的知識才是永恆的真理。

商揭羅在他的著作《示教千則》中,就是以詩歌形式不斷解說真我的知識。若沒有此知識和對「真我」的瞭解,一切修行都是徒勞無功。這很容易理解,正如佛教徒崇拜佛陀,但對佛陀毫不認識,或帶有錯誤的認識,基督徒崇拜耶穌,但對耶穌毫不認識,甚至沒有興趣去認識,伊斯蘭教信奉真主,但對真主毫不認識,印度教徒崇拜毗濕奴的降世克里希納(Lord Krishna),但毫不認識《薄伽梵歌》,這樣即使他們窮盡一生精力去遵守他們的教條,他們的精神境界沒有可能達到最終的解脫狀態。商揭羅重視知識,後世稱他所指的為知識瑜伽(Jnana-yoga),即透過知識來達到梵我合一的解脫狀態,但其實商揭羅所指有關真我的知識是一切通往終極目標的最關鍵所在,並不是指這是其中的一種方法,理應發人深省!

印度教與其他宗教的關係

印度教的最大特色就是其寬容性,印度人認為狹隘的思想正是偏見行為及流血暴力的來源,成為錯誤信仰上帝的崇拜者。印度教的根本教理認為:不同的心靈趨向不同的信仰,印度教最早的聖典《梨俱吠陀》主張:真理只有一個,但聖者以不同的名稱稱呼它。在《薄伽梵歌》,克里希納(Lord Krishna)以上主的身份說道:「任何走向我的人,我都接受他們,因為他們所選擇的任何道路,都是我的道路。」

印度教中各種不同的觀點多雜並陳,這是由於智能上的探索,自由無束的緣故。理智和啟示的結合反映印度宗教與哲學的密切關係。印度

林楚菊的《漫談世界各宗教》

教認為宗教是生命的全部，而不是一部分。探求真理是達到解脫或精神上絕對自由的一種方法，消除悲苦以使人獲得平安 (Shanti) 是人類至上終極目標。宗教經驗的頂峰就是達到一體的直覺，透過宗教而理解的「實在」(Reality) 是：「真理的靈魂，生命的喜悅，心靈的至福，完全的和平和永恆。」（《推提利耶奧義書》1:6）

　　印度教自傳統以來十分尊重各宗教，尊崇真理，不論該宗教源自何處，或其風貌如何。佛陀曾以盲人摸象的寓言說明人們以所知所見的部分作為真理的全部，往往帶來偏見，甚至流血暴力。佛教在印度萌芽，其信仰在印度被吸納而形成正統主流吠檀多派。佛教在印度本土消亡，佛教不屬於印度教正統，因為佛陀不接受《吠陀》的權威，但印度教徒卻認為佛陀本人正是上主—那遍在者—毗濕奴 (Vishnu) 的降世，至今日佛陀在印度本土仍然得到高度尊重，在坊間隨處可以買到有關佛陀生平言行的書籍。不單止是佛陀，所有宗教聖賢，例如耆那教的大雄尊者、基督宗教的耶穌、伊斯蘭教的穆罕默德和錫克教的拿納克等等，在印度坊間都可以找到有關他們的書籍。

　　印度教信徒雖然在歷史上對伊斯蘭教仇恨甚深，兩教在底層次的信徒身上可謂水火不容，但虔誠而崇高的印度教徒卻十分尊重伊斯蘭教，印度北部的聖人伽比爾 (Kabir, 1440-1518) 即結合了印度教與伊斯蘭教的精髓，創作了大量詩歌，頌讚宇宙獨一的主宰，主張印度教徒和伊斯蘭教徒應放棄教條主義，團結友愛，歸向永恆的真理。在 16 世紀印度西北部旁遮普的聖人拿納克 (Guru Nanak, 1469-1539) 更創立了錫克教，該教結合了印度教虔信派和伊斯蘭教蘇非派而產生，其教導本乎真理，若有人願意認識錫克教，必定對錫克教讚嘆不已。

　　帶領印度爭取獨立的聖雄甘地 (Mahatma Gandhi, 1869-1948) 是一個十分虔誠，且百分百的印度教徒，但他本人必定對伊斯蘭教高度尊重，故此在 1947 年 8 月 15 日印度成功脫離英國殖民統治後，他隨即允許巴基斯坦獨立，並且向巴基斯坦輸送大量利益，導致他於 1948 年 1 月 30 日被

印度教徒暗殺身亡。至今日還有印度人認為，甘地雖然是一位偉大的領袖，但刺殺他的印度教徒無疑是為了維護國家的利益才這樣做，否則印度還有更多利益輸送給巴基斯坦。

聖雄甘地是一個十分虔誠的印度教徒，他被刺殺中槍垂死一刻，口裡不斷唸誦「羅摩、羅摩」的名號，羅摩 (Shri Rama) 是在印度歷史上比克里希納還要早出現的聖賢，印度人認為他同樣是上主—那遍在者—毗濕奴的降世。聖雄甘地的宗教理想是「天國之下，四海一家」，印度教從來都不是一個唯我獨尊的宗教，它只是印度人的思想、文化與生活的全部。聖雄甘地生前在印度中部那格浦爾 (Nagpur) 成立的甘地道場 (Sevagram Ashram)，每天清晨帶領追隨他的群眾所唸誦的禱文，一開始是日本佛教的禱文，之後逐一唸誦印度教、伊斯蘭教、波斯教（即瑣羅亞斯德教）、基督宗教、錫克教和耆那教的禱文。全世界沒有任何一個宗教信徒會這樣做，會對其他宗教如此寬容和接受，除了印度教徒。

印度近代聖人舍爾地賽爸爸 (Shirdi Sai Baba, ?-1918)

更值得一提的是印度近代聖人舍爾地賽爸爸 (Shirdi Sai Baba, ?-1918)，他是一位極慈悲，也極富神秘的聖人，沒有人確實知道他的出生及由來，較全面的記載是曾有人目睹一個英俊的青年在舍爾地的荒郊野外修行，之後神秘消失，幾年後這位青年在舍爾地舉行的一個婚禮中出現。當時的祭司一看見他便不其然地稱呼他 Sai，Sai 是波斯語，即「神聖」的意思。於是在婚禮上人人都稱他為 Sai，那時人們估計他大約二十多歲。賽爸爸沒有名字，賽 (Sai) 這名字是從這次婚禮中而來，後來愈來愈多的村民發現他不但極具智慧，也能用草藥醫治向他求助的人，於是便加上爸爸 (Baba) 的尊敬稱呼。自婚禮以後，賽爸爸便逗留在舍爾地共 60 年的光景，到 1918 年與世長辭。

舍爾地是印度中部一個不會受人注意的農村，現在卻成為全印度其

林楚菊的《漫談世界各宗教》

中一個極受重視的朝聖之地。賽爸爸生平行了很多神蹟奇事，醫治了無數在身體上及心靈上有疾病的人。沒有人確實知道賽爸爸屬於那一個宗教，或宣揚那一個宗教。他的衣著像伊斯蘭教蘇非派的清貧修道者(fakir)，且住在舍爾地被荒廢多年的清真寺，口裡也常常唸誦安拉的名號Allah Malik，意即「安拉是一切的主」。但在他居住的真清寺內長年燃燒著聖火，這是古波斯瑣羅亞斯德教和印度祭火教派的習俗，穆斯林不會這樣做。賽爸爸又是一個有法力的瑜伽修行者，能夠自行洗腸及肢解身體，然後復原。賽爸爸究竟是穆斯林聖者？是古波斯教聖者？是印度教聖者？沒有人知道。賽爸爸臨終前兩年（即 1916 年），曾在聖火前憤怒地脫去穆斯林長袍，呼叫身邊的弟子看清楚他究竟是穆斯林還是印度教徒，沒有人能夠回答。

一般的印度教徒對穆斯林極度反感，甚至仇恨，賽爸爸的衣著雖然像個穆斯林，但他的信眾中印度教徒佔了一半以上，當中有很多是出身高貴、飽學的婆羅門，以及一生致力靈性修行的印度教修行者。賽爸爸漸漸接受印度教徒以印度教儀式崇拜他，這曾使穆斯林極度不滿，揚言要殺死所有敗壞賽爸爸的印度教徒。但結果是兩教信徒均以各自宗教的形式去追隨賽爸爸，且一起和平地進行各自的宗教儀式，向賽爸爸表達敬愛。賽爸爸的信眾有印度教徒、伊斯蘭教徒，以及少數的瑣羅亞斯德教徒、耆那教徒和基督教徒。賽爸爸一生的言行包括眾多令人無法解釋的神蹟奇事，其目的是開啟人的靈性，體驗那永恆獨一主宰的實在，明白眾生皆上主的創造，應無分等級貴賤地受到仁慈的對待。

賽爸爸曾說：「除非人與人之間存在著關係，否則人們什麼地方也不能到。任何眾生，包括所有被造物，來到你的面前，不要無禮地趕走他們，卻要有尊重的心適當地善待他們。若我們把水給口渴的人，把食物給饑餓的人，把衣服給衣不蔽體的人，把你的涼亭給有需要的人坐下乘涼、竭息，這樣創造宇宙天地的造物主便因此而歡喜。若人們要求你

林楚菊的《漫談世界各宗教》

給他錢財，而你並不願意，就不必勉強，但不能如惡狗般趕走別人。讓人們說數百段話來對抗你，也不要因此而仇恨作出難聽的回答。若你能忍耐這些事情，你必定會快樂。讓這個世界顛三倒四，你還是穩處於你的位置上，無論是站著，還是坐著，你只是平靜地看著事物在你身邊經過。」

賽爸爸從來不鼓勵任何人改宗、改教，也沒有創立任何新的宗教。他說穆斯林要成為真正的穆斯林，印度教徒要成為真正的印度教徒，佛教徒要成為真正的佛教徒，基督教徒要成為真正的基督徒。賽爸爸一生的教導正好體驗了印度教的哲理如何看待其他宗教，賽爸爸的慈悲是佛陀的慈悲，是大雄尊者的慈悲，是耶穌的慈悲，是穆罕默德的慈悲，是眾聖者的慈悲。他好像是耶穌轉世到印度來，賽爸爸與耶穌一樣擁有同一的教導以及相同的法力，能夠平息大風雨，使瞎眼得以看見，使跛腳得以行走。耶穌在巴勒斯坦被迫害至死，賽爸爸卻能深切地愛護他的信眾，且受到廣泛尊崇。不少印度教徒和伊斯蘭教徒起初對賽爸爸都存有偏見，假意前來找賽爸爸，為要測試他的斤兩。賽爸爸知道人們心中的一切，甚至那人的過去、現在和未來，結果他們真心受到感動，對賽爸爸只有拜服。

賽爸爸尊重每個宗教，不容許弟子批評任何宗教及聖人，賽爸爸的其中一個信眾是基督徒，他是一個警員，後來得到升職，但一些印度教徒對他作為基督徒的身分感到很不自在，賽爸爸卻直言：「那有什麼問題？耶穌及他的門徒都是我的兄弟。」又有一次，有一位極親近賽爸爸的弟子在居所內與一些印度教徒批評耶穌及基督宗教。他本人是有學識的律師，也是出身高貴的婆羅門，對賽爸爸極之敬愛及信服。他到清真寺服侍賽爸爸，卻被賽爸爸趕走，正是因為他在居所內的批評說話，沒有人告訴賽爸爸，但他對信眾瞭如指掌，後來他向賽爸爸道歉，賽爸爸重新接受他，師徒關係親愛如常。

林楚菊的《漫談世界各宗教》

賽爸爸對每個宗教及其聖人的尊重，充分體現印度教的宗教哲理。印度教六大哲學宗派之一勝論派的《勝論經》，對邪惡這樣作出定義：「邪惡在於傷害。」印度自古以來存在「非暴力」(Ahimsa) 的理想價值，這不單只在行動上，還在言語上和思想上對任何人都不加以傷害。賽爸爸教導信眾要敬愛上主，並善待眾生。這眾生不是單指地位高貴的人，而是指所有人，甚至所有生物。賽爸爸對所有人都一視同仁，包括乞丐和痲瘋病人。賽爸爸的信眾有不少是出身高貴的婆羅門，但賽爸爸從不容許他們輕視低下階層的人，甚至動物。

賽爸爸曾說：「你知道攀登聖殿階梯的人是何等尊貴？侮辱他們等於侮辱我。」

賽爸爸也曾說：「我會祝福那些信心堅固、虔誠禮拜的人，無論他們是什麼身分。我會照顧那些屬於我的人，一代接著一代，一次生命接著另一次生命。」

在賽爸爸的清真寺內，所有人均平等友愛，沒有種姓之別，也沒有宗教之別，因為眾生無論是什麼階層或宗教背景，都只屬於創造宇宙天地萬物的主。賽爸爸時常說他就是眾生，眾生就是賽爸爸，善待眾生就等如善待賽爸爸。這就正如佛教所說：「眾生是佛，佛就是眾生。」

賽爸爸能巧妙地使每個宗教的信徒明瞭自己宗教的真諦，明瞭自身靈性價值的實在。賽爸爸從來沒有宣揚任何宗教，也不為自己創立什麼教派或組織，每個人在賽爸爸的眼中都是上天尊貴的靈魂，而不是崇拜他的工具，筆者看到賽爸爸生前與信眾交往的兩部言行集（**Shri Sai Baba Charters and sayings** 及 **Sai Satcharitra**），簡直無法想像世界上竟會有這樣一位聖人這樣愛他的信眾。賽爸爸是一位可敬、可愛、可親、可近的聖人，難怪他的信眾對他的愛慕也非常之深，試想像一位仿如耶穌再世，充滿法力與慈悲的聖人這樣愛自己，這只會是神的愛，而不是人的愛。

印度教傳統以來對各種宗教哲學思想的包容，造就了聖人可與信眾相處的環境，賽爸爸仿如耶穌再世，但他沒有被忽忽地迫害致死，至今在印度還有很多信眾崇拜他，傳頌他的言行教導，且得到他的護佑。

　　還有一點有趣的是，在印度早期歷史中，雅利安人從中亞進駐印度次大陸之前，曾與古波斯族群在五河地帶一起聚居，後來卻分裂，古波斯族群返回中東（即今日的伊朗），後來出現了古伊朗第一位先知瑣羅亞斯德，他受善良之神主阿胡拉的啟示而創立了古波斯祆教，即瑣羅亞斯德教，或稱拜火教，而雅利安人繼續進駐印度次大陸，創立吠陀教，後來發展成為婆羅門教，即今日印度教的前身。在最早期，瑣羅亞斯德教和吠陀教（或稱婆羅門教）兩教互相指責對方為邪教，其背後原因學者也無法知道，兩教對神、魔的用詞剛好相反，吠陀教的天神，梵文稱為 Deva（男天神）及 Devi（女天神），在古波斯語是邪魔的意思，而吠陀教的阿修羅 (Asura) 是惡魔的名稱，就是直指古波斯祆教神主阿胡拉。兩教一開始雖然互相仇視，但發展下去卻互相同化，例如吠陀教的天神愛喝蘇摩酒 (Soma)，早期的瑣羅亞斯德教認為這是惡魔的飲料，但後來瑣羅亞斯德教的眾天神也愛喝蘇摩酒。到今日在印度沒有任何人會說瑣羅亞斯德教是邪教，學者甚至定性為古波斯的聖教，其原因是瑣羅亞斯德比吠陀教更早把道德與宗教掛鉤，即提倡善思、善言和善行。

　　賽爸爸的賽 (Sai)，即波斯語「神聖」的意思，這個名字是印度教的祭司首先對賽爸爸的稱呼，可見印度教對不同宗教有一定認識，且相當包容，因為他們認為所有宗教都指向同一位神，同一個真理。

霎哈嘉瑜伽 (Sahaja Yoga)

　　霎哈嘉瑜伽，梵文稱為 Sahaja Yoga，Sahaja 是自然而然的意思，而 yoga 即聯合的意思，這正是印度自古以來瑜伽修行者，為求達至與宇宙獨一的主宰聯合的目的。霎哈嘉瑜伽的創始人錫呂・瑪塔吉・涅瑪娜・

林楚菊的《漫談世界各宗教》

德維 (Shri Mataji Nirmal Devi, 1923-2011) 於 1970 年代開始於世界各地公開傳授此瑜伽。其理論是基於印度古代的軍荼利瑜伽 (Kundalini Yoga)，軍荼利瑜伽在古代屬於密教 (Tantras)，即少數群體秘密教授，而不會像其他宗教或教派般公開大規模宣傳。其理論的重點是人的身體除了可見可接觸的粗身外，還有一個細身 (Subtle body)，此細身是由三條經脈 (Nadis) 和七個輪穴 (Chakras) 所組成。此三脈七輪皆位於人體的脊椎骨內，讀者可查看霎哈嘉瑜伽任何一個網頁，都有很清楚的描述。

此瑜伽的精髓在於喚醒位於脊椎骨底部三角骨內潛藏的超能力，稱為 Kundalini，中譯為「靈量」，意指其具有心靈的超能力，它蟄伏於靈魂（即細身）中並盤繞而上，上升至頭頂的頂輪 (Sahasrara chakra) 與至上的實在結合。這種與至上實在結合的經驗在印度古代不會公開講述，描述得最詳細的可算是印度 13 世紀聖人格里殊哇 (Dynaneshwar, 1271-1293)，在他短暫的 21 年生命中，他於 15 歲時在紐華施 (Newase) 的希瓦神廟內，以印度中部省份通行的馬拉地語 (Marathi)，以詩歌唱詞的形式詳細解釋印度吠檀多派三經之一《薄伽梵歌》。在《薄伽梵歌》內，古代的聖賢克里希納 (Lord Krishna) 講述通向至上的實在有四條道路，即透過知識，稱為知識瑜伽 (Jnana Yoga)；透過虔愛宇宙獨一主宰，稱為虔愛瑜伽 (Bhakti Yoga)；透過良好正確的行為，稱為行為瑜伽 (Karma Yoga)；第四條道路即透過禪坐冥想，稱為皇道瑜伽 (Raja Yoga)，即選擇一個寧靜舒適的環境，如皇者般冥想獨一的主宰。格里殊哇解釋皇道瑜伽，就是指出軍荼利在脊椎骨底部上升，深入身體每根纖維，潔淨心靈並喚醒靈魂的知覺。他用了很多比喻，描寫得非常詳盡，當中很多境界應該一般人難以達到，包括現在全世界練習霎哈嘉瑜伽的人士，但聖人格里殊哇本人肯定已經達到，故此他在 21 歲那年，當他已完成教化眾生的工作，他命人挖空一個地穴。他坐在地穴內冥想，命人埋封地穴，就是這樣決定自己的圓寂 (Samadhi)。他的三兄弟妹均在 21 歲至 25 歲時以同樣方式離開人間。至今格里殊哇及他的三兄弟妹均是印度推崇備至的聖人。在

佛教，修行完滿的人也能決定自己的圓寂，例如佛陀的弟子舍利佛，他比佛陀更早離開世間，而且是他自行決定。他回到家鄉看病重的母親，母親逝世後，他安葬母親，並在家鄉宣揚佛法，之後在禪坐當中離開人世。

錫呂‧瑪塔吉 (Shri Mataji) 最偉大之處，就是她把古代印度聖者不會公開講授的軍荼利瑜伽，也即是《薄伽梵歌》所指的皇道瑜伽，以禪坐冥想通向與上主合一的方法，用現代人能夠明白的表達方式，免費公開地教授出來。同時，她也把有關印度的宗教文化介紹出來，也以真理本為一的宗教觀念解說世界不同的宗教信仰，故此，筆者認為在《漫談世界各宗教》之一的印度教時，有必要講述霎哈嘉瑜伽。能正確認識此瑜伽，並嘗試透過此瑜伽作禪坐冥想，對不同宗教人士的靈性修養肯定有莫大的好處。伊斯蘭教徒可以在禪坐中冥想真主安拉，基督徒可以冥想上帝及他們的導師耶穌基督，佛教徒可以冥想佛陀及涅槃寂靜的至上實在，道教徒可以冥想道的至上境界。透過霎哈嘉瑜伽喚醒軍荼利的超心靈能力，使軍荼利在體內作淨化和啟迪的工作，如種子發芽生長般自然地生成，我們需要做的只是給予耐性持之以恆地禪坐冥想，以配合個人的信仰、靈性修練和生活方式，這一定不會招致任何損失，最低程度也可以促進身心平衡，而且不用任何花費。

若把霎哈嘉瑜伽看成是一個獨立產生的現代宗教，甚至和其他宗教一樣有一種唯我獨尊的霸道思想，這肯定是一場悲劇與不幸，因為這會令人產生傲慢與偏見，與靈性昇進背道而馳。霎哈嘉瑜伽只是一個十分美好的工具，正如佛陀所說他所有的教導有如木筏及手指，能助人渡過彼岸，但本身並不是目的，達到目的後便要放下，上了岸還拿著木筏行走，就是愚蠢的行為。霎哈嘉瑜伽本身是一個工具，直指向宇宙獨一的主宰，三脈七輪的清潔技法只是一種手段，並不是目的。試想像把一個活生生的人看作是只擁有三脈七輪的機器，需要不斷清潔，禪坐冥想只是為了不斷清潔的過程，而忽略了對永恆獨一主宰的尊崇，以及享受與

其精神合一的法喜，這並非古代印度瑜伽修行者的所想所行。《薄伽梵歌》所指的四種瑜伽，是四種方法達到與至上實在聯合的境界，但不能只擇其中一種便行，而是四種方法並行，透過對上主的虔愛、真正的知識、正確的生活行為和冥想禪定，最後在永恆獨一主宰的恩典下，才可以達至「梵我合一」，即瑜伽的境界。

商揭羅大師認為單是瑜伽修行，即禪坐冥想，不斷淨化身心，並不能使人獲得最終極的解脫，最重要的是要明瞭真我的知識，這正是《奧義書》反覆述說的真理。沒有真我的知識，個我靈魂 (Jeeva) 只會隨著一生所作所為而不斷生死輪迴，誤把此虛幻、荒謬、顛三倒四，沒有永恆實在的世界看作是自己一切的歸宿，如印度聖人羅達斯 (Samarth Ramdas Swami, 1608-1681) 在他的著作《僕人的見解》(Dasboadh) 所說：

「世人貪戀世界，如昆蟲吃屎仍然覺得十分美味。」（註 22）

現在普遍練習霎哈嘉瑜伽的人士，認為自己的身體因透過軍荼利 (Kundalini) 的發動而感應到涼風從頭頂及手掌而出，於是便聲稱這就是得到自覺 (Self-realization)，但他們卻沒有「真我」的知識，也不知「真我」是什麼，誤把這個他們自以為已神聖化的身體為「真我」，他們只成為一部不斷清潔以感應涼風的機器。身心的舒適及喜悅只是修行歷程的起步階段，霎哈嘉瑜伽的作用就是加強三德中薩埵 (Sattwa) 的力量，協助一個人在最平衡的狀態下生活、工作及精神修煉。瑜伽真正的目的是修煉自己內在的意識，真正的喜樂是來自與上主合一的意識，而不是因為身體或心理上的暢快。若把這個身體看作是眾神明聚居之處，甚至對諸般神明不斷崇拜以祈求福樂，卻忘卻了創造人類身體與意識的獨一主宰，更不知道何謂「真我」，這與沒有修行的凡夫俗子沒有分別，何來是瑜伽士 (yogi)？正如在禪宗六祖《壇經》中，五祖弘忍大師對眾門人說：

「汝等終日只求福田，不求出離生死苦海。自性若迷，福何可救？」

註釋

註1：見《奧義書》，黃寶生譯，北京商務印書館（2012年），以及《印度哲學宗教史》，高楠順次郎、木村泰賢著，高觀廬譯，台灣商務印書館，1971年。

註2：同上。

註3：此原則在正統印度教信仰中，據筆者看來，並非如基督宗教視《聖經》的權威般那麼嚴謹。正統印度教信仰的聖人也會指出《吠陀》有互相矛盾、不一致符合的地方，甚至指出《吠陀》規定的殺生祭祀並不是真的屬於《吠陀》，因為殺生是邪惡的行為，人們無需要殺生也可作祭祀儀式。

註4：三德喜、憂、暗是指萬事萬物的三種原初性質，喜代表光明、愉悅及進步的力量，憂代表衝動、行動、興奮、憤怒，繼而憂慮的力量，暗是代表昏沈、混沌、墮落和遏止的力量。

註5：《薄伽梵歌》的作者據傳說是廣博仙人(Vyasa)，其產生年代學術界眾說紛云，上限可至公元前10世紀，下限到公元4世紀。印度很多經典均是長期逐漸演化、定型而成。

註6：指能觀照自心，不為世間萬事萬物所動，已能獲得解脫自在的求得大覺者。菩薩即求得大道大覺的修行者。

註7：「般若」即智慧，「波羅密多」即到達彼岸；指觀自在菩薩修行甚深時以智慧到達彼岸。

註8：五蘊指(1)色（肉體及物質）、(2)受（五官的感受與知覺）、(3)想（思想、想像）、(4)行（意志）、(5)識（意識）。簡單言，色是指一切物質現象，受、想、行、識為各種心理或精神現象。

註9：即舍利弗，佛陀十大弟子之一，此《心經》是佛陀向舍利子演說的經文。

註10：苦、集、滅、道即佛陀所教導的「四聖諦」。「苦」即痛苦的存在，「集」即痛苦的原因，「滅」即消滅痛苦，「道」即消滅痛苦的方法。

註11：菩提指智慧、覺醒，薩埵梵文是 Sattwa，即數論派三德中的喜，代表進步、光明、純淨，這裡是指在喜中的眾生，全句是指得到智慧或覺醒的眾生。

註12：涅槃梵文稱為 nirvana，是印度各哲學宗派的名詞，並非佛教專有名詞，這是指最高的精神境界，相等於印度教的解脫 (moksha)。

註13：指過去、現在、未來修行完滿得到大覺之士。

註14：「阿耨多羅三藐三菩提」，梵文音譯，即無上正等正覺。

註15：咒，梵文稱 mantra，指有法力的頌文。

註16：全句是梵文咒語音譯，即「到達彼岸，到達彼岸，普度眾修行者到達彼岸，得到無上佛果」。

註17：「唵」梵音為 Aum (Om)，梵的代號，此音傳達著梵我同源，宇宙整體的奧妙與奧秘，是吟誦或歌唱《吠陀頌詩》時，開頭使用的感嘆詞。

註18：空，英語譯作 sky。印度傳統各哲學宗派理論中認為萬物的創造是由五大元素所構成，即地、水、火、風和空，空即是空間 (space)。

註19：希瓦即 Shiva，又譯作濕婆，是《奧義書》時代起印度教三大主神之一，代表宇宙終結及毀滅的力量，即宇宙獨一主宰在人類世界最後所顯現的形相。Shiva 的梵文意思代表吉祥和至善，在早期雅利安人的《吠陀本集》〈梨俱吠陀〉中並沒有此神的名稱，希瓦應該是印度原住民所崇拜的神明，是在喜瑪拉雅山上作瑜伽修行的天神。印度希瓦派 (Saiva) 的信徒認為希瓦代表宇宙獨一的主宰，所有神明都從屬於他；而毗濕奴派 (Vaisnava) 的信徒認為毗濕奴 (Vishnu) 才是宇宙獨一的主宰，所有神明都要聽從於他，包括希瓦在內。毗濕奴 (Vishnu)，即遍在者的意思，是宇

宙獨一主宰在人類世界維護萬物進化所顯現的形相。

註 20：人的生命氣息 (prana) 由五種呼吸所組成，即元氣、下氣、中氣、上氣和行氣。向上移動者為元氣；向下移動者為下氣；維繫兩者的是行氣；將食物中的粗大部分送往下氣，細小部分送往各個肢體的是中氣。上氣高於行氣，是吞吐飲料和食物者。

註 21：五層外殼是指真我（即 Atma）是以具有五層外殼覆蓋的個我而顯現，即 (1) 食物精髓所成的外殼、(2) 生氣所成的外殼、(3) 思考器官所成的外殼、(4) 認識所成的外殼，以及 (5) 歡喜所成的外殼。

註 22：羅達斯是 17 世紀印度中部馬哈拉斯特拉邦 (Maharasthra) 復興印度教的聖人，曾在印度各處建立出家修行的寺院，到今日仍受到印度人的極大推崇。他的名字羅達斯 (Ramdas) 意即「上主的僕人」；Samarth 和 Swami 是人們對他的尊稱，Samarth 意即「全能」，而 Swami 意即「精神導師」。其著作：Dasboadh, translated by Diwakar Ghaisas, Mumbai, 2004。

第六章　中國本土信仰

　　中國的遠古文明與智慧，足以令人讚嘆不絕，然而真的深入瞭解中國的文明與智慧，並在生命中實踐出來的中國人，又不算太多。中國人的宗教信仰，大體可分為儒、釋、道三家。中國自漢武帝罷黜百家，獨尊儒學之後，儒家思想成為數千年來統治者的工具，也成為中國知識份子的思想主流。今日推崇孔子儒家思想的社群已發展成為孔教，目的是要復興中國的傳統文化，但嚴格來說，孔教並不算是宗教，孔子本人在《論語》中不主張人們談論鬼神，他說：「子不語怪、力、亂、神。」（《述而篇》第7）又說：「未能事人，焉能事鬼？」再說：「未知生，焉知死。」（《先進篇》第11）儒家思想只提供現世生活的正確原則和指導，但沒有為人們解答不可知的生命奧秘。

　　釋是指佛教，佛教自西漢時期（公元前121年）由印度傳入中國，印度佛教的種子在中國萌芽、成長，成為參天巨木，並且開花與結果，且徹底地中國化，印度原始佛教已非中國化的大乘佛教。佛教為中國人

解答了很多在生命中難以言說的痛苦與無奈，也為人們提供了出家與修行的路徑。儘管佛教在中國如何大幅度地中國化，所有佛像都是中國人的模樣而非印度人的模樣，但佛教並不是源自中國的本土信仰，佛教不少教義與思想，以及大量的專門術語，都屬於外來的文化，不少佛經滲入了很多梵語音譯，單從字面閱讀無法明白其究竟，即使任何詞典也幫不了忙。

　　道教可算屬於中國土生土長的傳統宗教，創立於東漢，因以「道」為最高信仰而得名。道教的教義需攀附道家的思想才能登大雅之堂，故道教尊老子為教祖，奉《道德經》為主要經典，主張通過修煉，可以得道成仙。初時，入道者須交五斗米，故又稱為「五斗米教」。道家哲學是道教重要的思想淵源，但兩者並非同一。在《道德經》中詳細描述了何謂「道」，以及何謂「得道」，甚至以「道」解說宇宙萬物的起源，但卻沒有談論鬼神，更沒有說人可以成仙，只說人可以得道。道教的成仙是指肉身修煉，而道家的得道是指「後其身而身先，外其身而身存」（《道德經》第7章），以及「夫唯無以生者，是賢於貴生」（《道德經》第75章），即指精神超越肉身，其境界更高，更接近各宗教所指向的最高真理。故此，要瞭解中國的本土信仰，道家思想比道教教義更重要，而《道德經》正是中國本土文化的精神寶庫，中國人可以自己的文字閱讀《道德經》，而不用外借翻譯，這是一件何等美妙的事情。《道德經》所啟示的哲理，若中國人沒有去認識瞭解，確實非常可惜。中國人若要得到精神修煉，除了佛教所提供的知識外，瞭解《道德經》也會得到非常大的幫助，而且佛與道兩者其實相通，中國人要瞭解「道」可能比要瞭解「佛」更容易，因為中國人的思考模式始終與印度人的思考模式不同。

　　中國人的精神寶庫除了《道德經》外，還有更遠古的經典，就是《易經》。《易經》是中國最古老的經典，更被視為群經之首，無論是道家還是儒家，均對《易經》推崇備至。中國的醫術、風水命理、陰陽

五行與剛柔的概念，均源自《易經》，孔子在《論語》中更說：「加我數年，五十以學《易》，可以無大過矣。」（〈述而篇〉第7）孔子希望多活幾年，五十歲去學習《易經》，便可以沒有大過錯了。瞭解《易經》與瞭解《道德經》，兩者同等重要。

《易經》所啟示的人生哲理

　　《易經》是中國最古老的經典，是中國文化的開端，自古以來就被推崇備至，被尊為「群經之首」，要瞭解中國的文化就不能不從《易經》著手。《易經》說明天地的大道理，人生的大道理，是說明天理、人道的神聖典籍、權威著作，是中國人感悟真理的泉源。《易經》中所表達的天理即人道，即「天人合一」的哲學思想，是中國傳統文化的基礎，一切學術思想的根源。孔子刪《詩》、《書》，訂《禮》、《樂》，作《春秋》，然後轉述《易》，《易經》中的〈繫辭傳〉相傳是由孔子撰寫。儒家將《易經》冠為六經之首，春秋、戰國時代的儒、道、墨等諸子百家，以及唐、宋以後儒、佛、道各家的學術思想，無不淵源於《易經》的天人之學。

　　無可否認，《易經》是古代占卜的書，正因為如此，才沒有被秦始皇燒掉，得以流傳至今。古代先民，凡遇上重大事情必先求神問卜，殷代已盛行用龜甲占卜，到了周代更設有稱作太卜的官，依據《三易》，職掌占卜。《三易》是《連山》、《歸藏》和《周易》，三種不同系統的《易經》。《連山》是夏代的易學，由艮卦開始，象徵「山之出雲，連綿不絕」。《歸藏》是殷代的易學，由坤卦開始，象徵「萬物莫不歸藏其中」。《周易》是周代的易學，由乾、坤兩卦開始，象徵「天地之間，天人之際」。《連山》、《歸藏》已經失傳，今天的《易經》就是《周易》。

　　《易經》揭示中國人奧妙的宇宙哲學。「易」由日、月兩字組成，

日代表陽、月代表陰，象徵宇宙的生成，以及世間萬事萬物的出現，均源於陰陽的變化。「易」也有「簡易」、「變易」和「不易」這三種含意，表示世間萬事萬物不斷變動，故稱為「變易」，但此宇宙森羅萬象的變化，無一不有一定的規律與因果關係，是一種「不易」的法則，且可以追尋、掌握，故此稱為「簡易」。

《易經》是一部占卜的書，共 64 卦，每一卦由六爻所組成，爻分為陰爻與陽爻，代表男、女的生殖器官，陰爻與陽爻的不同組合與排列而形成 64 種卦象。每一卦均有卦辭，相傳卦辭是由周文王撰寫，後來孔子又撰寫〈繫辭傳〉，是對《易》的整體概論。《易經》又分為上、下兩部分，頭 30 卦為上經，以創造宇宙萬物的天地開始，說明宇宙萬物的生成與變化，下經是之後的 34 卦，以人倫發端的男女關係說起，說明人事關係的變動，故《易經》是一部說明天理與人道的權威著作。

宇宙萬物由一陽一陰的屬性變化而成，這概念不僅《易經》獨有，在希伯來人的《舊約聖經》《創世記》中，創造天地萬物的上主稱為「以羅欣」(Elohim)，是一個眾數名稱，也具有一陽一陰的屬性。在艾賽尼派的《平安福音》中，更詳細論述「天父地母」的概念，即如《易經》所言，乾為天、為陽、為父，代表剛正的屬性；坤為地、為陰、為母，代表柔順的屬性。在艾賽尼派的《平安福音》中，天父掌管天國，以及掌管人的精神，地母孕育地上的萬物，以及掌管人的身體。天父的眾天使是關乎精神的美善力量，地母的眾天使就是生成萬物的元素，例如陽光、空氣、水份和泥土等等，關乎物質層面。

這又與印度解說創造起源的數論派 (Sankhya) 哲學十分相似。數論派哲學認為，大梵 (Brahma) 是宇宙的主宰及起源，大梵是無形相的精神，由大梵而生出一陽一陰的屬性。陽屬於大梵的精神層面，從大梵中生出摩耶幻相 (Basic Maya)，屬陰性，摩耶幻相掌管物質的創造，是她演變宇宙萬物，同時把存在於萬事萬物之內的大梵隱藏起來。人們不知道大梵的存在，只知道物質世界的存在，這正是摩耶幻相遮蔽的力量所致，故

梵語 Maya，即「不是這個」的意思，摩耶以物質遮蔽真理，物質世界只是幻相，因為人們不知道大梵的存在，看不見真理。大梵是陽性，大梵之內的摩耶是陰性，就如《易經》所指，天為陽，地為陰，此一陽一陰的屬性存在於萬事萬物之內。伊斯蘭教的《古蘭經》中，即如希伯來《聖經》，真主其實是一個眾數名詞，即如英語 We，而不是 I，伊斯蘭教學者解釋這是對真主的尊稱用法，並不表示真主是眾數，因為真主超越一切，非單數、非眾數、非男亦非女。真主如老子在《道德經》所說的「道」：

「道可道，非常道；名可名，非常名。」

有趣的是，在《古蘭經》中，真主曾經以天地間不同的現象盟誓，其中一項就是偶數和奇數：

「奉至仁至善的真主之名，誓以黎明，與十夜，與偶數和奇數，與離去的黑夜，對於有理智者，此中有一種盟誓嗎？」(89:1-5)

在《易經》中，陽爻以九為代表，表示奇數，陰爻以六為代表，表示偶數。整部《易經》就是以陰與陽，即以偶數與奇數的不同組合和排列去解釋天理與人道，故此在《古蘭經》中所指的偶數和奇數，正就是中國解釋天理人道的《易經》，世界上沒有一部書籍好像《易經》一樣以偶數和奇數去解釋宇宙的道理與法則。

在伊斯蘭教的《古蘭經》中，真主不喜歡世人占卜算命，因為人們應該仰賴真主，真主才是人類的真正歸宿。中國的儒家思想其實也不主張人們占卜算命，因為一個正人君子應該做正確的行為，而不是先看結果是否有利才做，無論是吉是凶，若是必須做的正當事情就應該去做。在《論語》中，孔子說：「君子喻於義，小人喻於利。」(《里仁

篇》）但《易經》是一部非常特別的占卜書，它更像一部人類言行的指南，多於一部預示吉凶，讓人們謀取利益的書。宋儒張載認為「易為君子謀，不為小人謀」，指出《周易》是為君子修身明德，不為小人求名逐利解惑。

《易經》的64卦羅列出在不同的處境下，做人處事的大原則，這個大原則就是「正」。首先，在《易經》64卦中，基本上沒有所謂最好的卦，也沒有所謂最壞的卦，因為好與壞，即順境與逆境，是一個不斷變動的宇宙與人生現象，好景不常，逆景也不常。中國人看宇宙人生比佛教與印度教更樂觀入世，佛教與印度教看見好的事物最終為變壞，所謂「生、住、異、滅」，「成、住、壞、空」，正是世間萬事萬物的演化過程，但中國人更看到毀滅以後又會再有更新的循環現象，故此「否極泰來」就是出自「否卦」和「泰卦」。「泰卦」表述一個美好、亨通的現象，但人在順境中容易驕傲怠慢，變得腐化，因而招致禍患，故「泰卦」之後，接下來的就是「否卦」，代表閉塞不通的現象，不過這正好是人生的磨練，萬物不可能始終閉塞，故接下來是「同人卦」，即大家同心協力，突破閉塞。中國人看到由順境到逆境，再由逆境到順境的循環現象。在整部《易經》64卦中，陰陽排列最完美的就是「既濟卦」，但此卦不是一個吉卦，而是吉中帶凶，原因正是因為這個卦的卦象太完美，人們不用付出任何努力就已有美好的收穫，這樣令人難有更大的成就，而且太美好的事物會慢慢變壞，就如《創世記》中，亞當與夏娃在樂園中實在太美好，接下來就是被趕出樂園，故「既濟卦」是第63卦，接下來最後一卦就是「未濟卦」，「未濟卦」的陰陽排列與「既濟卦」剛剛相反，全部都不在正位，非常不完美，但此卦是凶中帶吉，正因為各樣事物都不完美，人們才能發揮潛能把事物變得完美，故此《易經》的最後一卦反而是預示事情將會變得美好。

《易經》每一卦的卦象都帶有吉與凶，在任何處境下，《易經》指導人們要「守正」，即無論順境與逆境都要有正確、正直的行為，只有

這樣，人們才能度過危難，以及不會被順境所蒙蔽！這是《易經》教導人們做人處事的大原則，這正是佛陀所教導的「八正道」，以及耆那教所提倡的「正知、正見和正行（包括說話和行為）」，印度教的《奧義書》也有相同的教導，而瑣羅亞斯德教提倡的「善思、善言和善行」，無疑就是「正思、正言和正行」，簡單來說，就是「守正」。故此中國儒家也推崇《易經》，因為它說出正人君子在不同處境下應有的行為。

雖然說《易經》每一卦都帶有吉與凶，但其實在《易經》64卦中只有一卦由頭到尾都是吉，此卦正是「謙卦」，中國人認為「滿招損，謙受益」，這正是《易經》所要表達做人處事的另一個重要原則。謙虛才令人時刻保持清醒，知道自己不足之處，才有不斷進步的自知之明，而且與別人相處懂得以柔和的態度待人，這樣才不會傷害別人，或與人發生衝突、挑起紛爭、事端或禍患。《易經》教導人們只有守正和謙虛才能使人安然度過逆境與順境，逆境和順境是不斷變動的循環，只有守正和謙虛才能夠應對萬變。

在《聖經》和在《古蘭經》中，萬惡以驕傲為首。在《聖經》中，魔鬼原是驕傲的天使；在《古蘭經》中，魔鬼原是驕傲的精靈，他們自以為大，看不起人類，不聽從真主的命令，不肯向人類的始祖阿丹（即亞當）叩頭，立心要與人類為敵，迷惑人類遠離真主，遠離正道。驕傲是萬惡之首，只有一個人心存驕傲，才覺得自己比別人高，有權利去傷害別人，去奪取他人的利益，而內心並不會感到不安。但古往今來的歷史告訴人們，任何一個驕傲、自以為是的歷史人物，都沒有好下場。相反，所有受歷史傳頌的聖人，他們都有一個共同特點，就是在道德行為上比一般人完美得多，而且十分謙虛柔和。

伊斯蘭教被西方社會塑造成為一個帶有恐怖行動的宗教，甚至藐視穆罕默德，但穆罕默德正是一位道德行為比一般人完美得多，且十分謙虛柔和的人。穆罕默德從來都不會大笑，只會微笑。他雖然是一教的首領，但他的生活十分儉樸，對所有人都親切友善，沒有架子，沒有等級

之分。終其一生,他曾說:在他生命中若有什麼成就,這是出於真主,在他生命中若有什麼過失,這是出於他自己。這正好看出穆罕默德是如此謙虛,那些藐視穆罕默德的西方傳媒,若他們肯去認識穆罕默德的生平,他們應該感到羞愧,而不是高聲吶喊,動輒要燒毀《古蘭經》,動輒要醜化穆罕默德,誓要激怒所有阿拉伯民族。西方的基督宗教信仰,其驕傲的程度使他們不肯以開放、理性與客觀的態度去認識伊斯蘭教及其聖者穆罕默德。伊斯蘭教糾正了很多基督宗教在歷史發展以來長期堅持的錯誤與封閉思想,如果基督宗教願意以耶穌柔和謙虛的態度與伊斯蘭教有正面的對話,長期以來的宗教紛爭就可以避免。可惜人是喜歡驕傲,不喜歡謙卑。

《易經》提出的兩大原則——守正與謙虛,其實正是效法天與地的法則。天為乾,為陽,為父,為君,代表剛正,故「守正」正是效法天的運行法則。地為坤,為陰,為母,為僕,代表柔順謙卑,故「謙虛」正是效法地的運行法則。中國古人的智慧讓他們領悟天與地的法則,把天理放在人道上。人若能效法天與地,便能無往而不利。

孔子在《易經》第1卦「乾卦」的解說中更指出:「天行健,君子以自強不息。」孔子指出天體運行,周而復始,剛健有力,君子應當效法天,不休止地堅強自己,努力不懈,積極向上。天的運行法則,在守正當中還包括自強不息。

《道德經》所啟示的人生哲學

《易經》是中國文化的根源,而《道德經》正是中國宗教與哲學的巨大寶庫。古往今來,誰是中國最大的暢銷書作家?哪一部中文著作流傳最廣?聯合國教科文組織曾做過一個統計,在各類文化名著中,被翻譯成外文語種最多,發行量最大的,除《聖經》以外,首推老子的《道德經》。因此,有人將《道德經》稱為中國的《聖經》。《聖經》是全

林楚菊的《漫談世界各宗教》

世界流通最廣的書籍,那是由於西方文化在長期以來獨霸天下所致,《聖經》錯漏百出,也被奉為一字一句都沒有錯的上帝默示,那要多得大量親西方文化的傳教士和信眾,把基督宗教教條主義信仰大力推銷。《道德經》沒有《聖經》在這方面的文化優勢,相信大部分中國人也沒有嘗試閱讀《道德經》,《道德經》可以成為《聖經》以外第二位的暢銷書,表示中外的學者和有識之士,均對《道德經》推崇備至。

《道德經》是中國最古老的哲學典籍之一,由古至今,流傳的版本甚多。追本溯源,可分為三種:一是通行本,二是湖南長沙馬王堆漢墓出土帛書《老子》甲、乙本,三是唐代傅奕校定的《古本老子》。1973年在長沙馬王堆漢墓出土的甲、乙兩部帛書《老子》,是迄今所見最古老的兩種抄本。通行本又稱今本,是目前流傳最廣的版本。今本《老子》全書五千餘字,故又稱《老子五千文》。西漢河上公作《老子章句》,將《老子》分為81章,上下兩篇,稱上篇37章為《道經》,後篇44章為《德經》,因此《老子》又被稱為《道德經》。

老子——中國最神秘的聖人

　　《道德經》出自老子，但老子在中國歷史上屬於一個神秘人物。有人認為老子是指老聃，有人認為是老萊子，還有人認為是周太史儋；其年齡或云 160 餘歲，或云 200 餘歲。關於老子生平最早的文字記載是司馬遷的《史記・老子韓非列傳》，即使是嚴謹如司馬遷，也只能依據各種傳聞，列舉了幾個可能與老子有關的傳說人物，只能「以疑傳疑」。

　　根據《史記》所述，老子生活於兩千多年前的春秋末年，約與孔子同時。他姓李，名耳，字聃，出身於楚國苦縣（今河南鹿邑東）厲鄉曲仁里，當過周王朝的守藏史、柱下史，相當於今日的國家圖書館館長，曾參與國家重大事務，積累了淵博的學問和人生經驗。老子晚年見周王朝內亂，便棄官西去。當他騎著青牛出函谷關時，關令尹喜知道他將隱去，請他著書。於是老子寫下五千餘字，作為「通行證」。之後，老子便「莫知所終」，神秘地消失了，故司馬遷稱他為「隱君子」。

　　老萊子和太史儋是《史記》記載可能與老子有關的兩個人物。傳說老萊子是春秋時期的思想家，據《史記》記載，老萊子「亦楚人也，著書十五篇，言道家之用，與孔子同時」。老萊子還以孝順父母著稱，傳說他 72 歲時，還經常穿著彩衣，作嬰兒的動作，以取悅雙親。儋傳說是周朝太史，根據《史記》所載，「周太史儋見秦獻公……或曰儋即老子」。後世一些學者認為，「儋」與「聃」音同字通，聃為周柱下史，儋亦是周之史官，老子有西出關的故事，太史儋見秦獻公，亦必出關，因此太史儋即老子。

　　老子自隱無名，不求聞達，但當時名滿天下的孔子曾幾度「適周問禮」，向老子請教，據《史記》載，孔子見過老子後，向弟子這樣說：

「鳥，吾知其能飛；魚，吾知其能游；獸，吾知其能走……至於龍，吾不能知其乘風雲而上天。吾今日見老子，其猶龍邪！」

林楚菊的《漫談世界各宗教》

孔子尊稱老子為「猶龍」，龍在中國文化中有神秘與吉祥之意，在《易經》第一卦乾卦中，龍可以在水底潛行，可以在陸上行走，也可以在天上飛翔。因為龍的神力驚人，故被喻為天子帝王。孔子對老子的稱讚，在中國文化中是最高的稱讚，再沒有比龍更高的比喻了。

老子是一位神秘人物，他騎著青牛出西關的形象，就好像印度的希瓦 (Shiva) 一樣。希瓦本是印度原住民所崇拜的神明，比雅利安人進駐印度的歷史還要古遠。他是在喜瑪拉雅山修行瑜伽的天神，並傳授瑜伽知識，印度教的蘭派 (Nath) 就是以希瓦為鼻祖，故此在梵文稱一個修行完滿並擁有大成就者為 Natha。希瓦的形象也是騎著青牛，或身旁伴著一隻青牛，在喜瑪拉雅山區神秘出沒。後來雅利安人把原住民所崇拜的希瓦神吸納成為吠陀教的宗教體系，希瓦成為三大主神明之一。其實希瓦就是原住民所指向的獨一主宰，此神明沒有因為原住民被雅利安人征服而消失，其神聖地位至今仍然屹立不倒。直至現在，信眾崇拜希瓦，均會伴著代表他的神柱 (linga) 和一隻青牛。

老子的形象如印度教的希瓦，其著作《道德經》所揭示的奧秘，就好像是中國的希瓦，把宇宙的起源、道的奧妙、得道的法門，以及一個得道者的應有表現——以精簡而優美的文字表達出來。老子認為「道」是天地萬物的本源，學者認為，老子的一個「道」字，代表了中國的宗教觀和哲學觀，包括人生哲學、政治哲學、軍事哲學、經濟哲學，乃至一切種種哲學，都涵在此一「道」字中。

宇宙的奧秘與起源

《道德經》的第 1 章即揭示了宇宙的奧秘及起源：「道，可道，非常道；名，可名，非常名。」意即：可以描述出來的道，就不是恆常的道；可以說出來的名稱，就不是恆常的名稱。真理不能言說，只能心領

神會，老子只能把真理勉強說出來，故此，在第 25 章中，老子說：「有物混成，先天地生。寂兮寥兮，獨立而不改，周行而不殆，可以為天下母。吾不知其名，字之曰『道』，強為之名曰『大』。」

有關宇宙萬物的起源，印度教的數論派哲學 (Sankhya Philosophy) 用了大量文字解說出來，而《道德經》只是用了聊聊幾句，便簡單而精要地表達出來。更奇妙的是，兩者的解說其實是一致的，而數論派哲學的鼻祖相傳就是蘭派的希瓦。在討論佛教與印度教的章節中，筆者曾提出佛教堅持「空」，而印度教堅持「有」，但其實這只是一頁紙的兩面。印度的數論派哲學認為，獨一主宰「梵」是「空」，是「無」，是非任何物質的純潔意識，可以用男性的原理表示，由他而生出基本摩耶幻相 (Basic Maya)，此摩耶幻相屬女性原理，由她而生出一切的物質世界與現象，「有」與「無」就如天父與地母。永恆的真理在於純潔的意識，不生不滅，是天父，是大梵的境界，物質世界是由地母幻變出來，有生必有滅，屬短暫的虛幻，沒有永恆價值。地母出於大梵，一切最終歸回於大梵，只有大梵才是永恆獨存。生命的另一次創造就是由大梵衍生出摩耶，由摩耶創造另一個物質世界。

《道德經》第 1 章及 40 章把這種「有」與「無」的關係表達得十分精要及清楚：

「無，名天地之始；有，名萬物之母。故常無，欲以觀其**妙（即奧妙）**；常有，欲以觀其**徼（即邊際、變化）**。此兩者，同出而異名，同謂之**玄（即深微幽遠、神秘莫測）**。玄之又玄，眾妙之門。」(第 1 章)

「天下萬物生於有，有生於無。」(第 40 章)

無與有，即天父與地母，即印度教正統主流吠檀多派 (Vedanta) 尊師商揭羅（Sankara，公元後 788-820）所指的「上梵」與「下梵」，名稱可

以有不同變化，但所指的卻是同一樣（參看第五章吠檀多派——印度教正統主流）。《道德經》所揭示的最高真理，就是「道」，這個「道」往往又以「一」來作表示：

「載營魄抱一，能無離乎？」（第 10 章）
〔語譯〕「精神和形體合一，能有不分離之時嗎？」
「視之不見名曰夷，聽之不聞名曰希，搏之不得名曰微。此三者不可致詰，故混而為一。」（第 14 章）
〔語譯〕「看它而看不見叫做『夷』，聽它而聽不見叫做『希』，摸它而摸不著叫做『微』。這三者的形象無從推問，它是渾然一體。」
「是以聖人抱一為天下式。」（第 22 章）
〔語譯〕「因此聖人以『道』作為觀察天下事物的原理和範式。」
「昔之得一者，天得一以清，地得一以寧，神得一以靈，谷得一以盈，萬物得一以生，侯王得一以為天下貞。」（第 39 章）
〔語譯〕「自古以來，能得到『道』者：天得道則清明，地得道則安寧，神得到道則有靈，河川得到道則充盈，萬物得到道則滋生繁殖，侯王得到道就能正確地統治天下。」
「道生一，一生二，二生三，三生萬物。」（第 42 章）

這個「道」，又稱為「一」，即印度教所指的大梵，即宇宙獨一的主宰，最高的真理。從大梵生出摩耶，才開展萬物的創造。大梵隱藏於萬事萬物之中，無處不在，但卻被摩耶幻化的物質世界所遮蔽，故此《道德經》說「一生二」，這個「二」就是指「大梵」與「摩耶」，若要以性別表示，「大梵」屬男性，即屬陽，「摩耶」屬女性，即屬陰。中國學者一般都知道這段說話的意思是道生出一陰一陽，但如何「二生三」？中國的學者一般都無法解說，只能作籠統的解釋，不清不楚，但若結合印度教的數論派哲學來理解，就非常清晰了。

「三」指「三德」(three gunas)，即三種性質，印度教數論派哲學認為大梵生出摩耶，由摩耶再生出三德，萬事萬物就是由此三德的不同組合所混成。三德分別是薩埵 (Sattva)、羅闍 (Rajas) 和答摩 (Tama)。薩埵代表光明、喜樂、明瞭、寧靜，是一股進步上升的力量或性質；羅闍代表行動、衝動、刺激、半知半解、憂慮，是一種半升半跌的力量或性質；答摩代表昏沈、黑暗、愚昧、無知、遏止，是一種墮落的力量或性質。世間美好的人事物屬於以薩埵為主的性質，半好半壞的人事物屬於羅闍為主的性質，全壞的人事物就是屬於答摩為主的性質。故此世界的人事物進步與墮落，甚至最終被毀滅，都由此三德的不同組合所決定。每個人都有此三德的屬性，大乘佛教《心經》裡所說的「菩提薩埵」，就是指這光明、寧靜、明瞭與進步的力量，修行的人就是要加強這個薩埵的屬性，以協助他們達到精神上的更高境界。《道德經》對宇宙萬物的起源，其解說與印度教數論派哲學相當一致。

返本還原

《道德經》也是一部揭示得道法門的著作，在伊斯蘭教的經典《古蘭經》中，真主要求世人要「返本還原」——「你們要像祂創造你們的時候那樣返本還原。」(7:29) 即亞當與夏娃在未嘗禁果前，不知道邪惡為何物，只知道純真、善良的原初本性。《道德經》就是用了大量篇幅解說這種「返本還原」的狀態，而且說出知善知惡、巧智心機正是人們墮落的開始：

「夫物芸芸，各復歸其根。歸根曰靜，是謂復命。復命曰常，知常曰明。」（第16章）

「為學日益，為道日損。損之又損，以至於無為。無為而無不為。」（第48章）

「天下皆知美之為美，斯惡已；皆知善之為善，斯不善矣。」（第2章）

「大道廢，有仁義；智慧出，有大偽；六親不和，有孝慈；國家昏亂，有忠臣。」（第18章）

「絕聖棄智，民利百倍；絕仁棄義，民復孝慈；絕巧棄利，盜賊無有。」（第19章）

「故失道而後德，失德而後仁，失仁而後義，失義而後禮。夫禮者，忠信之薄，而亂之首。前識者（即自以為有見識的人），道之**華（即虛有其表）**，而愚之始。」（第38章）

「古之善為道者，非以**明（指精巧、聰明）**民，將以**愚（指淳樸、質樸）**之。民之難治，以其智多。故以智治國，國之賊；不以智治國，國之福。」（第65章）

這種「返本還原」的狀態，就是歸根曰靜，就是清淨無為，也是老子所指的「得道」。老子把這種「得道」的境界，描寫成為人們像嬰孩般純潔和富有生命力：

「含德之厚，比於赤子。毒蟲不螫，猛獸不據，攫鳥不搏。骨弱筋柔而握固。未知牝牡之合而朘作，精之至也。終日號而不嗄，和之至也。」（第55章）

〔語譯〕「道德涵養深厚的人可與初生的嬰兒相比，毒蟲不螫他，兇猛的野獸不抓捕他，兇鷙的鳥不捕捉他。雖然他的筋骨柔弱，但是拳頭握得很緊。雖然他不知道男女交合之事，小生殖器官卻常常勃起，這是因為精氣充足的緣故。雖然他整天啼哭，但聲音並不嘶啞，這是因為和順至極的緣故。」

「專氣致柔，能如嬰兒乎？」（第10章）

〔語譯〕「集聚元氣使之不散，達到柔順的境界，能像嬰兒的狀態

一樣嗎？」

「沌沌兮如嬰兒之未孩。」（第20章）

〔語譯〕「渾渾沌沌啊！好像是渾然無知的嬰兒。」

「聖人皆孩之。」（第49章）

〔語譯〕「聖人使百姓像小孩子般純真。」

無欲、無我、平靜

　　印度的瑜伽修行和佛教的禪坐修行，其最終目的也是老子所指的「得道」。無論是印度教、佛教和道家思想，其修行的法門其實相當一致，就是要達到「無欲」、「無我」和「平靜」，即摒棄世間的一切欲念，再沒有自私、個我靈魂的我，時刻保持心境平靜。之所以為何佛教修行者要出家，印度教修行者要遁世，就是要達到無欲、無我，以及寧靜，在《道德經》中老子也用了大量篇幅說明這得道的法門：

「不尚賢，使民不爭；不貴難得之貨，使民不為盜；不見可欲，使民心不亂。」（第3章）

「是以聖人後其身而身先，外其身而身存。非以其無私邪？故能成其私。」（第7章）

〔語譯〕「有道之人把自己放在別人後面，反而得到別人的尊敬；把自己置之度外，反而得到保全。不正是由於他不自私嗎？不自私者反而能夠成就自己。」

「見素抱樸（即外表顯示純真，內心保持質樸），少私寡欲，絕學無憂。」（第19章）

「重（指厚重）為輕（指輕率）根，靜為躁（指躁動）君（指根本）。……輕則失根，躁則失君。」（第26章）

「樂與餌（指音樂與美食），過客止（即令過路之人止步）。道之

出口,淡乎其無味,視之**不足見(即看不見)**,聽之**不足聞(即聽不到)**,用之**不足既(即其功用無窮無盡)**。」(第35章)

「道常無為而無不為。侯王若能守之,萬物將自化。化而欲作,吾將鎮之以無名之樸,鎮之以無名之樸,夫亦將不欲。不欲以靜,天下將自定。」(第37章)

「禍莫大於不知足,咎莫大於欲得。故知足之足,常足矣。」(第46章)

「服文采,帶利劍,厭(即飽足)飲食,財貨有餘,是謂**盜夸(即強盜頭子)**,非道也哉。」(第53章)

「是以聖人欲不欲。」(第63章)

不求外物——向內追求

如何達到無欲、無我及平靜?修行之人就是要內斂,即把精神專注於自己的內裡,而不是外在的物質世界,印度教和佛教的修行者都是這樣,故禪坐就是修煉自己,把精神專注於內在,從而達到思想與情感的控制。一般人只知向外求取,感官被外間事物所牽引,沒完沒了,因而產生喜、怒、哀、樂、憂與思。老子在《道德經》中就是教導世人把專注力放在自己內裡,「無欲」就是要斷絕外界物質的索求:

「五色令人目盲,五音令人耳聾,五味令人口**爽(即敗壞)**,馳騁畋獵令人心發狂,難得之貨(即貴重物品)令人**行妨(即行為不軌)**。」(第12章)

「是故甚愛必大費,多藏必厚亡。知足不辱,知止不殆,可以長久。」(第44章)

「塞其兌,閉其門,終身不勤。開其兌,濟其事,終身不救。」(第52章))

〔語譯〕「堵塞耳目口鼻等感官慾念的孔竅，則終身不會有憂患；開啟知識嗜欲的孔竅，則終身不可救治。」

「夫唯無以生為者，是賢於貴生。」（第75章）

〔語譯〕「只有不追求生活奢侈豐厚的物質享受的人，才比厚養生命的人更加高明。」

大乘佛教的《心經》指出，涅槃的真實境界是「空」，無色、聲、香、味、觸、法，也即不受感官與外在事物的互動所影響，老子其實也是指出相同的境界，老子指出人若把專注力放在外在的物欲享受，與外在世界千絲萬縷，這樣那個人會「心發狂」，且「終身不救」。

變幻無常的世界

印度教和佛教，甚至伊斯蘭教，均指出這個世界虛幻不真實，所謂不真實，即沒有永恆的價值，是在不斷變動的情況下展現出來。印度教認為這個世界是由「摩耶」(Maya) 幻化出來，「摩耶」的意思就是不真實。佛陀對此世界的評價是：「一切皆苦」，世間一切人事物都經過「生、住、異、滅」，「成、住、壞、空」。在《古蘭經》中，真主多番強調「今世的生活只是騙人的遊戲、騙人的享受：

「你們應當知道：今世生活，只是遊戲、娛樂、點綴、矜誇，以財產和子孫的富庶相爭勝；譬如時雨，使田苗滋長，農夫見了非常高興，嗣後，田苗枯槁，你看它變成黃色，繼而零落。……今世生活，只是騙人的享受。」(57:20)

老子在《道德經》中也有同樣的觀點，老子認為人生禍福無常：

「禍兮福之所倚，福兮禍之所伏。」（第58章）

福與禍是一頁紙的兩面。不單禍福無常，所謂正邪、善惡也無常，故此老子繼續說：

「孰知其極，其無正。正復為奇，善復為妖。人之迷，其日固久。」（第58章）

〔語譯〕「誰知道禍福的分界線呢？禍福沒有一定標準。正常的可以轉化為反常，善良也可以變成妖孽。人們對此變幻困惑不解已經久了。」

在這變幻的世界，禍福與正邪無常，故此「寵辱若驚」，人們無論是得到別人的寵愛還是侮辱，情況也是相同：

「何謂寵辱若驚？寵為上，辱為下，得之若驚，失之若驚，是謂寵辱若驚。」（第13章）

印度教、佛教、伊斯蘭教，以及《道德經》同樣指出人們不應鍾情於、執取於這個變幻無常的物質世界，因為正正是這個世界令人困惑不解，令人患得患失。

謙虛、柔弱為最高的美德——得道者的特質

《易經》64卦中，總體而言，沒有最好的卦，也沒有最壞的卦，因為好壞與吉凶不斷變動，但唯有「謙卦」由始至終都是吉祥。中國人推崇謙厚的文化，始於《易經》的智慧，而《道德經》更有大量的篇幅指出謙厚是得道的法門，這謙厚還伴隨著柔弱。老子認為「滿招損」、

「謙受益」、「柔弱勝剛強」，故常常處下、處於卑微，正是得道之人與世無爭，不著迷於虛幻的世界，不以強者的姿態對抗或對待任何人事物。

「持而盈之，**不如其已（即不如適時停止）；揣而銳之（即鋒芒畢露）**，不可長保。金玉滿堂，莫之能守；富貴而驕，自遺其咎。」（第9章）

「保此道者**不欲盈（即不自滿）**。夫唯不盈，故能**蔽而新成（即除舊更新）**。」（第15章）

「曲則全，枉則直，窪則盈，**敝（破舊）**則新，少則得，多則惑。是以聖人抱**一（指道）**為天下式。不自見，故明；不自是，故彰；不自伐，故有功；不自矜，故長。夫唯不爭，故天下莫能與之爭。古之所謂『曲則全』者，豈虛言哉！誠全而歸之。」（第22章）

「企者不立，跨者不行；自見者不明，自是者不彰，自伐者無功，自矜者不長。其在道也，曰：餘食贅行。物或惡之，故有道者不處。」（第24章）

〔語譯〕「抬起腳根不能站立，伸開過大的步伐不能遠行；自逞己見的人，看不明白事物；自以為事的人，辨不明是非；自我誇耀的人，事業不會有成就；自高自大的人，永遠不會長久。從道的角度來看，這些急躁炫耀的行為，可說是剩餘殘羹和附贅之瘤。人們都厭惡它，所有有道之人都不會這樣做。」

「知其**雄（喻剛強）**，守其**雌（喻柔順）**，為天下**谿（喻處於卑微）**。為天下谿，常德不離，復歸於嬰兒。」（第28章）

「是以聖人去**甚（指過份、極端）**，去**奢（指爭勝）**，去**泰（指驕縱）**。」（第29章）

「柔弱勝剛強。」（第36章）

「故貴以賤為本，高以下為基。是以侯王自謂孤、寡、**不穀（即不**

善）,此非以賤為本邪？非乎？**故至譽無譽。不欲琭琭如玉,珞珞如石（指最高的稱譽就是沒有稱譽,不願做華美的寶玉,而要像堅硬的石頭）。**」（第39章）

「弱者道之用。」（第40章）

「守柔曰強。」（第52章）

「益生曰祥,心使氣曰強。物壯則老,謂之不道,不道早已。」（第55章）

〔語譯〕「過份貪求生活享受,就會遇到災禍；欲念使精氣任性,就會逞強。強壯而盛極就會衰敗,就是因為不合於道,不合於道就會早亡。」

「是以聖人**方而不割（即方正而不倔強）,廉而不劌（即鋒利而不會劃傷別人）,直而不肆（正直而不會放肆）,光而不耀（光明而不會刺眼）。**」（第58章）

「強大處下,柔弱處上。」（第76章）

「天下莫柔弱於水,而攻堅強者莫之能勝,以其無以**易（指代替）**之。弱之勝強,柔之勝剛,天下莫不知,莫能行。」（第78章）

得道之人謙虛、柔弱,但不是一個廢人,在這謙厚與柔弱中,得道之人就如天之道,從不棄人,而且「常善救人」,對萬事萬物「利而不害」:

「上善若水。水善利萬物而不爭,處眾人之所**惡（指水向下流）**,故幾於道。居善地,心善淵,與善仁,言善信,正善治,事善能,動善時。」（第8章）

「是以聖人常善救人,故無棄人；常善救物,故無棄物。是謂**襲明（即得道）**。」（第27章）

「聖人常無心,以百姓心為心。善者,吾善之；不善者,吾亦善之,德

善。信者，吾信之，不信者，吾亦信之，德信。」（第49章）
「天之道利而不害。」（第77章）
「天道無親，常**與（即幫助）**善人。」（第79章）

老子在《道德經》中這樣說：「我有三寶，持而保之。一曰慈，二曰儉，三曰不敢為天下先。」（第67章）這正概括了得道之人的特質，就是慈悲、節儉（即沒有世俗的物質索求）和謙虛、謙厚，這也正是古往今來，所有受世人傳頌的聖人的特質，例如佛陀、耶穌、穆罕默德，以及在印度眾多的聖人，最近代的就是筆者的精神導師舍爾地賽爸爸賽乃夫 (Shirdi Sai Baba, Sai Nath ?-1918)。只是，很多人都不知道，不認識他們，若能對他們的生平有所認識，就會發現他們彷如一人，這一人就是老子所說的得道之人。不過，願意認識他們和瞭解他們的人十分少，因為這個「道」很多人都不理解、不接受。老子在《道德經》中這樣說：

「上士聞道，勤而行之；中士聞道，若存若亡；下士聞道，大笑之，不笑不足以為道。」（第41章）
「知我者希，則我者貴。是以聖人被褐懷玉。」（第70章）
〔語譯〕「理解我的人很少，仿傚我的人更難能可貴。聖人就像穿著粗布衣服，卻懷揣著美玉。

《道德經》在不同範疇──穆罕默德與《道德經》的用兵之道

《道德經》不但述說「道」與得道的法門，即宗教與人生哲理，而且老子還花了不少篇幅述說這個「道」在政治上、經濟上和軍事上的哲理。若統治者能以「道」治國，以「道」去處理社會、經濟及軍事，百姓就會得到幸福美好的生活。在《道德經》中老子主張為政者應以清靜無為的心去治理百姓，不要把太多的法令及動作強加於百姓，要讓百姓

在清靜自然的環境下安祥地過活。在經濟上，為政者應該「損有餘而補不足」（第77章），使每個人都可享有簡單、樸實而不貧乏的生活，但老子批評為政者往往是「損不足而奉有餘」（第77章），貴族與統治階層享有極奢華的生活，不斷向貧乏的百姓聚斂搜括，最後使百姓拚死而造反。

古往今來，在中國歷史上真的依從《道德經》思想治國者，就只有西漢初年與唐代初年，道家思想受到國家的推崇，也因受惠於道家思想而出現了「文景之治」與「開元盛世」。「文景」是西漢文帝劉恆（公元前202至157年）與景帝劉啟（公元前188至141年）的並稱。兩帝相繼，皆提倡老子之學，以老子無為而治的思想治理天下，推行休養生息的政策，使社會安定富裕，史稱「文景之治」。「開元」（公元713至741年）是唐玄宗李隆基的年號。唐代奉老子為始祖，唐玄宗崇奉道教的清靜無為主義，身體力行，將唐代的政治、經濟、文化推向最高峰。盛唐是中國古代經濟、文化最為繁盛的黃金時代，史稱「開元盛世」。

除此兩段歷史外，中國歷代歷朝都沒有把道家思想作為治國之道，這是中國人的損失與遺憾，老子批評治國者有如強盜，這在中國歷史上屢見不爽。

至於在軍事上，老子也有不少篇幅述說用兵之道，老子認為：

「兵者不祥之器，非君子之器，不得已而用之。」（第31章）

老子認為戰爭是凶事，無論死的是那一方，都應該哀傷並審慎地進行，因為「師之所處，荊棘生焉。大軍之後，必有凶年」。（第30章）

老子認為用兵之道正是：

「善者果而已，不敢以取強。果而勿矜，果而勿伐，果而勿驕，果而不得已，果而勿強。」（第30章）

林楚菊的《漫談世界各宗教》

意思是打仗是為了解救危難，非不得已而用之，達到目標後就要停止，不應再用武力逞強，不應矜持、不應誇耀、不應驕傲。在人類的歷史上，好像從來沒有人會這樣用兵，用武必逞強，得勝一方會佔盡利益與優勢，不在乎一切的殺戮與塗炭生靈。但在人類歷史上，確實有人實行老子的用兵之道，只是沒有人去認識、注意，此人正是穆罕默德。

穆罕默德在40歲的時候（公元610年）得到真主的啟示，他在麥加呼籲所有阿拉伯民族敬拜獨一的主宰安拉(Allah)，放棄傳統敬拜諸多偶像神明的信仰，以及一切的社會壓迫與不公義，這當然受到當時貴族階層古萊氏人的強烈反對，他們嘗試以榮華富貴去利誘穆罕默德放棄這個不可能的使命，但穆罕默德醉心於真主，完全不為所動。於是那些古萊氏貴族階層便對穆罕默德及其支持者進行前所未有的迫害，穆罕默德曾遭毒打與暗殺。於公元622年，穆罕默德得到真主的啟示，帶著所有穆斯林從麥加遷往麥地那，受到麥地那的族長與百姓的歡迎，他們都歸信伊斯蘭教。穆罕默德還沒有動武，穆罕默德第一次的動武是迫不得已而為。這是公元624年的迫不得已的白德爾大戰(The unavoidable battle of Badr)，事源麥加的古萊氏權貴率兵經常襲擊往返麥地那的穆斯林商隊，掠奪他們的財產，於是穆罕默德便組織穆斯林發兵向麥加古萊氏權貴討伐，以討回失去的財物。當時穆斯林軍隊只有313人，都是沒有作戰經驗的平民百姓，而迎戰的麥加異教徒卻有950人，而且都是裝備齊全的精兵。在這強弱懸殊下，《古蘭經》述說真主與穆斯林同在，穆罕默德的軍隊奇蹟地獲勝，斬殺了麥加權貴不少重要頭目。

麥加的古萊氏貴族於是進行第二次的大反擊，於公元625年，他們派了3000精兵攻擊位於麥地那以北吳侯德山上駐紮的穆斯林，史稱吳侯德戰役。穆罕默德受重傷獲救，不少穆罕默德的同僚被殺。那時猶太人和古萊氏貴族不斷游說，串通阿拉伯其他部落裡應外合，誓要把穆斯林軍隊殲滅。他們接著再派10000精兵圍攻麥地那吳侯德山上的穆斯林軍

隊，於是穆罕默德與部眾商議對策，最後決定把麥地那周圍無山可依之地挖成壕溝，史稱壕溝戰役。穆斯林們包括穆罕默德本人全部出動挖戰壕，很快準備就緒。異教徒軍隊被圍困麥地那將近一個月，絲毫不能越過戰壕一步。最後真主派颶風把他們的帳篷捲走，他們心存恐懼，趕快撤退。公元 627 年，穆罕默德主動向古萊氏貴族議和，簽訂 10 年休戰條約，在這 10 年內准許穆斯林和平地出入麥加城與家人團聚，其他的條款均大大有利於古萊氏貴族。

兩年後，古萊氏貴族違反條約，殺害 20 名穆斯林。於是在公元 630 年，穆罕默德率 10000 名穆斯林軍隊向麥加進駐，那些古萊氏貴族和猶太人在沒有準備之下全部投降，穆罕默德沒有殺戮他們或摧毀他們的家園，在歷史上從來沒有一支軍隊對自己的敵人那樣寬容。進城後，穆罕默德先到麥加禁寺巡遊天房，然後在天房內禮了兩拜，之後把天房內數百具偶像全部擊毀。穆罕默德站在天房門口，對那些將待處置的古萊氏人說：「古萊氏人啊！你們說我怎樣處置你們呢？」他們說：「尊貴的兄弟、尊貴兄弟的孩子，做的當然是美德之事。」穆罕默德說：「你們走吧！你們自由了。」伊斯蘭教對穆罕默德的稱許是這樣：

「對於那些曾經折磨、迫害，並把他和他的追隨者趕出家園，還屠殺過他的追隨者的敵人的寬恕，穆聖不愧為人性美德的最高典範。」

穆罕默德的用兵之道，正是老子在《道德經》所指的用兵之道。武力是非不得已而為之，達到結果後便立即停止，不會視人命如草菅，也不會把動武看作是復仇和洩恨的手段。穆罕默德率大軍進入麥加城，他大可以屠殺古萊人和猶太人，並掠奪他們的財產，但穆罕默德沒有這樣做，也禁止任何一個穆斯林這樣做。他在麥加天房宣布真主已創立伊斯蘭教，這是全世界的宗教。之後，他在麥加城與所有阿拉伯民族訂下和平條約，所有人都可以安享太平。凡願意歸信伊斯蘭教者就不用繳交人

頭稅；那些不願意歸信伊斯蘭教的異教徒則需要繳交人頭稅，但不會受到任何迫害。就這樣，穆罕默德以建立伊斯蘭教把原本是一盤散沙的阿拉伯民族團結起來，成為在經濟、文化和學術上一個強大的民族。

穆罕默德達成不可能的使命，足足用了 23 年的時間，這也是真主向他陸續啟示《古蘭經》的 23 年。在這 23 年之內，真正動武的日子只有 3 年，其餘的 20 年，穆罕默德都是以和平的手段去傳揚伊斯蘭教。穆罕默德沒有可能看過《道德經》，但他卻擁有《道德經》的智慧。在完成他的使命後，他便匆匆離開人世。在他以後，伊斯蘭教的繼承者第二任正統哈里發歐麥爾・本・汗塔 (Omar Ibn Al-Khatab) 仍然採用這種以和平手段為主的用兵之道。公元 638 年，歐麥爾・本・汗塔以穆斯林軍隊統帥的身分進入耶路撒冷，他徒步進城，以示謙虛，兵不血刃。他頒令願離開者可攜帶財物離開，並開設安全通道讓他們順利通過，而那些選擇留下的人們也得到生命、財產和崇拜場所的保護。歐麥爾婉拒了降城長官索福洛尼斯主教 (Patriarch Sophronius) 請他在聖墓堂教堂中禮拜的請求，他之所以婉拒，是擔心隨後穆斯林會把這座教堂變成清真寺，這是對降城的耶路撒冷居民的保護。

穆罕默德臨終前曾預言在他死後 30 年，伊斯蘭教會由暴君統治，這預言沒有錯。在穆罕默德死後 30 年，第四任正統哈里發被刺殺，伊斯蘭教隨即分裂成不同派系，甚至建立皇朝，他們以強大的武力擴張伊斯蘭教勢力，不惜殺戮及掠奪。在此後，無論在伊斯蘭教或在其他宗教上，再沒有人像穆罕默德這樣的用兵之道了。

《道德經》的智慧就是真理，與所有宗教的真理都是相通，所有聖人都把這真理活出來。「道」就是真理，「德」正是這真理的體現。

林楚菊的《漫談世界各宗教》

後記

　　印度聖人羅達斯 (Samarth Ramdas Swami, 1608-1681) 在他的著作《僕人的見解》(Dasboadh) 中這樣說：「在世界不同地域所有的宗教中，最偉大的宗教就是真我的宗教 (Religion of the Self)。」宗教若只是一種對外索求的對象，只是一種你無法證實，而要靠封閉自己的心智去堅守的信仰與信條，這種宗教對人們一點好處也沒有。真正的宗教是要讓人能在內裡實實在在地經驗出來，你不用去相信，而是去體驗內在的真我，內在的天國，內在的上主，生命的根源。這是歷世以來眾多先知、聖人的教導，人們很少去認真思索。盲目尊崇某一宗教，甚至因此而違反人性的良知，或認為物質世界就是一切，這些人都是白白地活過，枉然度過一生。孔子曾在《論語》中這樣說：「朝聞道，夕死可矣。」（〈里仁篇第4〉）很少人會留意這句說話，為何孔子會這樣說。

www.ingramcontent.com/pod-product-compliance
Lightning Source LLC
Chambersburg PA
CBHW071726080526
44588CB00013B/1911